JN273998

経営史学会創立50周年記念

経営史学の歩みを聴く

経営史学会 編

文眞堂

『経営史学の歩みを聴く』の刊行にあたって

経営史学会会長　橘川　武郎

　1964（昭和39）年11月に設立された日本の経営史学会は，翌1965年11月に第1回目となる年次大会を東京大学で開催しました。1965年9月時点での経営史学会の会員数は257人でしたが，その後着実に増加し，2014年4月末時点での会員数は840人を数えるに至りました。2014年は経営史学会が50周年を迎える年であり，9月には記念すべき第50回全国大会が文京学院大学で開かれます。

　本書は，経営史学会の50年間にわたる研究活動をリードしてきた13人の先達たちにインタビューを行い，各々の方々の研究者としての歩みを振り返っていただくとともに，経営史学のあり方に関する貴重なご提言を頂戴し，それらを集大成したものです。長年の経験に裏打ちされたひと言ひと言の重みは，ひとり経営史学を学ぶ者にのみならず，他分野の学究の徒にも必ずや響き，伝わるものと確信しております。

　経営史学会は2012年に，阿部武司前学会長の提案により，本書の刊行を決めました。そして，編集責任者を阿部さんご自身に，編集委員を宇田理さんと久保文克さんと平井岳哉さんに，それぞれお願いすることにしました。本書を編集したこれら4人の方々に，経営史学会会長として謝意を表します。

　経営史学は，企業経営の歴史を，結果よりも過程に注目して研究する学問です。隣接分野に経済史学がありますが，経済史学がどちらかと言うと分析対象とするプレーヤー間の共通性を見出すことに力を注ぐのに対して，経営史学はプレーヤーの主体的営為を重視し各々の個性に光を当てることに力点を置くという違いがあります。

　社会科学の諸分野の中で比較的新しい学問である経営史学は，1929年の世界大恐慌前後にアメリカで誕生したことからもわかるように，現実社会の動向

とつねに密接な関係をもってきました。第二次世界大戦後の世界的規模での企業経営の発展に歩調をあわせて経営史学は世界各地に広がり，まずは先発工業諸国で，そして最近では新興国で，経営史学会の設立があいついでいます。

日本経済の高度成長のさなかに設立されたわが国の経営史学会は，世界各地の経営史学会や経営史研究者との交流を特に重視してきました。富士コンファレンスの継続的な開催や英文学会誌である JRBH (*Japanese Research in Business History*) の刊行，日英・日仏・日独・日伊・日韓・日泰などの 2 国間経営史国際会議の開催などは，それを象徴する事柄です。2012 年 8 〜 9 月にはパリで開催されたヨーロッパ経営史学会の年次大会に，日本の経営史学会が共催者として参画し，日本から 80 名を超す研究者が参加して発表を行うなど，大会の成功に貢献しました。その後も，2014 年 3 月にドイツのフランクフルトで世界経営史会議準備大会が開かれました。今後も，2015 年 8 月の世界経済史学会大会（京都），2016 年 8 月の世界経営史会議第 1 回大会（ノルウェー・ベルゲン）と，日本の経営史学会が積極的に参画，協賛する行事が目白押しです。

現実社会との関連についてみれば，2008 年のリーマンショックを契機に発生した世界同時不況が長期化するなかで，資本主義のあり方そのものが問われるような状況が生じており，歴史的視点から現実社会に示唆を提供する経営史学への期待は高まっています。一般的に言って，特定の産業や企業が直面する深刻な問題を根底的に解決しようとするときには，どんなに「立派な理念」や「正しい理論」を掲げても，それを，その産業や企業が置かれた歴史的文脈（コンテクスト）のなかにあてはめて適用しなければ，効果をあげることができません。また，問題解決のためには多大なエネルギーを必要としますが，それが生み出される根拠となるのは，当該産業や当該企業が内包している発展のダイナミズムです。ただし，このダイナミズムは，多くの場合，潜在化しており，それを析出するためには，その産業や企業の長期間にわたる変遷を濃密に観察することから出発しなければなりません。観察から出発して発展のダイナミズムを把握することができれば，それに準拠して問題解決に必要なエネルギーを獲得する道筋が見えてきます。そしてさらには，そのエネルギーをコンテクストにあてはめ，適切な理念や理論と結びつけて，問題解決を現実化することも可能です。産業や企業の長期間にわたる変遷を濃密に観察する学問である経営

史学への期待が高まっているのは，このような事情からです。

　本書には，経営史学の日本における50年間の歩みを牽引してきた鳥羽欽一郎，山下幸夫，岡本幸雄，小林袈裟治，下川浩一，森川英正，由井常彦，福應健，山崎広明，藤田貞一郎，渡辺尚，湯沢威，宮本又郎の各先生が登場します。聞き役に回るのは，それぞれの先生にゆかりの深いより若い世代の研究者たちです。あわせて，2011年に九州大学で行われた経営史学会第47回全国大会でのパネル・ディスカッション「我が国における経営史学の軌跡―学会創立50年を前にして―」の記録，および主要な人物や用語についての解説も掲載しています。

　本書が一人でも多くの方々に読まれ，経営史学の意義と面白さ，経営史学がもつ可能性が広く社会に伝播してゆくことを，心から期待します。なお，本書の刊行にあたっては，株式会社文眞堂の前野隆さん，前野眞司さんにたいへんお世話になりました。ここに特記して，謝意を表します。

2014年5月

目　次

『経営史学の歩みを聴く』の刊行にあたって（橘川武郎）……………… i
鳥羽欽一郎先生インタビュー（聞き手：川辺信雄，宇田理）……………… 1
山下幸夫先生インタビュー（代筆：久保文克）……………………………… 21
岡本幸雄先生インタビュー（聞き手：永江眞夫，野田富雄（故人））……… 33
小林袈裟治先生インタビュー（聞き手：藤田誠久，西川浩司）…………… 51
下川浩一先生インタビュー（聞き手：川辺信雄，宇田理）………………… 69
森川英正先生インタビュー（聞き手：橘川武郎，平井岳哉，久保文克）…… 87
由井常彦先生インタビュー（聞き手：島田昌和，松本和明）……………… 107
福應健先生インタビュー（聞き手：渡辺尚，今久保幸生）………………… 131
山崎広明先生インタビュー（聞き手：阿部武司，結城武延）……………… 151
藤田貞一郎先生インタビュー（聞き手：廣田誠，長廣利崇）……………… 171
渡辺尚先生インタビュー（聞き手：黒澤隆文，今久保幸生）……………… 189
湯沢威先生インタビュー（聞き手：阿部武司，久保文克，平井岳哉）…… 209
宮本又郎先生インタビュー（聞き手：沢井実，廣田誠）…………………… 227

経営史学会第47回全国大会パネルⅡ
「我が国における経営史学の軌跡―学会創立50年を前にして―」……… 249

主要人物・用語解説 …………………………………………………………… 309

あとがき（阿部武司）…………………………………………………………… 322

鳥羽欽一郎先生インタビュー

日時：2013 年 3 月 28 日
場所：鳥羽先生ご自宅
聞き手：川辺信雄（文京学院大学）・宇田理（日本大学）

鳥羽欽一郎先生略歴

【氏名】　鳥羽欽一郎（とば・きんいちろう）
【生年】　1924 年
【主要学歴】　早稲田大学大学院
【主要職歴】　早稲田大学，新潟経営大学
【経営史学会での代表的役職】　常任理事
【主要業績】
　『近代日本人物経済史（上・下）』東洋経済新報社，1955 年
　『世界企業 2 シアーズ＝ローバック』東洋経済新報社，1969 年
　『企業発展の史的研究』ダイヤモンド社，1970 年
　『もう一つの韓国』東洋経済新報社，1977 年
　A・D・チャンドラー『経営者の時代（上・下）』東洋経済新報社，1979 年（共訳）
　『生涯現役―エコノミスト高橋亀吉―』東洋経済新報社，1989 年

経営史との出会い

●川辺　先生がいつ，どのようにして経営史に関心を持つようになられたのか，経営史研究に入っていった動機からお伺いしたいのですが。

●鳥羽　日本では経営史というものは誰も思いついていなかったんだよ。経営史学会設立に尽力された中川敬一郎さんもそうだった。当時は，経済学もそうだけど，経済史はマルクス経済学に染まっていた。そこから幾らか逃げ出して，ヴェーバー（Max Weber）へ入ったのが大塚史学だよ。僕がよく覚えているのは，脇村義太郎先生とか京都の堀江保蔵先生といった伝統的な経済史家は，マルクス的な経済史に非常に反感を持っていた。これが歴史なのかと言うわけです。早稲田の商学部の小松芳喬先生も，その伝統に入る。関西でも小松先生は，堀江保蔵さんにはえらくかわいがられたし，宮本又次さんとは非常に親しかった。でも，あの人たちは，マルクス経済学に正面からどうするかという部分は，もう超えていたわけだよ。けれど，中川さんの時代になると，大塚先生のお弟子さんだから正面からやらなければならない。経済学部の中で，経済史で戦ったというか，対抗したのが大塚史学なんだ。マックス・ヴェーバーだからね。そういう流れが東大の中であった時代だし，学会でもあっただろうね。

　1958（昭和33）年，中川さんと僕は，ちょうど同じ時期にハーバードへ行っていたんだ。中川さんはフルブライトで来ていたと思う。私の受け入れ先はハーバードのイェンチン研究所だった。1958年4月1日にハーバード大学客員教授になって1960年7月31日まで席があった。

●川辺　先生がハーバードへ行かれたのは，どういうきっかけですか。

●鳥羽　ニューヨークのブルックリン大学の日本経済史の先生で，戦争中に日本語を習っていた人がいた。僕より10ぐらい上のハイマン・カブリンさん。彼が早稲田の商学部の入交好脩先生のところに来ていた。僕はそのころ英語を習おうと思っていたから，カブリンさんにしょっちゅう会っていた。昼飯を食べに行ったりして，うなぎ屋に連れて行ったら，ウナギは嫌だ，イマジネーションで食えないって言われたよ（笑）。

たぶんハーバード・イェンチンは，カブリンさんのような人からいろいろな情報を得て，人を選んでいた。推薦された中から，東大一人，慶應一人，早稲田一人とやっていたのではないかと思うんだ。それで，カブリンさんからハーバードへ行かないかという話になった。彼が推薦してくれたのではないかと思う。

そのころ，日本もまだ反米感情が強かったし，マルクス理論はどうか知らないけど，アメリカは敵だという感情が多かったから，偶然というか，うまくハーバードへ入れてもらった感じかな。フルブライトが200ドルだったのに，イェンチンの給付金は300ドルだった。

●川辺　100ドルも違ったら大きいですね。

●鳥羽　そのお陰で文化的な生活ができたよ。ボストンシンフォニーも行けたし，「マイ・フェア・レディ」といったミュージカルをニューヨークへ観に行けたし，贅沢なほうだった。ハーバード・イェンチンというのは，要するにアジア研究所だからね。ライシャワー（Edwin O. Reischauer）がその面倒を見ていたわけ。本来中国に行く金が，中国の国共内戦で止まったので，韓国，日本，台湾へ回ってきたわけだ。それでそうした国から毎年7, 8人呼んでいたわけ。

●川辺　ハーバードではどういった研究に着手されたのですか。

●鳥羽　僕は経営史なんて知らなかったんだよ。アメリカ経済史を勉強するつもりだった。もちろん，経済史という学科があるわけではない。また，ガーシェンクロン（Alexander Gerschenkron）が経済史に近いと言っても，ハンドリン（Oscar Handlin）がアメリカ史の専門家だといっても，経済史でもないんだよね。だから，何か近い学科がないかと聞いたわけだ。その中に経営史があった。それはハーバードの川向こうのビジネス・スクールでやっていた。ハーバードの本校からは「Over the Charles（チャールズ川の向こう）」なんて皮肉られていたし，本校の学生が聞きに来ることもなかったよ。そこへ私と同時期に来ていたのが中川さんだった。僕は，中川さんが行くということは全然知らなかった。

中川さんは，ビジネス・ヒストリーの主任教授のハイディ（Ralph W. Hidy）先生の教室に，いつも行っていた。ビジネス・ヒストリーのグループにはラーソン（Henrietta M. Larson）やコール（Arthur Harrison Cole），レドリック（Fritz

Redlich）といった先生がいたけれど，みんな講義を持っているわけでもなくて，ただ遊びでいるような格好で不思議だった。僕や中川さんは，そういう人たちとも知り合いになった。

　いまでも印象に残っているのは，初めて参加した講義だったか，朝9時から始まるから，授業開始前に到着して一番前に座っていたら，ハイディさんが入って来るやいなや「こちらが鳥羽先生です」とか何とか言ってみんなに紹介してくれた。そうしたら中川さんが，あの人が遅刻するなんてめったにないと思うけど，後ろのドアからすっと入って来たんだよ，後ろは階段になっていてね。「おー，彼が日本から来たばかりの中川先生です」なんてハイディさんが言ってね（笑）。9月初旬の最初の講義だと思うけど，それが中川さんをハーバードで認識した最初だったよ。

　中川さんは日本では東大の助教授だった。ハーバードでは日本人も少ないし，彼とはすぐ親しくなった。僕は経営史の講義を聞きに行っていたけれど，彼も同じようなことをしていた。僕の想像だけど，中川さんは，当時の社会経済史学会とか経済史のあり方に対抗し得るものを探さないと自分の居場所がなかったんだと思う。脇村さんの後で，助教授だからね。脇村さんから，おそらく何か託されていて，中川さんは経営史というものをかなり念頭に置いて，探しに来ていたように思う。脇村さんと，あの東大の雰囲気の中で，彼がマルクス経済学ではないものを求めていたことは，帰国後の行動を見ても分かる。もうひとつ，脇村先生が，1962（昭和37）年に改称される東大経済学部の経営学科を，中川先生を使って盛り立てようとしていたこともあったと思う。

　そして，ハーバード・イェンチンの特権でもあったけど，ハーバードの有名な先生の歴史とか経済の授業に申告しなくても好きに出ていいんだよ。いまでも覚えているのは，経済学のレオンチェフの講義にはハーバードの先生方まで聞きに来ていたし，シュレンジンジャー・ジュニア（Arthur Meier Schlesingr, Jr.）のアメリカ史の講義はいつも満席だった。そういう雰囲気の中で，僕は色々な先生に個人的に接触したり，関係する研究サークルに入ったり，当時もうあったけどビジネス・ヒストリーの学会へ出席させてもらったりして勉強したんだ。

ハーバード・ビジネス・スクールでの経営史の講義

●川辺　ビジネス・スクールでの経営史の講義は，どういうかたちで，どんなふうな内容で進められていたのですか。

●鳥羽　まさにケース・スタディで，毎週，決められたケースを読んできて議論する。面白いのは取り上げる会社の副社長とか，時には社長とか，偉いのを呼んであるんだ。学生が，この投資は良かったのか悪かったのか，この決定はどうだったとか意見する。そして，ハイディさんが，オーケストラのコンダクターみたいな役割を担って議論をまとめるわけだ。学生も元気で，手を挙げるやつもいっぱいいて，良かったとか悪かったとか間違いだとか，どんどん言うわけだよ。それに対してコメントをする。時にはハイディさんが社長に直接質問することもあって，経営者の人が答えることもあった。彼のクラスは大きくて100人くらいはいたね。

●川辺　その後1970年代でしたか，ハイディさんが来日されて，東大で1週間ほどケースの授業をされたことがあるのですが。その時，私がよく覚えているのはフォードのケースを採り上げたことです。

●鳥羽　フォードのケースを採り上げたかは覚えてないけれども，そうしたケースがたくさんたまることによって，経営史が積み重なるんだという考え方だった。ハーバードの授業でいまでも一番よく覚えているのは，「倫理観の問題を別にすれば，戦争ほど文化とか技術を発展させ，経済を発展させるものはない」と言ったことだ。そのころ戦争反対とか，マルクス主義とか聞かされていた日本から来たから，びっくりしちゃってね（笑）。

●川辺　経営史そのものに興味を惹かれたのは，どういったところですか。

●鳥羽　それは，中川さんと関係がある。中川さんとは，しょっちゅう会っていた。旅行をしたり，土日は僕がフォード車を持っていたから一緒にドライブに行ったりした。そのうちに彼が経営史についてどういう考え方を持ってきたのか，なぜハーバードに来たのかということが分かった。僕は意識してなかったけれども，彼は経営史というものを，もう意識していた。だから，引きずられて入り込んだと言ったほうがいいかもしれない。なぜ引きずられたかという

と，日本の経済史学に対する反発があったからだ。

●川辺　先生もアメリカに行かれる前に，若干そういう疑問を持っていたのですか。

●鳥羽　もちろん持っていた。だから大塚史学をやっていたんだ。大学院のころに僕も，大塚先生の千駄木町のお宅で開催されるセミナーに毎週行っていたんだよ。なぜ，そのセミナーに参加できたのだか忘れてしまったけれども。

　大塚さんからヴェーバーの講義を聴いた連中が，マルクス経済史にはないものを求めて行った先に経営史があった。アメリカ経済史は，マルクスとは全然関係ないイギリス流の実証主義だった。アプローチは実証主義だよ。たまに中川さんと僕が一緒にハイディさんに，日本の事情を話してくれと，昼飯に呼ばれたことがある。僕なんかはマルクス経済史の影響がまだあったから，そういう話をしたら，ハイディさんは変な顔をしていたよ（笑）。そのうち何がおかしいのか分かって来たけれどね。中川さんは，僕が昔書いた『近代日本人物経済史』を辞書代わりに持ってきていて，それで日本の事情を説明していた。

　とにかく，ビジネス・スクールでは，ラーソンとも話したし，レドリックは話し出すと止まらないほど饒舌だった。アーサー・コールもいた。彼はビジネス・スクールを退職していて，もう教えていなかったけれど，少し前までベイカー・ライブラリーのライブラリアンとしても働いていた。寡黙な人だった印象がある。

　ハーバードのビジネス・スクールは企業者史学の影響を，実はそれほど受けてない。企業者史研究センターは，ちょうど僕が行った1958（昭和33）年に閉鎖したんだよ。僕が行った時は，それを閉めて，いろいろな資料を持ち出していたよ。あのセンターは，10年分のファンドが出ていて，いろいろな学者を集めて研究をやらせて10年経ったから解散したんだ。それで，企業者史（entrepreneurial history）をやっていた。その流れにはシュンペーターのような有名な学者もいたけれど，それはビジネス・ヒストリーとは直接関係がない。けれども，中川さんもそうだけど僕ら日本人には企業者史学のほうが親近感があったわけだよ，マルクス経済史をやっていたから。ビジネス・ヒストリーは，本来それとは異質な，別の世界の話だった。ところが，企業者史学は内容の分かりがいい。シュンペーターから入っているから。ある個人の企業家が発展し

ていくという考え方だからね。僕も面白かった。企業者史研究所が出していた研究冊子も色々あったから読んでいたよ。

新しい学問を日本に持ち帰る

●**鳥羽** ここが大事な点だけれども，中川さんは，僕の想像では，日本にもしビジネス・ヒストリーを持って帰ったら，あまり流行らないだろうと思ったのではないかな。けれども，企業者史学は非常に入りやすい。中川さんのせいにしては悪いけど，僕もそう思った。企業者史学は非常に日本人に分かりやすいんだが，ビジネス・ヒストリーは説明しにくい。いまだって説明しにくい。要するに実証研究で理論ではないから。理論から何かを導くのではなくて，実証研究の中で理論を探るわけだ。ケース・スタディとはそういうものなんだよ。
●**宇田** そうすると，個別には成立しても，全体としては何か言うのは難しいということになりますか。
●**鳥羽** まだ若い学問だったしね。ところが日本へそれを持ってきて，シュンペーターの錦の御旗があったもんだから，経済学者がシュンペーターに行っちゃったわけだ。シュンペーターのおかげで，日本の経済学者も息を吹き返した時があるんだよ。アメリカに留学してきていたソ連の学者を見ていたら，マルクス経済学なんて全然やっていなかった。そして，僕らのころに計量経済学（econometrics）も出てきた。

とにかく，面白かったよ。理論ではなくて現実だから面白いんだ，僕は，アメリカに行ってからは実証主義になっちゃってね。僕の後の仕事を見ても，韓国でもどこでも実証主義だろう。理論は立ててない。事実からこうであろうということを言う，推論はするけど，理論から説明をしたことはない。それがアメリカの気風だったんだよ。

中川さんは日本に帰ってきて，脇村さんの教えもあったかもしれないけど，経営史学会を立ち上げようとした。もちろん僕も誘われたよ。仲間だったからね。話もよく分かったし。だから一緒になった。マルクス経済史に反発した人たちが，大塚史学でも満足しなくて企業者史学に入ってきた。初期には僕以外

早稲田，慶應では会員になった人はいないのではないのかな。

　経営史学会は，最初は脇村さんが会長になった。経営史を日本に導入することは表には出なかったけど，脇村さんが考えて，実際は中川さんがいろいろ策を練ってやったわけだ。僕は，その相談相手になった。由井常彦君なんかもそうだね。由井君は東大出身で土屋喬雄の弟子だ。土屋さんは，もうマルクス経済史とは関係なかったね。あの人たちは，そんな関心もなかったし，マルクス経済史に反感を持つほど子どもではなかったと思うよね（笑）。脇村さんもそうだろうけど。しかし中川さんは，東大にマルクス派が多い中で一生懸命戦ったことは事実だ。土屋守章君も中川さんの弟子だからね。あのころの日本では師弟関係は意味が大きかったんだ。アメリカとは違うんだよ。

研究の方向性を大きく変える

●川辺　先生は，アメリカから帰国されて研究のテーマ，内容あるいは方向性をかなり変えられますよね。

●鳥羽　うん。僕は，ビジネス・スクールで学んだビジネス・ヒストリーと企業者史とがごっちゃになっちゃたんだよ。中川さんもそうだった。両方日本へ持って帰って，1960（昭和35）年に経営史研究会というものをつくった。中川さんが始めたわけだ。企業家の話が多かったけれども，これが受けたんだな。シュンペーターが流行りだったし，マックス・ヴェーバーがだんだん落ちてきたからね。だから，最初のころ，経営史学会に入って来た人の中には，企業者史学をやるところと間違えて入ってきた人や，そんなものだと思って入ってきた人が多かった。その背景には，反マルクス主義があったということだ。だから，中川さんは，第3回大会を早稲田でやる時に「経営史とは何ぞや」というテーマを共通論題にしないかと提案して断られたことがある。経営学者とか社会学者とか最初は入れたでしょう。あれは中川さんの考え方で，僕もそれが良いと思ったんだよ。ところが駄目だった。みんな出て行ったかやめたか，後が続かなかった。僕も最初は経営学会に入れてもらってから経営史学会に入ったんだから。経営史学会には，経営学会の大会の中の一部分みたいにし

て参加した。最初の何年間はそうだった。そのうち経営史学会自体が固まってきて独立したわけだ。だから最初，経営史学会は会員数が少なかった。『経営史学』に載った論文を見れば分かるが，共通論題で社会学者も発表していた。最初は社会学者，経営学者も多かった。土屋君などは経営学ということではなかったかな。
● 川辺　途中でやめられて，組織学会などをつくられるのですが・・・。
● 鳥羽　そう。僕はそれほどでもないけれども，中川さんは，経営学に近いものを考えたらしい。ちょうど経済学，経済政策，経済史という三本柱と同じように，経営学，経済政策，経営史となるのではないかと思ったらしい。けれども，そうならなかったのはマルクス的日本経済史がだんだん没落したからだよ。そうしたら，東大で勉強した人が行くところがなくて経営史学会になだれ込んだ。それとともに，経営史は，中川さんの本来考えた，あるいは僕の考えた経営史とはだんだん異質のものになっていった。それに対しても中川さんは戦ったと思うよ。しかし，入れたくなかったけど，どんどん入ってきた。だから，「経営史とは何ぞや」をいっぺん問題にしようとしたことがあるんだけど，誰も賛成しなかった（笑）。

早稲田大学での経営史講座の開設と経営史教育

● 川辺　早稲田のほうでは経営史の講座はどういうふうに始まったのですか。
● 鳥羽　講座をつくるというのはなかなか大変なことなんだ。新しく講座をつくると別の講座が減ったりする。商学部などでは，会計学の力が強くて大勢いるだろう。それで，みんな何やかんやいろいろ言うわけだ。そうした講座間の交渉をするのがボスの役割なんだよ。入交先生など，あの年代の先生はそういう大変な交渉をやったんだ。東大でもそうだと思う，弟子を売り込むのに奔走していた。だから，入交先生のお弟子さんは5，6人いたけれど，みんな早稲田の先生になっている。商学部では市川孝正さん，工藤恭吉さん，僕。早稲田の社研に行った間宮国夫さんもそうだった。ただ，講座を持った当時，西洋経済史をやれと言われて困ったんだ（笑）。政経学部の正田健一郎君は西洋経済

史の小松芳喬先生の弟子だろう。それが小松先生から日本経済史をやれと言われた。僕と反対の立場だった。それで結局，政経学部の正田君が日本経済史，商学部の僕が西洋経済史になったわけだ（笑）。

　僕が早稲田の商学部に入った1943（昭和18）年ごろには，助手を入れても早稲田の教員というのは20人ぐらいで，学生は250人だった。しかし，その後，急速に膨張したので，もともとの経済史のところに経営史をつくることになった。両方並んでつくってくれたのは，やはり入交先生などが人の配置などを考えて，配慮してくれたからだ。原輝史君の時も苦労した。西洋経済史だったからね。一時は外から高橋幸八郎先生を呼んで置いて，その人がやめた後に原さんを置くとかした。

　早稲田で経営史の講座をつくる際には，経営学の鈴木英壽先生が経営史なんて要らないと，えらく反対した。経営学には経営史，経済学には経済史というようにはいかないと言ってすごく反対したのを覚えている。いつものことだけど，そういう反対をしたり賛成をしたりしながら，ついには出来上がっていくもんなんだよ（笑）。こうした争いごとは，僕らよりも上のレベルの先生の役割だった。しかし，僕などは運が良くて，割と早くに教授になっていたから，経営史の講座をつくったほうがいいと言ってはみた。実現するまで4，5年かかったという意味では苦労したけどね。

●**川辺**　先生が経営史の講義で教えたり，学生を育てたりする時に，いままでの分野と違うという意味で，どういうことを学生たちに伝えたいと考えていましたか。

●**鳥羽**　やっぱり経営の歴史だから，企業というものを中心にやらなければいけないと考えていた。僕が一番矛盾を感じたのは，経済史は50年たたないと歴史でないと言っていた。現代は扱えないんだよ。未来は，なお扱えない。ところが，経営学や経営史はどこでも扱えるんだよ。それにはそういう例をつくらなければいけないというのが，東洋経済から出した『世界企業』シリーズだ。面白いと評価され，多くの読者がついたので結構売れた。当時の経営史学会の中心的なメンバーの人が，著者としてずいぶん並んでいるだろう。僕も書いている。当時のマルクス経済史の本よりも需要があったわけだよ。

●**川辺**　マル経のほうはそういった本は書けないですし，研究もできないです

よね。
●**鳥羽** 書けない。だから，歴研（歴史学研究会）などはだんだんおかしくなった。

富士コンファレンスの立ち上げ

●**川辺** 学会運営の面では，どのような役割あるいは役職を経験されましたか。
●**鳥羽** 最初から理事ではなかったかな。富士コンファレンスなどはかなり関わったね。英語を話す人がいなかったんだね。中川先生が本当に真面目な努力家だと思ったのは，富士コンで自分の弟子たちが英語で話して下手だと怒っていたからね。驚いたよ。僕にも，「あなたが何とかしろ」とか言っていた。中川さんの弟子の土屋君も一生懸命やっていたよ。富士コンが立ち上がったのは，脇村さんのお陰だよ。
●**川辺** 谷口豊三郎さんが脇村先生のお友達でしたね。
●**鳥羽** そうそう。そういう力は早稲田にはなかったけど，東大は持っていたんだ。昔のマルクス経済学者は，朝日新聞とか岩波とかマスコミでは受けたけど，力はなかった。
●**川辺** 脇村先生は，京都ホテルの3分の1の株式を持っていらしたと，そのようなことを聞きました。
●**鳥羽** そういう時代だったんだよ。

経営史研究の広がり1─小売業の歴史へ

●**川辺** ハーバード以降の海外の研究活動はいかがだったでしょうか。
●**鳥羽** エバンストン（ノースウエスタン大学），それからマレーシア（マラヤ大学），韓国（高麗大学），そのあと中国（深圳大学）に行ったのかな。
●**川辺** ノースウエスタンへ行かれた時はやはり経営史のご研究でしたか。
●**鳥羽** 有名なウィリアムソン（Harold Williamson）がおられたが，彼の経済

史が好きだった。彼は経営史家じゃなくて経済史家だった。

●**川辺** ノースウェスタン大学で『企業発展の史的研究』をまとめられましたよね。

●**鳥羽** そう。管理の問題と企業家の問題を両方とも扱って，結び付けた。これは学位論文でもあったし，僕の処女作でもあった。ノースウエスタンに行ったのは，家族を連れて行くためと，中西部を見てみたかったからと，それからウィリアムソンが好きだったからだ。こぢんまりとした大学だから，図書館にこもって本を書くのにちょうど良かった。だから，これだけを書きに行ったようなものだったよ。

●**川辺** サバティカルで行かれたのでしょうけれども，それだけのものが書けたというのは，やっぱり大きいですよね。

●**鳥羽** そうかな。そういえば『世界企業2 シアーズ＝ローバック』も片手間に書いた。シアーズの本社があったシカゴが近かったのと，シアーズが企業資料部門を持っていて，資料を使わせてもらえたからね。

●**川辺** 『シアーズ＝ローバック』を書かれてから，急速に小売業の分野に入って行かれましたね。

●**鳥羽** 僕は，人がいいというものに反発して，「おかしいじゃないか」と感じるんだ。当時，小売なんてだれも見向きもしなかったからね。でも，あれを書いたころは通信販売をやろうとした人たちが結構いたんだ。地方でも，通信販売なら地方を拠点にできると考えていたんだよ。だけど，たいてい失敗したね。いまでこそ通信販売だけど，30年前は大変だった。せいぜい高島屋なんかが当時からやっていたけど。だから，通販に目を移すようになったのも僕の反発心からなんだよ。

　東洋経済の世界企業シリーズで，みんなが産業を選ぶんだが，黙っていたら小売をやる人は誰もいないんだ（笑）。ばかにしていたんだね。ヨーカ堂の伊藤雅俊さんが言っていたけど，創業して上野にいたころ，学者が来て「見せてくれ」と言うから見せたら，ばかにしたようなことを言って帰ったと怒っていた。丸井だって，反発心からあれだけ大きくなったんだ。ところが百貨店の偉い人と一緒に海外視察に行くと，遊ぶほうに夢中であまり勉強していなかったね。そこへ行くと，規模の小さな小売業の人たちは一生懸命だった。丸井だっ

て，戦後すぐの1948（昭和23）年にアメリカへ行っている。ガツガツ精神があった。それだから，デパートが凋落してしまった。
● **宇田** 帰国された1969年末に『シアーズ＝ローバック』を出された後は，業界に呼ばれて，お話などされたことも多かったのではないですか。
● **鳥羽** ああ，あったね。講演を頼まれたことは非常に多かったと思うよ。それから小売業者がフランスとかアメリカとかに視察に行くのだが，その時にコーディネーターとして，方々の有名な店に行ったよ。それで，いよいよ日本で小売業が起こってきたから，そっちにますますはめ込まれてしまったよ。

　アメリカから帰国してすぐ声をかけてきたのは丸井の青井忠治さんだった。ダイエーの中内功さんからは，毎月の社内幹部会に呼ばれ，10年以上，行ってたな。その時，店舗も見せてくれることがあったけれど，店員に「なんでこの商品とこの商品が一緒に置いてあるんだ」とか怒ってたよ。商品の関連性について指導してたのが印象に残ってる。いまはイオンだけど当時ジャスコの岡田卓也さんは早稲田の商学部の同期だったから交流があったし，ヨーカ堂の伊藤雅俊さんは生年が同じだし，よく電話がかかってきて夕食を一緒に食べた。彼は僕の本のファンで「鳥羽さんの本はいつも読みだすと夜中の三時になっちゃう。途中でやめられないんだよ」とか冗談言ってたけど（笑）。

　僕のこうした流通への傾倒から，良い意味で引き離してくれたのはマレーシアとか韓国だった。

経営史研究の広がり2―アジア経営史の探求

● **川辺** 先生のご関心が，それらの国々に移られたのはどういうきっかけですか。
● **鳥羽** 当時の韓国の話になると，韓国は，日本が悪い，悪いといっていた。戦前の日本は韓国人から見ると悪の塊だった。他方で，アメリカはいい，イギリスはいい，スウェーデンはいい，こうした見方への反発でもあった。欧米諸国がそんなによくて，日本がそんなに悪いのなら，日本よりも経済発展の度合いが低い国を見てみようというのが原因だよ。これは僕の性格だろうね。その

ころは，誰も行きたくないといっていた韓国へ行ったんだからね。まさに朴正熙（パク・チョンヒ）政権の圧政の時代だったから。

　当時，早稲田は世界の著名大学との間で教員の交換協定を結んでいたんだけど，1974（昭和49）年に韓国の高麗大学と協定が締結されて，派遣する教員の公募をしていた。僕は人間の理想郷としての社会主義を見たくてモスクワ大学行きを希望したけど，大学の外事課は，希望者も多いし，ロシア語の経験もないからと，希望者のいない高麗大学行きを勧めてきた。それで韓国に行ったんだ。

●川辺　そこから比較経営史が出てきたのでしょうか。

●鳥羽　いや，比較というのは，中川さんの思いつきだったと思うよ。日本で割と普及しやすいアイデアは比較なんだ。例えばマルクス理論でも，どことどこを比べるということがある。だから比較経営史は，経済史家がマルクス主義から離れる場合にも好都合だったし，経営史といっても，個別の経済史を比較すればよい面もあったので，入りやすかった。

　それから日本をイギリスと比べるとかいうことで国際比較ができた。いまだって経済史では，イギリス経済史はイギリス経済史の専門家，イタリアはイタリア，ドイツはドイツ，みな分散しているもんね。でも，比較になると，みんな一緒にやらなければならない。それが新しい時代の動きだったし，若い人たちの関心を呼んだんじゃないかな。

●川辺　なるほど。それで，最初は，先ほど言われたように，イギリスとかアメリカとかドイツとか，そういう先進国の間の比較みたいなのが動き出して，そこに先生がアジアを持ち込んだということだったのですか。

●鳥羽　要は，アジア諸国を，そこに押し込んだわけだね。アジアの発展が僕の予想より早かったんだ。中国もそうだけど韓国も早すぎたのかもしれない。駄目なのは北朝鮮だけでね。

●川辺　北朝鮮は，当時は評判が高かったのですが，まったく伸びなかった。

●鳥羽　あれは日本の遺産だよ。鉱物資源やインフラなど日本の資源が，戦後には残っていたから。韓国はだいたい畑で稲をつくっていたから，米作産地だった。他方で，鉱物資源の開発とか新興財閥はみんな北へ行った。

●宇田　鳥羽先生はそうした北朝鮮の話を持ち出して，経済を価値判断ではな

くて実態を見て比較して考えたほうが面白いと，何十年も前にずいぶん言われていますが。

●**鳥羽** そういう考え方をみんなに言ったことはあると思う。つまり，ある点だけで決めてはいけないし，比べてみなさい，と。韓国，マレーシア，みんな違うから。比較の眼で見たら，どう見えるかということだよ。

だから「日本の眼」もあるよ。この眼は，割と韓国でも評判が良かった。そういう眼で韓国を見る日本人はいなかった。1974（昭和49）年に高麗大学の客員教授に着任して，韓国での反日感情の物凄さを目の当たりにして驚いたよ。その理由を調べようと思って，色々な方の協力を仰いで7ヶ月間調査した。そして，韓国経済は崩壊しつつあるという当時の通説とは反対に「韓国経済は生き生きとした躍進の途上にある」と考えるようになった。帰国後，『もう一つの韓国』として，僕の見たり感じたりしたことを本にした。やっぱり実証だね。だから，同じころ『韓国の経済』（岩波書店，1976年）を出した隅谷三喜男さんと大論争をやったりした。向こうは韓国駄目派で，こちらは韓国は伸びるという話だった。テレビでもやった。

●**宇田** でも，そもそも先生は，なぜアジアに目を留めることになったんですか。

●**鳥羽** 実はハーバードでの滞在を終えて帰国する時に，3ヶ月かけてヨーロッパとアジアを船で回ったんだよ。ボストンからマイアミを経由して，メキシコに入り，ハイチに寄って，南米に入り，ベネズエラから船でイギリスのサウザンプトンに行った。その後，エチオピアを経由してインド，台湾と回って日本に帰ってきた。すごく疲れたよ（笑）。

当時，誰もが日本ほど遅れている国はないと言っていた。スウェーデンは社会福祉が充実してるけど，日本はダメだとかね。本当にそうなんだろうかと思ったんだよ。それでアジアを見てから帰ろうと。実際に見てみたら，日本はそんなに悪くないんだよ（笑）。こうした体験で学んだのは，見知らぬ国のことを本を読んだだけでどうこう論じてもダメだということなんだよ。やはり，観念論だけでは割り切れなくて，英国流の経験主義，実証主義，それから比較といった幅広い眼をもたないと正確な知識はなかなか得られないということなんだろうと思うよ。

人物から見た歴史

●川辺　先生は早稲田大学をやめられるころ，高橋亀吉を研究されていましたよね。

●鳥羽　そうそう。個人の伝記というものが，どうして日本ではあまり売れないのか不思議だと常々思っていた。バイオグラフィーは，英米では重要な仕事なんだよ。チャーチルといった首相とか大統領の自伝とかね。日本ではなかなか書けない伝記を書こうと思って最初にやったのが丸井の創業者のものだった。これは頼まれてやった。高橋亀吉も頼まれ仕事だったけれど，これはまた別の意味もあった。彼は商学部の出身だったし，僕も高橋さんを個人的に知っていたし，偉い人だと思ったからね。急いで書いたから，あまり出来は良くないんだけど。僕も本の中ではなかなか本音は言えないんだよ（笑）。でも，ある人がどうしてそういう考えを持つようになったのか，といったことは，その人の半生を見ないと分からない。だから，家族関係がどうだったとか，どこで何を学んだとかが重要なんだよ。

翻訳した本のこと

●宇田　経営史学会で，いままでチャンドラー（Alfred D. Chandler, Jr.）が，ずいぶんもてはやされてきたのですが，最近ではポストチャンドラーなどと言われています。先生は *Visible Hand* という彼の主著を訳されて，ある意味で一番重要なところを紹介されたわけですが。

●鳥羽　まあそうかもしれないけれどね。一番いい時に翻訳したよ（笑）。とにかく，経営史学会に経営史を紹介したかったからだけど，富士コンの時にチャンドラーと親しくなって，それで早稲田の研究室のメンバーみんなで訳そうということになった。

　当時，大学院の講義では，これをやるとか決まったことは何もないんだよ。だから，こういう翻訳をみんなでやって名前を載せるということが僕は好き

だったんだよ。若い研究者の励みになるし，大学院の演習としても勉強になると思った。英語の勉強にも，翻訳技術の向上という意味でもね。
●**川辺** Visible Hand はチャンドラー先生の金字塔で，制度的に企業を見ていく，それから創業者よりも専門経営者の役割を評価している。
●**鳥羽** そうだね，だから，『経営者の時代』という題にしたんだよね。
●**川辺** そうですね。もうれっきとした古典ですね。おそらくいまは，第二次産業革命から第三次産業革命へ移るところで，IT 企業家とか財務とか，あるいはサービス産業，金融とかサービスとか，そういうところで新しいタイプのビジネスを起こす人が出てきているんでしょうけれども。

経営史教育について

●**宇田** 「経営史を教える」ということについて少しお聞きしたいのですが。
●**鳥羽** 経営史は，やはり新しい発想として，企業というものは，やはり人で変わるものだということと，君たちも起業できるんだということを教えたかった。いま残念に思うのは，僕の米寿のお祝いとかでみんなが集まってくれるだろう。企業家がほとんど出ていないんだよ。みんな銀行員とか，いいところに勤めすぎて（笑）。もっと小さい企業に行っていれば企業家になったかもしれないけど，行ってないんだよ。銀行をやめてから，帝国ホテルの役員になったとか，そういうのはいるんだよ（笑）。新しい企業を起こすような人を育てたかったけれども，この望みは達成されなかった。
●**川辺** それは「時代が時代だった」ということもあるんじゃないですか。
●**鳥羽** 時代もある。それから，就職なんていうのは親と本人が決めるのであって，俺がこう言ったからって，そうなるもんじゃない（笑）。
●**宇田** ただ，この話はすごく重要で，いまだに日本は，先生がおっしゃる意味での企業家というのがなかなか出てこない。でも，アメリカではどんどん出てきますよね。
●**鳥羽** そう，アメリカでは出てくるんだよ。ああいう土壌はすごいよ。
●**川辺** 先生，私のゼミなどは，もう出ているのがいるんです，自分で起業し

●鳥羽　ああ，時代が違うのかね。そういうのに出てきて欲しかった。小売業なども，ほんとは出て欲しかったんだ。行ったのはいるけど，役員まではいるよ，イトーヨーカ堂でもね。だけど自分で起こすというやつはいなかったね。
●宇田　そういう意味で，先生は企業家を輩出させる，いや，個人が起業できるんだということを教えたかったと。
●鳥羽　そういうことがあり得るし，あったんだということを教えたかったね。

歴史を書くということ

●宇田　先生は多作でいらっしゃいますが，先生にとって「歴史を書くということ」はどういうことなのでしょうか。
●鳥羽　難しい質問だね。だいたい正しく発表されれば教科書でも何でもいいんだけど，ねじ曲げられて書かれた時は本当のことを明らかにしたいと思うね。だから渡部昇一などと意見が合うんだけど，ゆがめられた日本史では困るんだよ。
●川辺　そのゆがめられたということが理解できる，分かるという，その視点みたいなものはどこから来るのですか。やはり，実証から来ているということでしょうか。
●鳥羽　大学であれだけ左翼がのさばって，いいかげんなことを言いふらして，韓国は駄目だとか，嘘ばっかりなんだから。みんなマスコミが言うから，「韓国はひどい」，「朴正熙が悪いんだ」ということになっていたんだけど，自分で見て，いいか悪いかを確かめなければ駄目だというのは歴史の基本じゃないの。もちろん，自分が間違うこともあるよ。だから後からもう一度見て，自分が間違っていたら，やっぱり正していくというのが歴史家だと思うよ。日本は，そうした責任を取らない人は多いけどね。
●川辺　日本は，やはりグループになったり仲間になったりする傾向がありますよね。
●鳥羽　それが強すぎる。

●川辺　研究者はもうちょっと独自に，一人で議論して。
●鳥羽　孤独でやるべきだと思うよ。ヨーロッパの科学と日本の科学が違うのはそこだろうね。群れたら駄目なんだよ。尊皇攘夷じゃないけど。マルクスみたいに図書館で籠って勉強するというのはあんまりいないんだよね。むしろ，外国へ行った日本の研究者などにはいるかもしれない。日本人は，やっぱり流れがあって，流れに沿っていかないと，なかなか生きにくいんじゃない。息苦しいんじゃない。
●川辺　いずれにしても，実証の考え方をきちんと持っていれば，そんなに外れるということはないですよね。
●鳥羽　それはないし，そんな誤った道には入り込まないと思う。そこで止まると思う。つまり，めちゃくちゃ乱暴なことは言えないわけだよ。ちゃんと人骨が出て，人間の祖先はどこから来たかというのが分からない限りは言えないし，断定できない。ここまでは言えるけれど，ここから先はまだだと。そういう意味で僕は，面白いことに，韓国でもマレーシアでも東南アジアでもアメリカでも，ずいぶんぶつかる時期に行ったと思うよ。
●川辺　ただ，実証に入りすぎて細かいデータとか資料だけを議論するような傾向もありますよね。
●鳥羽　あるある。どこかの会社の細かいことをやる。あれは質問のしようがないよ。知らないんだから。昔話だけど，アメリカの学会は全然違った。大きいことを，ぱっと言うから隙だらけなんだ。だから，みんなが質問するんだよ。そうすると，そこから急に専門の話になって説明していくんだよ。日本みたいに，最初から穴へ入っていかないんだよ。日本の若い研究者の論文を見ると，そういう傾向があるんじゃないかと思う。もちろん，いろいろな歴史があっていいよ。例えば，慶應の歴史人口学。
●宇田　速水融先生ですね。
●鳥羽　そう，速水君ね。あれも新しい問題を切り開いただろう。ああいう新しい見方を出してくるといいね。ある村の小さい所へ行ってもしようがない。
●川辺　そうですね。まあ見方が広い中で，それを位置づけるのなら重要なことでしょう。けれども，最初から最後まで細かいだけでは。いまは本当に学会の発表はそういうものが多くなってしまって，思わず何のためにやっている研

究かというようなことを聞くようなこともありますが。

●**宇田** それは，細かいこととストーリーがあることというのは両立しないということでしょうか。

●**鳥羽** しないだろうね。ストーリーが前提にあって細かいことが生きてくるのであって，細かいことがばかりだとストーリーにならないと思うよ。

●**川辺** そうでしょうね。

●**鳥羽** 僕はマレーシアでも韓国でも何か面白いと思った時には，まず，パッと捕まえて，おかしいなと思ったところを細かく見ていくわけだ。セマウル運動とかを調べた時はそうだった。そうすると，だんだん全体が浮き上がってくる。そういう感じだったね。マレーシアもそうだよ。

●**川辺** そこが，いつも先生が言われるように，節穴のところを決めて，そこから広い世界を見るようにしろということの意味だろうと思いますね。

●**鳥羽** そうそう。そういうことだと思うよ。

山下幸夫先生インタビュー

代筆：久保文克（中央大学）

山下幸夫先生略歴

【氏名】	山下幸夫（やました・ゆきお）
【生年】	1924 年
【主要学歴】	中央大学，東京大学大学院
【主要職歴】	中央大学
【経営史学会での代表的役職】	常任理事

【主要業績】
『近代イギリスの経済思想―ダニエル・デフォウの経済論とその背景―』岩波書店，1968 年
『海運と造船業―市場の拡大と造船技術―』日本経済新聞社，1984 年
『海運・造船業と国際市場―世界市場への対応―』日本経済評論社，1993 年
D・デフォー『イギリス経済の構図』東京大学出版会，1975 年（共訳）
S・ポラード『現代企業管理の起源―イギリスにおける産業革命の研究―』千倉書房，1982 年（共訳）
『日本郵船株式会社百年史』（総監修：脇村義太郎）日本郵船株式会社，1988 年

[注記] 経営史学会顧問である山下幸夫先生へのヒアリングについては，先生のご体調がすぐれないことから，先生宅に保存されていた手帳及び記録ノートを久保が持ち帰り，その記録をもとに以下代筆するものです。なお，両資料によって確認できなかった点に関して，由井常彦先生からご教示いただきました。この場を借りてお礼申し上げます。なお，文中の敬称はすべて省略します。

経営史研究会と山下幸夫

　経営史学会の前身となる経営史研究会は，1960（昭和35）年10月23日に薬業永田町会館において発会になっているが（経営史学会編［1985］『経営史学の二十年―回顧と展望―』東京大学出版会，391ページ），当初は脇村義太郎や中川敬一郎のお話を聞くことが中心であり，本格的な研究会は1962年に入ってからのようだ。1962年4月24日の手帳には次のように記述されており，山下の記録に残る最初の本格的な経営史研究会であった。すなわち，「5：30-9：30　経営史研究会，中大会館206号室，報告者：三島康雄氏『日魯漁業株式会社経営史序説』脇村・中川両先生方，計4名のみ。関心あり」と。由井常彦によると，経営史研究会発会時からの常連メンバーは脇村，中川，鳥羽欽一郎，由井，山下であり，山下は当時お茶ノ水にあった中央大学で会場を確保するなど，同研究会の幹事的な役割を担っていたようである。
　経営史学会編［1985］346ページにも記載されている経営史研究会関東部会メンバー34名については，1964年7月20日に山下が作成した経営史研究会の名簿によると以下の通りであった（所属当時）。遠藤輝明（横浜国立大学），藤津清治（一橋大学），五島茂（明治大学），服部一馬（横浜国立大学），加藤幸三郎（専修大学），小林正彬（和洋女子大学），小松芳喬（早稲田大学），丸山恵也（立教大学），松田緝（亜細亜大学），三島康雄（東京水産大学），宮島宏志郎（福島大学），中川敬一郎（東京大学），中務一郎（千葉商科大学），岡本康雄（東京外国語大学），大河内暁男（立教大学），大野木吉兵衛（浜松商科短期大学），大塚久雄（東京大学），正田健一郎（早稲田大学），杉山和雄（弘

前大学），高柳暁（中央大学），玉山勇（福島大学），田村光三（翌年，明治大学），寺谷武明（横浜市立大学），鳥羽欽一郎（早稲田大学），土屋喬雄（明治大学），土屋守章（東京大学），栂井義雄（専修大学），植村元覚（富山大学），宇治順一郎（慶應義塾大学），脇村義太郎（東京大学），山口和雄（東京大学），山下幸夫（中央大学），米川伸一（一橋大学），由井常彦（明治大学）。

　山下作成の「経営史研究会の記録」（以下，「記録」と称す）によると，経営史研究会に当時参加していた顔ぶれを研究者・研究テーマとともに記すと以下の通りである。

・1963 年 2 月 2 日（土）：【報告者】由井常彦「わが国における株式会社企業の展開」，遠藤輝明「フランスの投資銀行について」
【出席者】脇村義太郎，中川敬一郎，藤津清治，小林正彬，三島康雄，土屋守章，鳥羽欽一郎，服部一馬，山下幸夫
・1963 年 6 月 22 日（土）：【報告者】正田健一郎「江戸時代における織物集荷の諸類型」，梶西光速「日本の政商について」
【出席者】中川敬一郎，丸山恵也，由井常彦，三島康雄，小林正彬，鳥羽欽一郎，米川伸一，高柳暁，山下幸夫
・1964 年 6 月 6 日（土）：【報告者】加藤幸三郎「明治後期における『特約紡績』について」
【出席者】中川敬一郎，遠藤輝明，土屋守章，小林正彬，山下幸夫

　なお，角山栄，宮本又次，井上忠勝はじめ関西の先生方が参加されることもあり，五代友厚伝記資料等の編纂を機に「経営史は自分らが本場」という思いが関西の先生方にあったとの由井の証言もある。

経営史研究会から経営史学会へ

　経営史学会編［1985］346 ページには，1963（昭和 38）年の「夏ごろから，経営史研究会を発展的に解消して経営史学会を設立しようという動きが活発になり始めた」とあるように，このころから経営史研究会は学会へと発展する方向性を模索し始めた。そして，経営史研究会の第 2 回全国研究集会が開催され

た立命館大学において，11月30日経営史学会の設立総会が開催され，出席者47名を発起人として経営史学会を新設することが決議された（経営史学会編［1985］347-348ページ）。経営史研究会から経営史学会へと発展した直後の関東部会としては，以下のものが記録されている。

・1965年1月30日（土）：【報告者】由井常彦「ヒルシュマイヤー『日本における企業者精神の起源』の紹介と批判」

【出席者】中川敬一郎，米川伸一，玉山勇，鳥羽欽一郎，三島康雄，大河内暁男，小林正彬，寺谷武明，土屋守章，森川英正，山下幸夫

1965（昭和40）年3月27日の関東部会では，三和良一報告「1880年代における資本家団体」の後，同時に幹事会が開催された。「記録」によると，同幹事会において話し合われたのは，①雑誌（『経営史学』）の発行について，②秋季大会（第1回全国大会）について，③アンケートについての以上3点だが，ここで注目すべきは③のアンケートを実施しようとした点である。「記録」によると，アンケートの内容は，所属機関，職名，担当講義，現在研究中のテーマ，第1回大会の統一論題に対する希望，他の所属学会の以上6項目であり，最初の5項目を「名簿に記入する」と記されている。なお，このアンケートの結果については，経営史学会編［1985］353-354ページに詳しい。

また，②秋季大会については，11月東京大学において開催し，統一論題として，「経営史研究のトピックス（対象）　どのような問題を取り上げてよいのか，その方法」との記録が残されており，第1回全国大会について初めて検討が加えられたものと考えられる。そして，5月1日中大会館で開催される幹事会で，この第1回大会についての打ち合わせが行われることが決定され，会員へのアンケートを集計して統一論題のテーマが決められることとなった。

この幹事会を受け，5月29日に大阪大学にて開催された役員会において，機関誌発行と秋季第1回大会について，統一論題の報告者ともども話し合いがもたれたことが「記録」に残されている。機関誌発行をめぐっては，その資金をいかに捻出するかという観点から，もっぱら賛助会員と一般会員の会費について議論が交わされている。つづいて，学会員に対する上記アンケートの結果，方法論を統一論題のテーマとして希望する会員が最も多かったことを受け（経営史学会編［1985］354ページ参照），中川敬一郎は「経営史学はどういう

問題をどのようにとり上げるのか、ということが、方法論という言葉でアンケートに現れたのであろうと思う」と述べられ、統一論題のテーマは「経営史学の課題」に決定した。そこで問題となったのが、その具体的内容をどうするかという点であった。「記録」によると、そのたたき台とも言える案を中川は以下のように示している。

「1．経営主体（用語の検討を通じて、経営主体の理解の仕方について共通したものを引出そうとする。概念の検討）
2．関連・隣接科学との間の関連。組織（経営）、経営学と経営史学との橋わたし。
3．経営理念。社会学的文化構造。
4．経済発展論と企業経営の問題。経済理論ないし経済史の領域からの注文。工業化と経営活動としても提出できる。
5．個別経営史は、いかに研究されるべきか」、と。

これに対し、桂芳男から第4と第1のテーマは関連しているので一本化すべきではとの意見が出されたが、基本的には中川案が採用される。そして、当日の運営の仕方についても中川は次のように発言され、出席者から了承される。その内容とは、「大会のはこび方。完成した報告よりは、こういう問題を今自分はやっているのだ、ということを出していただく。誰かが大きくテーマをつかんで、どんな問題があるかを紹介。それに2～3の人がコメントし、さらに参集者がこれに加わってゆく。2カ月前にレジュメをもらい、会員に配布し、コメンターは当日までにコメントを用意しておく」というものであった。中川を軸に、第1回大会のシナリオが着々と作成されていったことがうかがえよう。

なお、統一論題の報告者についても意見が出され、「記録」には次のように記されている。すなわち、「1. 経営主体の諸概念─桂氏。経営主体概念の整理。……2. 経営組織─経営学者。……まだ未交渉。3. 経営理念と文化構造─社会学者からの意見が重要。間宏氏。4. 工業化と経営活動─東畑精一氏（むしろ記念講演をお願いすべきであるとの幹事会の意見もある。大塚教授なども）。ときによっては中川」と。

山下幸夫の経営史講義

　大塚久雄が国民経済について研究されていたころ，山下は大学院生としてダニエル・デフォーの研究を深化させていく。そして，1964（昭和39）年9月に取得した経済学博士論文「ダニエル・デフォーの経済論とその経済史的背景に関する研究」を後に『近代イギリスの経済思想』（1968年）として著すのであるが，このプロセスにあって1959年3月大学院博士課程を退学し，中央大学商学部専任講師として経営史を担当する。山下に経営史を担当させたのが当時批判経営学の大家であられた岩尾裕純であったことは意外なようにも思えるが，「岩尾先生は先見の明があった」と山下は後に語っていた。と同時に，「岩尾先生は私の授業が心配だったらしく，教室の後ろのドアをこっそり開けて見ておられた」とも山下は回顧されていた。

　山下が初期の経営史に教科書として使用していた生協作成版『経営史講義』を見ると，大塚の株式会社発生史論をベースに簿記会計発達史を加味したものが当時の経営史の内容であった。当時を振り返って，「岩尾先生に経営史を担当するように言われたものの，当初は何をやったらいいのかわからず，まさに試行錯誤の連続でしたよ」と山下は語っていた。そうした状況にあって，「ハーバード大学（ビジネス・スクール＝引用者）から帰国された中川敬一郎教授が中心となり，経営史研究の第一着手として，造船史研究会が発足した」（『海運と造船業』4ページ）のである。由井先生の証言によると，ほぼ同時期ながらも，造船史研究会が経営史研究会より若干先行して発足したようであるが，本場アメリカの経営史講義の内容を初めて目の当たりにした山下たち経営史研究会メンバーには，経営史講義において何を話すべきなのかがようやく理解できた瞬間であった。事実，山下は「中大会館で開催されることの多かった経営史研究会では，中川先生がハーバード大学の授業に出席して速記されたノートを皆で食い入るように見入ったものだった」とも述べている。

　最後に，山下の経営史講義の具体的内容について言及しておきたい。最終年度を聴講させていただいた経営史の内容とは，前期が欧米経営史，後期が日本経営史という構成であり，既存の教科書等を活用して組み立てられたものでは

なく，フォーディズムやデュポンの研究に象徴されるように，ご自身がその後執筆されていった論文1本1本が経営史講義の内容1回1回にも反映されていく。なかでも前期の欧米経営史は，後述するように，個々の企業レベルにおける近代的管理の成立をめぐる英米の違いを国民経済レベルの両国の盛衰に見出そうとする，まさにミクロの経営史とマクロの経済史を表裏一体のものと理解する山下経営史学が色濃く反映されたものとなっていた。

山下幸夫の経営史学

　山下は，1967（昭和42）年3月から1968年3月にかけてハーバード大学ビジネス・スクールに留学するが，その体験を踏まえたものが「経営史学—その問題点と方法—」（中央大学出版部『中央評論』20巻2号，3号，4号，21巻1号，1968-69年）である。以下，この「経営史学」を手がかりに，山下経営史学の草創期を垣間見ていくこととしたい。山下経営史学の特徴として，①逸脱した事例への注目，②経済史を背景とした経営史，③意思決定プロセスをめぐる「血と肉」の実証があげられる。
　まず，①の逸脱した事例の重要性について，山下は「経営史学」において次のように記している。
　「経営史学における人間研究の本来の意図は，『ホモ・エコノミックス』としての人間像を前提した上で，その上にたってなおこの規定から逸脱する事態が生じた場合，それをどのように把握すべきかという問題を想起するのである。……原則から逸脱する問題が生じた場合，それをどう処理をするかという点にそもそもの問題の発端があったことを，ここに繰返し強調しておきたいと思う。……例外が実は一国の運命を左右するほどの重みを持つとするならば，それを単に例外として無視することは許されない」（傍点、は原文，・は引用者，「経営史学（一）」202ページ）と。
　比較経営史というかたちで中川以来方法論の軸とされてきた「比較」の意味するところが，共通点を抽出することよりは，むしろ相違点＝特殊性を明らかにすることに重きを置くべきであることを示唆した指摘である。

一方，②の経済史を背景とした経営史に関連して，山下は経営史研究の目的について次のように述べている。

　「経営史研究の目的は，『ビジネス』の動向を見きわめ，それを決定する諸要因を明らかにすることにあった。しかし，それは単に個々の『ビジネス』についての動向というに止まらず，『ビジネス』の総体を包含した経済社会全体の進路をも見定めるという意味も含んで，はじめて本来の意図が実現されることになる」（傍点・は引用者，「経営史学（四）」133 ページ）と。

　その上で，経営史学が登場するに至った役割についても次のように指摘する。

　「経営史学が単なる抽象論に終わるのでなく，歴史的な一つの役割を担って登場したのであるとするならば，こうした『ビジネス』のおかれている位置を明らかにし，その方向に指針を与えることに，経営史学の主要な任務があるといってよいのではあるまいか」（同上）と。

　まさに，経営史と経済史を連携づけようとする経営史学第一世代ゆえの理解である。事実，山下の経営史講義のとりわけ欧米経営史においては，イギリスとアメリカの近代的管理生成史をめぐる相違（イギリスに種のまかれた近代的管理が花開くのはアメリカであった）が両国の国民経済レベルの盛衰とコインの裏表の関係にある，という大きな全体像を説明すべく，毎回の授業内容が構成されていた。そして，「経営史と経済史との統合についての一試論―A. H. コールの所論を中心に―」（中央大学商学研究会『商学論纂』1975 年）において，経営史と経済史の橋渡し的な試論が登場することになる。

　③の「血と肉」の実証に関しては「経営史学」では言及されてはいないが，筆者の大学院時代何度となく強調されていたのを覚えている。ここで言う「血」とは企業の財務諸表のデータのことであり，「肉」とは経営者の意思決定プロセスを示す発言のことである。そして，企業の財務データに大きな変化が見られた局面に注目し，その変化した要因を経営者の発言を通して意思決定プロセスに見出す。これが山下経営史学の「血と肉」の実証に他ならなかった。

　最後に，山下の経営史研究の足跡を辿っておくと，1968（昭和 43）年『近代イギリスの経済思想』に結実したデフォー研究の後，経営史という学問と出会うことによって，大きく 4 つの研究テーマを追究していくことになる。具体的には，①海運・造船業史研究，②デュポンをはじめとした化学産業史研究，

③高賃金の経済論，④その他である。

　まず，①の海運・造船業史研究については，先述したように，山下の経営史学との最初の出会いとなる造船史研究会に遡る歴史のある研究対象である。そして，主たる三つの研究の柱のうち最も長期間にわたって研究し続けたのも①のテーマであり，1984年『海運と造船業』と1993年『海運・造船業と国際市場』という2冊の単著が刊行されるに至るわけだが，他にも第18回経営史学会全国大会統一論題「両大戦間の日本海事産業」における報告をまとめた「1930年代の海運業―不況の回復から『黄金期』へ，日本郵船の事例―」（中川敬一郎編『両大戦間期の日本の海事産業』中央大学出版部，1985年）や「日本造船業にみる技術の継承―戦前から戦後へ―」（中川敬一郎編『企業経営の歴史的研究』岩波書店，1990年）がある。なお，①の研究テーマについては，中川とのご縁が大きかったことを後に筆者に語っている。

　次に，②の化学産業史研究については，①と並んで経営史研究を推進していく上で初期に山下が着手した研究テーマであった。「わが国における染料工業の創生―『日本染料製造株式会社』と稲畑勝太郎　その経営史的考察をめぐって―」（『商学論纂』2巻3号，4巻1号，5巻6号，1963-64年）に始まり，「第一次世界大戦期のE. I. デュポン社と染料工業―経営多角化との関連において―」（『商学論纂』10巻1号，2号，3号，1968年），「日本の化学工業―経営史的アプローチ―」（『中央評論』21巻2号，3号，4号，22巻1号，1969-70年），「デュポン化学工業会社とラモ・デュポン―経営史における個別企業研究の意味との関連において―」（『商学論纂』14巻1号，2号，3号，1973年）と研究成果は公刊されていく。チャンドラーによる『経営戦略と組織』に触発され，日本の化学産業との国際比較も視野に推し進めていたのが②のテーマであった。そうした意味では，経営史学第一世代の山下でさえ，その経営史研究の先導者は中川であり，チャンドラーに他ならなかったということである。

　続いて，③の高賃金の経済論であるが，イギリス経済史から研究をスタートさせた山下にとって，大塚の下で中川同様に比較経済史の重要性を学び，経営史研究へと重点を移行して後も「比較」を重要な分析視角の一つとして位置づけていた。山下にとって，イギリスとアメリカの比較はある意味で必然的な

研究テーマであり，そのポイントとして山下が着目したのが，構造的労働力不足ゆえに高賃金の経済が不可避となったアメリカのイギリスとは大きく異なる事情であり，今日に至るアメリカの経営風土の原点としてこだわり続けたのである。「『高賃金の経済』論―その歴史的性格について―」（高橋幸八郎・安藤良雄・近藤晃編『市民社会の経済構造』有斐閣，1972年）に始まり，「『高賃金の経済』と科学的管理論の萌芽―トーマス・ブラッシーの所説を中心に―」（土屋守章・森川英正編『企業者活動の史的研究』日本経済新聞社，1981年），「19世紀後半の米国と高賃金の経済論―J. シェーンホフの所説をめぐって―」（『商学論纂』27巻5号，6号，1986年）といった具合に，短期間に追究するというよりは，一定の期間を経て再び論じていることからも，この③のテーマへの山下のこだわりを垣間見ることができよう。なお，両国の比較という観点からは，内部請負制をめぐる共通点と相違点を「『内部請負制度』Subcontract System の歴史的意義―問題点の検討―」（『商学論纂』「中央大学100周年記念論文集」1985年）と "The Inside Contract System in Japan: With Particular Reference to the Coal Mining Industry" （Japan Business History Institute, *Japanese Yearbook on Business History*, 1987）において指摘している。

　最後に，④その他の研究テーマについてだが，きわめて多岐にわたるテーマを扱いつつも，とりわけ注目すべきは，先述した経営史と経済史の関連とともに後発効果に関する著作である。前者については前出の「経営史と経済史との統合についての一試論」が代表する論文となるが，後者については，「後発効果の諸類型―日本的経営論へのアプローチ―」（中央大学企業研究所編『日本の企業・経営と国際比較』中央大学出版部，1991年）をついに著す。無教会基督者でもあった山下にとって，内村鑑三の「辺境の理論」（次なる経済発展の中心は周辺地域からむしろあらわれる）をいつか学問的に論じてみたいとの願望を抱いていたと聞いたことがあるが，それが実現したのが同論文であった。そして，後発効果を論じたこの論文においても，経営史的視点と経済史的視点とが重なり合うように論じられていることが注目されるが，こうしたスタンスはポール・ケネディの『大国の興亡』に触発された三つの論文，「経営史からみた『大国の興亡』」，「歴史を見る眼―『大国の興亡』によせて―」，「経営史から見た『大国の興亡』（再論）」（『商学論纂』32巻5号，6号，33巻2号，

3号,35巻5号,6号,1991, 92, 94年)においていっそう色濃くなっていく。

それ以外にも幅広く論文を書かれており,「工場制度成立期のイギリスにおける経営技術展開の一齣」(『商学論纂』「中央大学商学部50周年記念論文集」1961年),「フォーディズムの経営史的意義」(中央大学経理研究所編『経理研究』14号,1971年),「定住商〈Sedentary Merchant〉の解体とロンドン・マーチャント—ロンドン商人W. ブラウンド—」(『商学論纂』12巻1号,2号,1971年),「経営理念の展開—いわゆる『企業の社会性』をめぐって—」(『商学論纂』13巻1号,2号,3号,1972年)などの論文は,経営史の講義体系の中から必要性を感じ,執筆した後講義へと反映されていったものであるが,先述した高賃金の経済論やデュポン経営史研究はじめ中核をなす研究成果についても,その都度経営史講義の中に取り入れられていった。

おわりに

今回,山下の経営史とのかかわりを代筆するに当たり,「記録」と「経営史講義ノート」十数冊を拝見することができたが,1960年代から1970年代にかけての経営史講義はその内容を毎年進化させていき,新たな内容が追加されていくのみならず,個々の内容についても新たに練り直されていることがわかった。とりわけ1960年代にあっては,経営史学会それ自体の黎明期にあり,山下自身まさに試行錯誤の連続であったことは想像に難くない。こうした骨格が完成していなかった段階とはいえ,過去のノートに依存することなく,入念に練り直されたノートを毎年作成されていった真摯な姿勢に,代筆者は改めて驚愕した次第である。

中央大学が船橋からは遠距離となる八王子へと移転し,週3回以上の臨時宿泊施設での宿泊を余儀なくされる中,とりわけ,1977(昭和52)年から1981年には学部長(うち2年は大学院研究科委員長との兼務)という激務の中にあっても,こうした教育的な努力を研究活動とともに続けられていた大学人としての山下の姿勢には,ただただ脱帽の思いを持って自らに猛省を促さねばならない限りである。臨泊生活さえも「けっこう楽しいものですよ」と前向きに

捉えてしまう先生のおおらかな性格は，そのままご自身の経営史学を懐の広いものへと進化させていったように思われる。

　大学院への進学しか残された道はなくなり，指導教授が見つからず路頭に迷っていた筆者を，経営史学へと導いてくださったお言葉とは，「あなたが企業の意思決定の観点からいまの植民地経済史研究を継続されるならば，経営史という学問は裾野の広い学問ですから，あなたをきっと受け入れてくれますよ」というものに他ならなかった。藁をもつかむ心境だった筆者には，このお言葉は天の声に近いものがあった。はなはだ私的な体験で恐縮ではあるが，筆者の山下経営史学との出会いが，そのまま経営史学なり経営史学会なりの懐の広さをそのまま代弁しているように思えてならない。

岡本幸雄先生インタビュー

日時：2013 年 3 月 16 日
場所：岡本先生ご自宅
聞き手：永江眞夫（福岡大学）・野田富雄（九州情報大学・故人）

岡本幸雄先生略歴

【氏名】　岡本幸雄（おかもと・ゆきお）
【生年】　1926 年
【主要学歴】　立命館大学大学院
【主要職歴】　立命館大学，西南学院大学
【経営史学会での代表的役職】　常任理事
【主要業績】
　『地方紡績企業の成立と展開―明治期九州地方紡績の経営史的研究―』九州大学出版会，1993 年
　『明治期紡績労働関係史―日本的雇用・労使関係形成への接近―』九州大学出版会，1993 年
　『明治期紡績技術関係史―日本の工業化への接近―』九州大学出版会，1995 年
　『明治期紡績関係史料』九州大学出版会，1996 年
　『士族授産と経営―福岡における士族授産の経営史的考察―』九州大学出版会，2006 年

●永江　それでは，岡本先生にインタビューをさせていただきます。事前に先生のほうにご連絡差し上げていたように，学会関係のこと，先生のご研究のこと，それから経営史の教育というか，それについて先生がいままでなさってこられたこと，大きく3点ぐらいでお伺いをしようと思っています。

経営史研究会と経営史学会の創立

●永江　だいたい年代順にお話を伺うことにしまして，最初に，経営史学会の最初の立ち上げのところですね，その間の事情。ちょうど先生が勤務なさっていた立命館大学で学会の立ち上げが行われたということもありますので，まずそのへんからお話をお伺いしたいと考えております。

●岡本　『経営史学の二十年―回顧と展望―』(1985年) が出版されています。これは三島康雄先生が中心に編纂されたものです。そこにもかなり詳しく書かれていますが，1960 (昭和35) 年10月23日に経営史研究会が発会されています。この経営史研究会の発会において中心的な役割を果たしたのは，東京大学の中川敬一郎先生，神戸大学の井上忠勝先生です。その後ろ盾には，脇村義太郎先生とか宮本又次先生とか酒井正三郎先生とかがおられたと思います。

　そして，1963年11月23日から24日にかけて，経営史研究会の第1回全国研究集会が名古屋大学において，酒井先生のお世話で開催されました。これが全国集会の第1回です。

　そして，1964年11月29日から30日にかけて，経営史研究会第2回全国研究集会が立命館大学で行われました。これが開かれるについては，その前日に，日本経営学会が立命館の経営学部を中心に開かれるということに合わせて，経営史の全国研究集会をやろうということになった訳です。

　その研究集会で29日，30日とそれぞれ報告がありましたが，30日の研究集会終了後，経営史学会設立総会が開催され，ここで経営史学会が設立されることが決まったわけです。全国研究集会並びに学会設立総会の出席者は40数名でした。この全国研究集会並びに設立総会を開くに際して，中川先生から非常

に丹念な手紙をいただきました。中川先生からいただいた経営史研究の意義やその方法論に関する手紙，研究集会への指示などを記した手紙，私が記した研究集会，学会設立総会の記録などは，京都から福岡に移転する際になくしたのか，その当時の記録はもうなくしておりまして，残念なことです。
●**永江** その経営学会の中で，歴史を研究なさっている方の集まりというのは，その以前から，例えば経営学会で支部会みたいなかたちであったということではないのですか。
●**岡本** そうだと思います。経営史研究会が1960（昭和35）年10月にできますね。それ以降は，関東と関西それぞれ部会というようなことをやっていた気がします。
●**永江** ああ，なるほど。
●**岡本** 私も神戸大学へ行って何か報告したような記憶がありますけれども。
●**永江** ああ，なるほどね。
●**永江** それで，ちょうど立命館で設立総会が行われたということで，岡本先生はその時は立命館で，いわば会場校というか当番校にいらっしゃって。
●**岡本** そうそう。立命館は，1962年に経営学部が新設されて，1964年に日本経営学会全国大会がある。学部の経営関係者はそちらのほうで，従って，経営史全国研究集会を開くといっても，私一人しかいないものだから。私の院生やゼミの学生，そういう人たちの協力を得て，準備に奔走しました。

　当時，中部・関西方面の経営関係では，先ほど言った名古屋大学の酒井正三郎先生とか，井上忠勝先生，神戸商科大の栗田真造先生，京都大学の山本安次郎先生とか，社会経済史では堀江保蔵先生，宮本又次先生とか，これら諸先生は，それぞれ学会設立に大きな役割を果たしたのだと思います。

西日本部会の創設

●**永江** 次に西日本部会設立について伺いたいのですが，これは本当に先生が福岡に着任なさった後，いわば中心的に西日本部会を設立されたということでしょうか。

●岡本　この西日本部会の創設事情というのは，創設してから10年後に『経営史学会西日本部会10年の歩み─会員の活動記録』(1985年9月刊) を編集いたしました。そこにもいろいろ書かれておりますが，1975（昭和50）年1月11日，京都私学会館で経営史学会役員会が開催されております。議題としては，1番目は10年間初代会長の重責を担った脇村義太郎先生の引退に代わって宮本又次先生が二代目会長に就任することとそのほか理事，評議員，監事，編集委員の選出，2番目が国際交流の件，いわゆる富士コンファレンスのことでしたが，3番目に九州地区経営史研究会設立の件について，私から提案し了承を得たわけです。

　それから，この九州地区経営史研究会の部会を結成するに当たって，1975年2月2日に，実は私の恩師で鉱山労働をいろいろ書かれている大山敷太郎先生がお亡くなりになりまして，お葬式がありました。その終了後，そこに参列されておりました宮本先生，角山栄先生たちに，九州に経営史の研究部会をつくるので，いろいろ指導と協力を得たいということをお願いしたりしています。

　さらに同年3月21日，九州大学の秀村選三先生，福岡大学の藤本隆士先生に部会設立について相談し，協力を要請しました。藤本先生との間では，この部会の設立総会及び研究会を開催する日程を打ち合わせ，一応4月26日，場所は福岡大学でお願いしようということで，1975年4月26日土曜日に第1回研究会を開きました。

　そこでは，部会設立の趣旨説明とか今後の運営について私のほうからお話しました。肝心の研究会では，西南学院大学の野藤忠先生と九州大学の東定宣昌先生に報告をしていただきました。

　この部会設立については，宮本会長に福岡に来ていただいておりまして，研究会終了後に宮本先生を囲み，部会設立のお祝いも兼ねた懇親会を開いています。宮本先生は，非常にこの部会の設立に気を遣ってくださいました。

　こうして研究会がつくられました5年後に，『10年の歩み』にも記してありますが，1980年1月9日に京都における学会役員会に提案して，「九州地区経営史研究会」の部会名を「西日本部会」へと改称することの了承を得たものです。

●永江　では，ちょうど5年後ということですね。

●岡本　はい，5年たって。だいたい年4回の報告をするめどが立ったので，経営史学会の役員会で了承を得て，西日本部会へと改めたということです。
●永江　その西日本部会は，まず最初に九州地区経営史研究会というかたちで発会をなさって，第1回の研究会，それから研究会の設立というのが4月であった。そのころは，だいたいのところでメンバーとしては何名ぐらいの方が。
●岡本　『10年の歩み』には，発会当時は正会員がちょうど30名と書いてあります。そして，10年後には約70名いるというふうに記してあります。
　この10年間は，だいたいメンバーは経済史あるいは歴史をやっている者と，経営学関係，会計とかをやっている，そういう人々が経営史的研究に関心を持つというようなことで集まっていたのですが，だいたい10年間の間に逐次，経営史そのものを初めから研究するという会員が主流を占めてきます。全国的に見ても，だいたい10年たって，いわゆる経営史そのものを勉強した会員が増えてくるということになります。
●永江　そうですね。私も福岡に来た当初のころは，経営史学会の部会に出席すると会計学の先生とかがいらっしゃった。
●岡本　最初は，会計や経営学関係の方々が出ておりましたし，あとは歴史，社会経済史関係です。そういうことで，10年たった段階で何か記念に記録を残しておこうと思い，会員の活動記録を編集しました。ちょうど私は70歳の定年の時までの20年間，この経営史学会西日本部会の事務局をやっておりました。その後，定年で辞めた時点で，福岡大学の田中俊宏先生にバトンタッチしていった訳です。私は辞める段階で20年間の歩みを書こうかなと思いながら，そのままになってしまいました。部会設立以来もう40年近くになりますね。
●永江　そうですね。なるほど。例えば，社会経済史学会の場合だと九州部会というかたちで部会を立ち上げますね。経営史の場合には西日本部会というかたちで，いま先生がおっしゃったように実現した訳ですね。
●岡本　西日本部会の範囲は九州一円と山口と広島まで含めるということで考えました。九州にとどめず範囲を広げてね。それで関西に行った際，やがて関西部会も併呑するかもと，井上先生らと冗談を交わしたことを思い出します（笑）。そういうことで部会名を西日本という名称にした訳です。
●永江　その九州だけではなくて広島まで広げたというのは，先生のお考えと

しては何かあったのでしょうか。

●**岡本** 新幹線もできた時代だし，広島まで1時間でしょう。そういう地域の人は，やはりこういう研究会で報告する場所がいるだろうということで，せめて岡山までと思ってもみましたが，岡山だともう関西の領域だと思い，そういうことで（笑）。

●**永江** なるほど。

●**岡本** だから名称の西日本はそういうことです。でなければ社経史（社会経済史学会）のように九州部会という名称にとどめたでしょうね。

●**永江** 西日本部会そのものの立ち上げはそのような事情で，その後は比較的順調にといいましょうか，部会の活動も維持されてきたということでね。

●**岡本** 報告者を求めるのに最初は少々苦労しましたが，例会は4回必ず行ってきました。関東部会とか関西部会は，会員はたくさんいても広域だしなかなか集まらない。私が関西部会に出ていても，当時は10人か20人。しかし九州，地方になると，お互いに日常的に接触しているものだから団結心も強く，集まりがすこぶるよろしかったと思います。

●**永江** そうですね。

●**岡本** そして，またそこでいろいろな学問上の情報交換，あとは必ず懇親会を開き，お互いにいろいろ話し合うということで。ですから，非常に組織的にまとまって集まりのできるのは，やはり地方の強みですね。

●**永江** もう一つ，西日本部会がおそらく先鞭をつけたのかどうか，そこのところまでは分からないのですが，とにかく毎年1回必ず社経史との合同部会というのがあるようですね。

●**岡本** うん，そうそう。たいてい1月ですね，新年の挨拶を兼ねて。
　一つは，やはりできるだけ学際的に，互いの知見を広めるという意味で。経営史なら経営史だけのメンバーではなく，やはり社経史なり，ほかの歴史とか，そういう部会との交流というものが大切である。だいたい学問はある程度学際的に捉えていかないと，という考えもあって，そういうことになったと思います。

●**永江** はい。久留米大学教授（現在名誉教授）で，中国史の大家でいらした日野開三郎先生にお目にかかれるのは，あの合同部会しかありませんでしたか

ら（笑）。

●**岡本** 経営史学会の創立と西日本部会の創設はだいたい以上のようなことだと思います。なお付言すれば、九州において経営史学会第 19 回全国大会（1983 年、於西南学院大学）、第 23 回全国大会（1987 年、於長崎大学）、第 33 回全国大会（1997 年、於福岡大学）を開催できたのは西日本部会あってのことだと思います。なおまた、1980（昭和 55）年に M・ブラックフォード（Mansel G. Blackford）（オハイオ州立大学）と下川浩一の両先生、1982 年にはレズリー・ハンナ（Laslie Hannah）（ロンドン大学）と米川伸一の両先生、その他部外の研究者のご報告を、また、1985 年部会 10 周年記念研究会（於長崎大学）には森川英正先生のご報告をいただき、これら諸先生のご協力によって部会活動を盛り上げていただいたものでした。

経営史研究の歩み

●**永江** 次は中心的な話題になるのだろうと思いますけれども、先生の経営史ご研究の歩みをお伺いしたいと思います。まず、福岡に来る以前のところをお話ししていただければと思います。

●**岡本** 私は大学院の経済学研究科で日本経済史の勉強をしておりました。1954 年の 4 月に立命館大学経済学部の助手に採用されまして、当時は、1957 年 3 月までの丸々 3 年間は会議に出る必要はない、勉強のみをしなさいというありがたい時代でした。この間、農村調査やいろいろな近世史料の調査をした時期でした。併せて、大学院時代から続けていた近世文書の読解力を養う勉強も致しました。

当時は、近世の商業的農業の展開と農民層の分解、地主小作関係、こうした問題が社経史などの学会で非常に議論になっていた時代です。そういう時代に合わせて、商業的農業、要するに綿作地帯。まあ後に綿に関心を持ってくるのはこういうことが契機になっているのかも分かりませんが。綿作地帯における農民層の分解、従って地主小作関係といった問題を調べました。

特に助手時代は自分独自の農村調査をしたり、指導教授であった大山敷太郎

先生に付き添って，炭鉱やあちらこちらの調査にも加わったりしました。そういう過程で，丹波の国の郷土関係の資料を発掘したことは大きな収穫でした。これは後に何本かの論文として発表いたしました。要するに，助手時代は日本の社会経済史の勉強をしておりました。そして，1957（昭和32）年4月に私は専任講師になりまして，日本経済史の講義と演習を持つようになります。ところが問題なのは，1959年4月，これは日本では比較的早いのですが，立命館経済学部に経営史の講義が開かれます。この経営史の講義が開設されたのは，1962年4月に経営学部を新設するためのものでした。

●**永江** ああ，なるほどそういうことですね。

●**岡本** 1959年4月，私が日本経済史から経営史に転向するわけです。私にとってはまさに青天の霹靂で，そこで問題なのは，1959年4月以降，経営史を担当するということで，アメリカ経営学に制度派経営学というのがありましたが，まず，これの勉強に集中いたします。

それに，併せてアメリカの経営史の勉強を始めたわけです。いわゆる制度学派ですが，ヴェブレン（Thorstein Veblen），コモンズ（John Rogers Commons），ミッチェル（Wesley Clair Mitchell）などの文献，とりわけバーリー（Adolf A. Berle）とミーンズ（Gardiner Coit Means）の『近代株式会社と私有財産』（1932年）とか，ゴードン（R. A. Gordon）の『ビジネス・リーダーシップ─アメリカ大会社の生態─』（1950年）などの本を読みあさったり。

それから特にアメリカの経営史については，今日古典的なハーバードのグラース（Norman Scott Brien Gras）の『経営と資本主義』（1939年），ラーソン（H. M. Larson）の『経営史入門』（1969年），二人の共著『アメリカ経営史のケース・ブック』（1939年）などの著書で勉強しました。やはり経営史をやるには経営学も勉強しておかなくてはということで，経営学とアメリカの経営史の勉強に熱中したものでした。

それから，先ほど申しましたが，1964年に経営史学会が創設されますね。そのころから私は留学を考えるようになりました。留学を考えるに際して，中川敬一郎先生と井上忠勝先生に相談いたしまして，井上先生あたりから，オーストラリアはどうかと勧められました。

当時は，西ドイツ，フランス，イギリスで経営史関係の雑誌が出てまいりま

した。オーストラリアも，だいたい同じ時期に雑誌が出てくるわけです。西ドイツ，オーストラリアでは 1956（昭和 31）年，イギリス，フランスは 1958 年と，この時期に各国に経営史関係の雑誌が出て参ります。

　オーストラリアでは，経営史料協会というところから機関誌として会報が発刊される。各国で経営史の雑誌が出るのは，多分にアメリカ経営史学の発達の影響によると思いますが，それぞれの国が戦後の経済発展，工業化の著しい発展過程にあります。こういうことの学問的要請によるものでもありましょうが。

　ところが，オーストラリアは，当時はまだ白豪主義があるというようなことをいろいろ聞いていて迷い，そうこうしていると中川先生からアメリカはどうかということで，ハーバード大学経営大学院のハイディ（Ralph W. Hidy）先生を紹介してくださった。それで，一時はオーストラリアを考えたが，ハーバードに留学しようということに決めたわけです。

　日本経営学会創立 10 周年記念事業委員会編の『外国企業および企業者・経営者史総合目録』（1979 年）があります。これに解説編がありまして，私が「オーストラリアにおける経営史研究の動向について」というのを分担いたしました。これは，神戸大学にこのオーストラリアの経営史料協会発行の機関誌が全部ありまして，それを井上先生のほうからお借りして，その時点まで発行されたものを全部読み，書いたわけです。

　これを見た人に，「あなたは何故，こんな余分なことを書いてあるのか」とよく言われたものですが，実は以上のいきさつがあったわけです。しかし，結局は 1968 年から 69 年にかけて，アメリカに留学することになりました。このころすでに，ハイディ先生のところに渡辺喜七先生，豊原治郎先生がいました。

●**永江**　なるほど。

●**岡本**　私は，ハーバードでハイディ先生の講義や演習に参加しましたが，その時に人の紹介で，経済学部経済史担当のヘンリー・ロソフスキー（Henry Rosovsky）という方の講義にも出てはどうかと紹介を受けまして，その講義にも参加したりして勉強させてもらいました。ロソフスキー先生はかなり日本通のようでした。

　ハイディ先生の講義や演習に参加する一方で，ビジネス・スクールの有名なベイカー・ライブラリー（Baker Library）に殆ど毎日通い，アメリカの綿業関

係その他の文献・資料を調査・収集したりしました。時には中国・韓国・日本などの文献・資料を集めて研究しているイェンチン・ライブラリー（Yenching Library）にも行き，かねて日本で紹介を受けていたシャイブリ（Donald H. Shivy）教授やクレイグ（Alber Craig）教授らとも知り合いになりました。何れにしても，ビジネス・スクールでケース・スタディの研究方法を学んできました。

しかし，アメリカ経営史の研究を目指すにしても，日本にいてはアメリカ企業のケース・メソードに基づく実証研究には自ずから限界があるということで，私は元来現地調査マンですから，しばしばアメリカに行くことは無理と考え，日本経営史を専攻することに決めたわけです。

なお余談ですが，1971（昭和46）年11月5日から6日に開催の経営史学会第7回全国大会（於明治大学）に先立つ，10月27日から30日の3泊4日の間，来日したハイディ先生ご夫妻を渡辺喜七さんと京都に迎え，市内の主な観光名所を案内致しました。特に，桂離宮，修学院の庭園や京都の舞妓さんの加茂おどりを鑑賞したことに大変喜ばれていたことを憶えています。

日本経営史研究へ

●**永江** そこで，いよいよ日本経営史にお進みになるということになるわけですね。

●**岡本** それで，この日本経営史の研究をするのに，さて何をやるかということですね。それは，やはり日本の近代化，工業化，あるいは資本主義化を考えると，代表的なものは綿糸紡績業あるいは綿糸紡績会社ということになる。かねてより綿に関心があったということもありますが，こういう分野を研究対象と致しました。

次に，時代領域を近代の出発点である明治期に求めました。そして，課題追求の構想として四つほどの柱を立てました。

まず1番目は紡績企業の資本の成立の問題。それから2番目は経営理念史的な問題。3番目は労働ないし労務史的な問題。そして4番目は技術史的な問題

に関するものです。これが起承転結の「起」だね。

　それから，それぞれの課題に沿って資料集めということで，かつて紡績企業の所在していた九州はもちろん，中国，四国，中部地方の図書館，郷土資料館などを訪ね歩いたものです。中でも，関西では1984（昭和59）年に半年間，国内研究のために大阪大学経済学部の許しを得て，作道洋太郎先生の研究室を拠点に，東洋紡績経済研究所，日本綿業会館，神戸大学経済経営研究所附属文献資料分析センター，その他多くの機関に保管・所蔵の資料収集に努め，大きな収穫を得たものでした。「起承」の「承」は，調査，資料収集の段階ですね。

　そして「転」ずるのは，いろいろ考え執筆していくわけです。そして「結」は結んでいくということで，ご案内のように，資本の成立史では『地方紡績企業の成立と展開』を1993（平成5）年に九州大学出版会から出版しました。これは，永江先生に『市場史研究』で書評を書いていただきましたね。

●**永江**　はい。

●**岡本**　それから，同じく九州大学出版会から，3番目の労働・労務史の問題で『明治期紡績労働関係史』（1993年），4番目の技術史の問題は『明治期紡績技術関係史』（1995年）を出版しました。2番目の理念史をと思いましたが，これは，論文の数が少し足りないということで，残念ながらそのままになっております。以上の外に，紡績関係では，日本生命財団の助成で『明治期紡績関係史料』を九州大学出版会から1996年に出しています。

　こういうことで，紡績関係は1965年ぐらいから始まっておりますが，ずっと定年近くまで本を出さずに，最後に起承転結の「結」ということで，1993年から1996年にかけて，成立と展開，労働，技術，史料とか，こういうものを次々に出していったわけです。

　人によっては，早く論文をまとめて1冊の本にする。しかし，私は私なりに一つの学問に対する主義というのがありまして，やはり歴史上の実証的研究というのは，いつどういう史料が出てくるかも分からないということがあるでしょう。だから最後まで温めておく。ただ，定年前になると，もう著書にまとめておかないと，ということで出版していったわけです。

　なお，紡績関係では，国立公文書館の史料を今津健治先生と復刻編さんした『明治前期官営工業沿革』（1983年）を出しています。ここに愛知紡績所や，

製糸業ですが新町紡績所などの史料を所収していますが，こうした史料集を残しておくということは，何年たっても，利用する人，研究をされる方にとっては非常に有益かなと思っています。

●**永江** いまお話を伺っていると，1959（昭和34）年以来経営史の担当ということで，当初はアメリカ経営学，あるいはアメリカ経営史を中心にして講義をなさっていたのかとは思いますが，昭和40年代の半ばごろに留学をなさって，そのへんからアメリカ経営史を柱ではなくて，日本経営史のほうに先生の研究が移っていかれるというのかな。立命館から西南学院にお移りになったのが，だいたいその時期ぐらいと考えてよろしいでしょうか。

●**岡本** 身分を移したのは，1972年4月でその3～4年前から日本経営史へと考えていたと思います。

●**永江** ああ，なるほど。

●**岡本** 私は京都から福岡へ，立命館から西南学院に移ります。それは，私は留学から帰ってきた後，九大経済学部に集中講義に招かれるわけです。集中講義をしたのは1970年6月です。講義に行った時は，アメリカのファントム戦闘機墜落事件や九大の学内事情もあったのか，それに対する学生運動が激しく，集中講義を半分して，あとは後期でということになり，九大には2回集中講義に行きました。それが九州に接触した最初です。それが福岡に移った動機になったかも知れません。

　1971年の春ごろから，西南学院が商学部に大学院経営学研究科をつくるということでいろいろ交渉がありました。当時は，立命館のみならず，まだ全国で学園紛争の余じんというか，それが残っている時代でした。

●**永江** まぁ，そういう時期でしたね。そのころ西南学院にお移りになっていらした。ところで，いまでは地方企業の研究というのは珍しくも何ともないのですが，まだ当時はそうではなかったと思います。

●**岡本** そうかも知れません。

●**永江** そういった意味で，先生は地方企業を対象にした経営史的な研究というものの先鞭を付けられたお一人ではないかと思うのですが，九州に移ってこられて，それがきっかけで地方企業というものに目が行かれたのか，それともそれ以前から，やはり中央だけではなくて地方の企業に，明治期，ちょうど産

業革命期の紡績業の地方企業というのは，経営史的な研究対象になり得るのだとお考えになって，それでたまたま九州にいらっしゃったことをきっかけにして九州の地方企業のご研究に進まれたのか。

そのへんの地方企業というものを取り上げられるようになった契機といいましょうか，きっかけといいましょうか，そういうものを少し教えていただければと思います。

●**岡本** 九州に移る以前から〈地方〉に目を向けていました。それが，福岡に来てから〈地方〉を一層意識するようになったのは事実です。

日本の近代化・工業化・資本主義化に先鞭をつけた明治期の綿糸紡績業について，それが単に中央の資本だけで成ったものではなく，明治20年代企業ブームのもと，全国的なレベルで裾野が広く地方でも展開したものだとの考えに基づいて，資料の調査・収集に努めました。明治期の地方には，政府が主唱した殖産興業の意識を共有し，それぞれ起業意欲に燃える資産家，地主，士族たちが少なくなかったものです。

ただ，地方の紡績企業は中小規模が多く，これらはその後合併の対象となったり，或いはそれ自体没落したりするものが少なくなく，従って，それら企業の関係資料が散逸してしまっている。そこで，特定企業の残存資料を見いだし，その経営実態を復元できればと考え，地道な調査を続けました。その手掛かりを最初に求めたのが岡山地方でした。岡山県総合文化センター郷土資料室などに通い，まず岡山紡績の資料の調査・収集に当たりました。当紡績は旧岡山藩士族たちによって創設されたものであり，研究上，士族授産にも関心を持つようになりました。士族授産と紡績業との関係と言えば，宮城紡績所や広島紡績所，その他もあります。

●**永江** 九州地方の紡績企業の資料の調査・収集に関してはどのようにお進めになったわけですか。

●**岡本** 京都から九州に移ってからは，むしろ当地方の紡績企業の調査を積極的に行うようになり，赴任早々当地の県・市立図書館郷土資料室や各大学の図書館を訪れたものです。博多絹綿紡績に関して〈河内文書〉をまず見付けたのはその時でした。後日，〈渡辺文書〉にも接しました。三池紡績について言えば，〈大村努日記〉，〈野田文書〉，〈永江文書〉などの各家文書からは膨大な書簡，

日記，備忘録等の第一次史料を見出すことができ，地方紡績経営の実態をある程度歴史的に復元することが出来ました。

●**永江** ちょうど先生が九州の福岡にいらして，福岡県下といいましょうか，そこを中心とした地方企業の資料を調査・収集なさっている時期は，1980（昭和55）年から福岡県史編纂事業が始まって，その一環として，やはり資料の調査・収集が相当精力的に行われたのだろうと思います。その中で先生が関心を持たれていた紡績業，あるいは士族授産というものの資料の調査・収集が，県史編纂事業とうまくマッチしたということはあるのでしょうか。

●**岡本** それはもちろん裨益されるところ極めて大でした。1972年4月に赴任してから約8年後の1980年2月に福岡県に「福岡県史編纂委員会」が組織され，そのもとに同年4月に福岡県地域史研究所が設立されました。同研究所の設立は，散逸の恐れのある近世・近現代の資料を，いま調査・収集しておかなければならないとの秀村選三先生の執念ともいえるお考えで，県と交渉された結果です。私は1978-79年にかけてすでに久留米や三池の紡績会社に関する論考を発表していた関係もあって，この研究所の県史編纂会議において，『近代史料編　綿糸紡績業』の編集を提案し，採り上げていただきました。後日，研究所に寄贈された，先述の野田文書や永江文書などで編纂が一層促進されました。1985年3月に『福岡県史　近代史料編　綿糸紡績業』が刊行されました。

またそれに続いて，県内の士族授産に関する史料集の編纂を提案し，これも会議で認められ，『福岡県史　近代史料編　士族授産』が1992年3月の出版をみました。その後，2006年に『士族授産と経営―福岡県における士族授産の経営史的考察―』を出版できたのは，福岡県史編纂に携わった成果の一つと思っています。これらの出版には，先の『明治期紡績関係史料』とともに，しばしば通った国立公文書館所蔵の史料に負うところ大でした。

●**永江** そうですね。先生が編纂なさった県史の資料集は，ほかの県の県史の資料集から見れば，やはり相当充実しているといいましょうか，水準の高い資料集になっているのではないのかという気はいたします。

経営史教育と地方企業研究

●**永江** 最後に，先生の経営史の教育について，いろいろとご苦労なさったこととか，工夫をなさった点，それから，これからの経営史教育というものについて，先生の何かお考えがあれば，それを教えていただければ，私どももずいぶん参考にしたいと思うのですが。
　先生が経営史の講義を最初に担当なさったのは立命館の時ですね。
●**岡本** ええ。1959（昭和34）年4月からです。
●**永江** その時は，先ほどお話を伺いましたけれども，アメリカ経営史を柱にした講義をなさっていたのだろうと思います。その後，西南学院に移られてからは，学部では商業史ですか。
●**岡本** ええ。それは，商業史総論もやってほしいということで，経営史と商業史を担当しました。
●**永江** なるほど。学部では商業史と経営史，それから西南学院の大学院でも経営史を担当なさって，大学院では福岡大学も経営史担当の非常勤講師として，ずいぶんお世話になっていたと思うのですけれども。
●**岡本** 福岡大学大学院商学研究科では，1975年から75歳までの25年間，経営史担当の非常勤を勤めました。
●**永江** 長いですね。ところで，そういう学部レベルでの経営史の教育というのと，大学院レベルでの経営史教育と言うのでしょうか。それぞれで先生が一番ご苦労なさった，あるいは一番印象に残っていることがあったらお話を伺いたいと思います。
●**岡本** 学部の講義内容については，前期は総論としてイギリスやアメリカに関わる話を行い，後期は日本の経営史について講義しました。まぁ，苦労と言えば，経営史講義のフレームワークづくりと，それに関連する多数の文献を調べるのに多くの時間を割いたものです。その内容の概略を箇条的に申し上げれば次の通りです。まず，前期には1）各国経営史学の成立と現状，特にアメリカ経営史学の方法と対象，2）いわゆる制度派経営学と経営史・企業者史との方法論的関連性，3）近代株式会社の成立と展開，①イギリスにおける産業革

命,泡沫会社から近代株式会社の成立過程,②アメリカにおけるビッグビジネスの成立と展開―所有(資本)と支配(経営)の分離論―,4)経営者の宗教・経営倫理と社会的行動その他についてです。

●**永江** それでは,日本経営史に関してはどのような枠組みで講義なさっていらっしゃったのでしょうか。

●**岡本** 日本経営史に関しては,1)明治期における近代化・工業化の展開と近代株式会社の成立―殖産興業政策,企業ブームと商法の成立―,2)日本的経営論―経営家族主義と終身雇用・年功制(昇進と賃金体系)成立の歴史的背景と現状―,3)欧米の技術移転と日本の技術自立化問題,4)経営者の経営思想・倫理と社会的経済的行動―国益ナショナリズム,仏教と儒教とキリスト教―。ほぼ以上のような講義内容に則して,必ず関連する新旧の文献を示し,学生の勉学意欲を促し,また,歴史に関心を持つように努めました。その成果の程は全く分かりませんが,経営史のゼミナール学生の募集に際して,少々自慢話めいたことになりますが,常に定員の2～3倍も応募があり,その選別に毎回苦労したことを憶えています。なお,随時担当したアメリカからの交換留学生に対しては,日本の経営・経済の歴史的諸問題について質疑応答形式で講じました。

●**永江** 大学院における経営史教育についてはいかがだったのでしょうか。

●**岡本** 大学院教育についてですが,大学院経営学研究科の講義では,修士課程で単位のみ必要とする一般院生と,博士課程に進み経営史を専攻しようとする院生とを一応分けて,前者には1年間学部での講義を基調にしながら,質疑応答形式で講じました。後者の博士課程に進み経営史を専攻する院生とは5年間共に勉強するわけですから,日常的に私の研究室に出入りし,目的とする研究課題に則した関連の文献・史料を探索し,私も学問的刺激を受けながら共に勉強しました。博士課程においては修士論文を基調に,少なくとも3本の論文作成を義務づけ,それぞれ論文作成に当たって,その内容の報告を受け,指導するという形式をとりました。

なお,周知のことですが,歴史を語る場合,過去から現在に至って何が継続し,何が断絶したかの,いわゆる歴史における「連続性と非連続性」の関係認識が大切と思います。

また，前時代から現代に至る長い時代の変遷過程において，経営史を考察する場合も，その社会・文化・政治・法律・経済・国際関係その他の変化に因る様々なインパクトに対して，経営主体がどのようにリスポンスし展開してきたか，抽象的な言い方ですが，以上のような点を念頭におき教育してきたつもりです。

●**永江**　多少話が戻ってしまいますが，先ほどお伺いして，先生がどういうかたちで地方企業に関心を持たれたのかが分かったのですが，西南で行われた全国大会のテーマとして地方企業を選ばれて，それを組織していく時の思い入れと言いましょうか，それからご苦労なさった点を，最後に少し伺わせていただければと思いますが。

●**岡本**　〈地方〉を意識するようになった点については，先にお話しましたが，約30年前のことですが，1983（昭和58）年10月29-30日の両日，第19回全国大会を引き受けました。いま思い起こせば，会場校引き受けの準備のみならず，統一論題の設定とその報告者の組織，或いは何回かの報告者のミーティング，大会報告集の作成などの仕事に追われました。財閥史の研究が学会でしきりに論議されていた当時，財閥史そのものを課題にしたものではありませんが，統一論題を「工業化と地方産業―中央資本と地方資本―」と決め，私が問題提起を行っています。その折の報告集には，「明治以降から第二次大戦前のわが国の工場化過程において，地方に勃興・発展した近代産業に対して，地方資本自体がどのように対応したか。また中央資本が時には拮抗しながら地方産業にどのように入り組み，さらに中央資本の地方進出に対して地方資本がどのように対応したか，あるいは地方資本が独自の活動をもって，どのように自立的展開を遂げていったかなどを主として，北部九州に焦点を置き，地方の側から見た問題の経営史的考察を行うことにある」というふうに書いてあります。

　そういうことで，山崎広明，渡辺尚の両先生の司会のもとで，東條正「明治期鉄道会社の経営紛争と株主の動向」，永江眞夫「地方紡績企業と財閥資本」，畠山秀樹「筑豊炭礦資本家の発展と家憲」，長谷川信「重電機企業の発展」のテーマで4先生に報告をいただきました。こうして，何とか全国大会統一論題の責を果たすことが出来たように思います。

小林袈裟治先生インタビュー

日時：2013 年 3 月 30 日
場所：小林先生ご自宅
聞き手：藤田誠久（龍谷大学）・西川浩司（龍谷大学）

小林袈裟治先生略歴

【氏名】	小林袈裟治（こばやし・けさじ）
【生年】	1929 年
【主要学歴】	早稲田大学大学院
【主要職歴】	龍谷大学，九州産業大学
【経営史学会での代表的役職】	常任理事

【主要業績】
『GE』東洋経済新報社，1970 年
『インターナショナル・ハーベスター』東洋経済新報社，1978 年
『アメリカ企業経営史研究』有斐閣，1979 年
『企業者活動と経営理念―アメリカ産業史上の人びと―』文眞堂，1994 年
『西洋経営史を学ぶ（上・下）』有斐閣，1982 年（共編著）
Development of Managerial Enterprise [Proceedings of the International Conference on Business History 12] Univ. of Tokyo Press, 1986 (Editor)
A・D・チャンドラー『経営者の時代―アメリカ産業における近代企業の成立―（上・下）』東洋経済新報社，1979 年（共訳）

経営史への関心

●**藤田** 経営史学会で活躍していただいた先生へのインタビューを開始いたします。小林先生は，1929（昭和4）年埼玉県にお生まれになり，早稲田大学大学院商学研究科博士課程修了後，約2年間の留学（米国ノースウエスタン大学）を経て，1962年に龍谷大学に着任され，1996年龍谷大学をご退職，その後九州産業大学で教鞭をとられ，2002年に同大学を退職されました。

　まず最初に，先生はどのような経緯で経営史という領域に関心を持たれ，経営史研究を始められたのでしょうか。

●**小林** 僕が経営史学会に入会したのは，1964年です。この年は私が留学を終えて龍谷大学に勤務し始めて2年目の年で，経営史学会の創設時だったんです。そういう意味では僕は創立当初からの，いわばオリジナルメンバーです。

　素直に言えば，経営史を志したのは，自らそういう学問があることを知って研究を始めたというよりも，就職のためだったように思います。

　いまと同じように，当時も大学に職を求めるのはなかなか容易ではなかったんです。私の場合，幾つかオファーがあったのですが，最終的には，龍谷大学の経済学部におられた永田啓恭先生がアメリカ経済史学会のメンバーで，その関係で永田先生から「今度，経済学部に経営学科をつくる。いずれは経営学部として独立することになっている。経済史は私がいるから駄目だけれども，もし経営史をやるつもりがあるなら，龍谷大学で採用してもよろしい」と言われて，経営史の道を歩むというかたちになったという訳です。

●**藤田** 先生は，経営史という学問を，それまでまったく知らなかったわけではなく，留学中だとかにビジネス・ヒストリーという学問分野が発展しつつあるというのは，ある程度ご存知だったわけでしょう。

●**小林** いえ，あまりそういうこともなかったですね。アメリカへ留学して，ノースウェスタン大学で，アメリカ経済史の大御所と言われたハロルド・ウィリアムソン（Harold F. Williamson）先生のところで経済史を勉強してきたわけですが，アメリカでもハーバードのビジネス・スクールは別として，シカゴの界隈では，経営史のことはあまり話題になることもなかったですね。

私が龍谷大学に着任する前後に，中川敬一郎先生，鳥羽欽一郎先生，井上忠勝先生などがハーバードのビジネス・スクールに留学され，日本にビジネス・ヒストリーを導入しようという機運が生まれてきたんです。
　そのころ，私も龍谷大学に勤務して経営史を担当することになったわけです。教えるためには勉強しなければいかんというわけで，チャンドラー（Alfred D. Chandler, Jr.）の論文とか著書とか，あるいはグラース（Norman Scott Brien Gras）のものであるとか，そういった基本的なものをやみくもに読んで勉強したんです。

●**藤田**　いまグラースの名前が出ましたが，ラーソン（Henrietta M. Larson）さんというのは。

●**小林**　ラーソン先生は，いわばグラースの一番弟子で，ずっとハーバードのビジネス・スクールで，グラースの後を継いでビジネス・ヒストリーを担当していたわけですね。その後がチャンドラー先生になるわけです。私が個人的に知り合いになったころは，もうリタイアされて，ミネソタのノースフィールドという町で悠々自適の生活を送っておられましたね。

経営史学会の創設

●**藤田**　そうすると，学会の創設は先生が経済史から経営史に転向するといった時期ですね。

●**小林**　井上忠勝先生は神戸大学の経営学の先生でしたし，鳥羽先生にしてもアメリカ経済史の方ですし，中川敬一郎先生はイギリス経済史だったわけですね。ですから，日本の経営史学会は文字どおりゼロから始めることになったわけです。そうした経済史の中から経営史学会が誕生した。
　もう一つは，日本の高度経済成長と関係があるのかもしれませんが，各大学が経営学部をつくり始めたのです。それまでは経済学部，商学部だけで経営学部はなかったのですが，それ以降は商学部をつくらないで，新設されるすべてが経営学部で新設ブームが起こった。
　経営学部が陸続と創設される中で，経営学部には経営史は必置科目と位置づ

けられた。経営学総論とか，あるいは簿記とか会計とか，それから企業論とかいうものと並んで，文部省から認可を受ける場合の必置科目として経営史があったわけですね。

だけど，既存の経営史の研究者というのはいない。ほとんどが経済史でしょうね。あとは経営学，あるいは一般の歴史で，ともかく歴史をやっているという人や，それに近い企業関係の論文を書いた人が，認可を得て経営史の担当者になるというかたちで，日本における経営史研究者が大量に生まれるようになったわけです。そうした人達が集まって経営史学会をつくった。

●藤田　必置科目で文科省の認可を得ないといけないわけなので，先生方にも認可を受けるだけの，論文がなければいけないということになりますよね。

●小林　僕があの時までに書いた論文は3本ぐらいです。すべてアメリカ経済史そのものずばりで，経営の「け」の字もなかったでしょうね。文部省も当時はそういう認識がないから，かつ学科の増設というのは学部の新設よりも，おそらく認可の基準が甘かったんだろうと思います。

●藤田　アメリカ農業の機械化のようなことを論文になさっていたように思うのですが。

●小林　僕はもともと鳥羽欽一郎先生のもとで育ちましたから，アメリカ経済史の研究に関心があって，アメリカ経済の特徴というのは，イギリスよりも，さらに農業に基礎を置く工業の発展という，文字どおり純粋な資本主義発展の道をたどった国であろう，農業と工業がうまく轡（くつわ）を並べて発展した国としてはアメリカだろうという点で非常にアメリカ経済史に興味があったんです。

そういうところから，アメリカ的な農業というのは，やはり機械化農業だと。農業を機械化するためには農業機械が市場に出回らなければいけない。そうすると，農業機械をつくるメーカーが生まれなければいけないはずだと。

そこで僕が着目したのが，刈り取り用の機械を発明したマコーミック（Cyrus Hall McCormick）とその一族。その後のインターナショナル・ハーベスター（International Harvester Co.）という現在の会社につながる企業に興味をもつということで，経済史の領域から，農業から農業の機械化，機械化から機械メーカーへというかたちで，ある程度すんなりと個別企業の歴史に興味をもつし，

本格的な研究をすることにもなったわけなんです。

●藤田　先生が本格的に経営史の論文を書き始められたのは，いつごろからでしょうか。

●小林　勤めて3年か4年たって，経営学部が分離独立することが先に決まりましたから，そこでまた本格的なマル合教授の文部省の審査があるだろうということもあって，本格的な経営史の勉強をやることになったわけですね。

　やはり最初はチャンドラーのものとか，あるいは当時，中川先生によって紹介された企業者史ですね。アントレプレナーシップ（entrepreneurship）とか，企業の環境であるとか，価値体系であるとか，アメリカのビジネス・ヒストリーとは別個にシュンペーター（Joseph Alois Schumpeter）の流れをくむ一派がつくり出した，いわゆるアントレプレヌーリアル・ヒストリー（entrepreneurial history）の研究史といいますか，いままでの既存の研究をフォローすることに，多く時間を費やした。

　特に講義では，経営史はどういうところが経済史と違うのかという点に力点を置いて講義したような気がしますね。経営学が経済学とはどう違うかということに，いろんな人たちが力を入れるのと同じような傾向があっただろうと思うんです。

　アーサー・コール（Arthur H. Cole）の『経営と社会——企業者史学序説』（中川敬一郎訳）も参考になりました。

　そういうわけで現代のように生まれながらの経営史家というのはいない。みんな既存の経済史なり一般史なりから，いわば横滑りで流れ込んできた。それが日本の経営史の誕生だと思います。だから，そこでかなり個人的にはいろいろな葛藤があるわけですよね。

　例えば，学会の初期のころ，経営史は経済史と違って，個別企業のことが中心になるから，そのためには既存の経済学や経営学というものももちろんのこと，さらに簿記とか会計とか，そういう知識も必要になるんだということが話題になった時，そういうことは一人ではできなくて，経営史の全体として取り扱うんだと集まった人達に説明されたことがあった。

●藤田　学会入会当時のことをお話下さい。中川敬一郎先生が経営史学会を立ち上げたいと何かの学会の総会で話された時，「それは学会の分派活動だ」と

いう声が上がったという話は本当ですか。

●**小林** その時に少しごちゃごちゃしたんだけど，宮本又次先生が，本当は脇村（義太郎）先生が背後にいらっしゃって，「私は何でもごちゃごちゃしたのが好きやから，まあ，ええようにしたらええんちゃうか」という一言で経営史学会の創立が認められたという話をそれこそまた聞きで聞きました。かなり有名な話で，半ば伝説化されているけれども，それは本当みたいです。

僕は留学して帰ってきて就職したという，文字どおりひよこ中のひよっこだから，学会創立メンバーといっても実際に動いたということではない，単なる一メンバーにすぎなかった。中川先生たちはかなり苦労されたと思います。

●**藤田** そうすると当時，脇村先生，宮本又次先生というのは。

●**小林** いわば顧問格みたいなもので，中心人物は中川先生でした。創設メンバーとしては，宮本先生，角山（栄）先生，鳥羽先生，井上先生，由井（常彦）先生，安岡（重明）先生，作道（洋太郎）先生，大河内（暁男）先生などがいらっしゃった。

●**藤田** 中川先生を中心に，俗に言う中堅若手ではどんなメンバーがいらっしゃいましたか。

●**小林** 中川先生が文部省の科学研究費を申請して，「企業者活動に関する国際比較史研究」（1965年）というテーマで，いわばわれわれ若手を集めてメンバーにして，プロジェクトをつくられた。その時の熱海での合宿では，森川（英正）さん，土屋（守章）さんなどがいたけれども，正確に思い出せないな。

●**藤田** 熱海の合宿はどのようなものでしたか。

●**小林** みんな文字どおり勉強会というようなもので，中川さんが指示した英語の1冊の文献を部分的に読んでの勉強会だったと記憶している。

●**藤田** 経営史学会の第1回大会というのは，どこでしたか。

●**小林** 確か，東京大学で1965（昭和40）年11月に開催されたと記憶している。僕が学会の大会で初めて報告したのは，1966年の神戸大学だった。

富士コンファレンスの思い出

●藤田　先生が学会で，アクティブメンバーになっていかれて，ご自分がどういう中心的な役割というか，活動をしたとお感じになっていますか。

●小林　僕が経営史学会の中で役に立っているのではないかなと，かすかに思うようになったのは，やはり富士コンファレンスという国際会議が開かれるようになってからですね。自分でしゃしゃり出て中心メンバーになるというような気持ちもなかったですし，いわば年齢的にというかな，だんだん幹事から評議員になり，理事になりというふうに，みんなから推されてなっていったということだと思うんだけれども。

●藤田　富士コンファレンスをやろうと企画されたのは，実質的には中川先生ですか。

●小林　中川先生と脇村先生，実質的には脇村先生だろうね。脇村先生の友人だった東洋紡の谷口（豊三郎）さん。谷口さんがスポンサーになって金を出してくれるということでできた富士コンファレンスだからね。だから，そういう点では脇村先生がオーナー的な存在で，中川先生が社長さんみたいなもんだったろうな。

●藤田　1回目に来られた外国人のゲストスピーカーは，やはりチャンドラーですか。

●小林　チャンドラー。それから，イギリスからユニリーバ（Unilever PLC）を書いたウィルソン（Charles Henry Wilson）。

●藤田　それは，誰が人選したんですか。

●小林　東京の人たちですね。僕がやったのは，フライヤー作成くらいかな。

●藤田　第1シリーズは5回あるんですが，先生はメンバーとして全部に出ておられた。

●小林　富士コンの時の自動車産業がテーマになった時は，下川（浩一）さんが中心でやるようになって，もう少し後から入ってきて中心的になったのは，やはり山崎広明さんだね。

●藤田　当時，国際会議を始めるにあたって，外国人研究者の情報は少なかっ

たと思うのですが，どうやってそういうのを選んでおられたのですか．

●小林　一つは，中川先生をはじめ，大学の研究者と個人的に知り合いになっているという場合に，個人的なかたちで推薦される．それを準備委員会で承認するというかたちで決まるのが一般的なかたちだと思うけれども，やはり最初は，著書を通じて日本の研究者が誰でも知っているチャンドラー，ウィルソンというような人をお呼びするというかたちをとった．

それから，私個人の経験で言えば，あるプロジェクトの時に，私が研究を通じて，あるいは留学中に知り合った有名な教授を推薦したんだけれども，不幸にして受け入れられなかった．しかし，後にチャンドラー先生から同じ人物が推薦されて，この方が来られてペーパーを読まれたということなどもありました．

具体的に名前を言えば，ロバート・オザニ（Robert Ozanne）という先生です．この先生の記憶が非常に強いのは，僕が留学中にインターナショナル・ハーベスターという会社の研究をしていて，それに関する労務管理の研究が著書として発行されたものだから，オザニ先生のところに行って，いろいろ分からないところを伺ったことがありました．

それで一つは，オザニ先生が南北戦争以降のハーベスター社の労働構成を調べてみると，大きな変化があったとされている．まず労働力として採用されたのは，新たに移民として入ってきた南ヨーロッパ系の人々だった．それが次第に黒人に変わっていったということが賃金台帳から分かると書いておられる．僕は「賃金台帳でどうして分かるんですか．われわれにはそういうことがいっこうに分からない」と言うと，「それは賃金台帳に載った姓名の名字を見れば分かる」と言われた．

ある名字が黒人であることがなぜ分かるのかというと，例えば，その名字がワシントンであるとか，ジャクソンであるとか，イギリス系の人々の名字で，これは明らかに奴隷が解放された時に，所有者である人の名字をもらって独立したんだ．南北戦争の1860年代以降，エリート階層のアングロ・サクソンが工場労働者になるということはないから，そういう名字の人を見たら，これは黒人であると確定して間違いがないということでした．

こういうところは，文字どおりネイティブでないと分からない研究だと思っ

て，ためになったという思い出があるんです。
●**藤田** 当時は，準備委員会がそれぞれに情報を持ち寄ったり，話し合ったりして，来ていただくようなゲストスピーカーを準備していたわけですよね。いわゆるコールフォーペーパー方式のやり方ではなかったということですね。
●**小林** それぞれの分野で交流のある人とか，もしくは個人的に交流をもった人が推薦されたというほかに，すでにそういう外国の研究者と交流のあるメンバーが，その外国の知人に情報を提供してくれとか，あるいは推薦をしてくれというやり方を採るようなかたちも，だんだんできるようになってきたという記憶はありますね。

テーマに応じて最もふさわしい外国の研究者を招待するという建前なんだけれども，そこはすべてがすべてうまくいくわけではなくて，僕が経験して非常に深刻な問題になったのは，ある国の研究者が来て報告し，ペーパーを提出した。そうしたら，そのペーパーを追いかけて，その報告者の先輩にあたるのかな，ほかの研究者から抗議の手紙が来て，「彼のペーパーは僕の研究のコピーだ」という抗議を申し込まれて，それでこの大会の委員は，そのペーパーの取り扱いをめぐって非常に紛糾し，困惑するということがあった。

私もたまたま，そのメンバーだったので，その会議に参加させられて，非常に困惑したことがありました。だから，国際会議にはある種のリスクがつきものだということを，その時に経験したわけですね。

富士コンでやはり一番苦労したのは言葉の問題です。中川先生はチームリーダーとして非常に厳しい先生で，とにかく会議中は「日本語は一切使うな」という厳命で（笑），だんだんフラストレーションがたまるということがあって，それが爆発することもありました。

初めての国際会議で，外国の人と一緒に寝食を共にするということで，いわば文化の相違というようなことも体験しました。と思ったのは，僕が朝起きて食堂に行ったら，外国から来た人たちが，何かわあわあ騒いでいるんだよね。その騒ぎ方がただごとでないのでどうしたのかと思ったら，「目玉焼きが冷えている」と言うんだ。大勢の食事をつくるために，目玉焼きも一遍に焼いて棚に入っているわけだよね。こちらはそんなものが冷えていても何でもないけど，外国の人にとっては冷えた目玉焼きは食えたものではないということだっ

たらしいんだね。これは驚いたな。

　確かに，外国に行ってカフェテリアに行くと，あんなに人手不足で混んでいる時でも，一人一人十分に聞いて，焼き方をオーダーして，熱いものを食べているね。そういう食の違いなんていうのも，ああいう会議を通じて経験したことだけどね。

外国人研究者との交流

●**藤田**　国際会議や富士コンをきっかけに交流が始まったとか，先生と交流のあった外国人の研究者はたくさんいらっしゃると思うのですが。
●**小林**　チャンドラー先生などは，ちょっと大御所すぎるから，若いのだとリチャード・ダイク（Richard Dyck）とか，ウィリアム・レイ（William Wray）とかだね。彼らはまだ大学院の院生だったね。
●**藤田**　スティーブン・エリクソン（Steven J. Ericson）もそうですね。
●**小林**　そうそう。だから，君はその関係で彼のところに留学したんだ。うちにも来て泊まってもらったこともあったけれども。
●**藤田**　ポール・ユーセルディング（Paul Uselding）さんは，先生が労務関係で呼んできたのではないんですか。
●**小林**　うん，僕が紹介してだったか，どういういきさつだったかは忘れてしまったけれど，とにかく彼は僕がノースウェスタンに留学した時に，ポスト・オブ・グラデュエイトという，いわばオーバードクターみたいなかたちでウィリアムソンの下にいて，それで紹介されて。その後富士コンで会ったんだよね。
●**藤田**　特に懇意になさっていたというような外国人研究者はどなたでしょうか。
●**小林**　ミラノであった1994（平成6）年の国際経済史会議でCo-Organizerになったアンドレ・ミラード（Andre Millard）かな。彼とはおそらく何か外国の国際会議で知り合いになって，それから文通をして，今度，技術のあれで一緒にプロジェクトを組んでやろうというのでやったんだよね。

　彼との交流の中では，助教授から今度テニュアになるという審査があって，

その推薦状を書いてくれと言われて，最後はどういういきさつか知らないけれどもファクスが届いてね。いま教授会をやっているが，おまえの推薦状がいるんだ，至急書いてファクスを送れという（笑）。慌てて書くわ，ネイティブの人にチェックしてもらうわ，それでファクスを送る。そうしたら，学部長から礼状が来たよ（笑）。あなたのリコメンデーションがものを言ってテニュアになれたというんだ。お礼を言われた。それが彼だよ。
●藤田　それはミラノの大会の時だったと思うのですけれども，その前に国際会議に行っておられますね。皇太子と会われた時。
●小林　あれはベルギーのルーヴァン・カトリック大学で1990（平成2）年だったと記憶している。
●藤田　先生は，その時は報告で行かれたんですか。
●小林　報告した記憶はないけど，ただ，チャンドラーの隣に座っていて，僕が質問というか，コメントをしたという記憶がある。
●藤田　先生はアメリカ経済史・経営史が専門で，英語も堪能で，幾つもの国際会議にも出ておられる割には，何か親しい友達みたいな研究者がおられないというのはちょっと意外な感じがするのですが。
●小林　まだまだ学術的な国際交流が乏しい時代だったと思うよ。これからは力を入れていくべきだと思うけど。
●藤田　先生が自ら外国の国際会議に出掛けていかれて，交流を深められて，友達になられたような方で思い出のある人はいませんか。
●小林　あまり深い仲にはならなかったと思うけれども，日本の学会から派遣されて，アメリカの経営史の大会（Business History Conference）で「日本における経営史研究の現状」というペーパーを読んだ経験がありますね。1977（昭和52）年のことで場所はコロンバスだったかな。あとは日本の著書の書評をアメリカの学会誌に投稿してくれという依頼があって，何回か日本の著書の書評を書いたこともあります。
●藤田　外国人研究者の交流のことで，ラーソン先生との思い出話をお伺いしたいと思います。
●小林　ラーソン先生は，しばらくインドで滞在しておられて，帰る途中に京都に立ち寄られて，中川先生からの依頼で私が京都の町の案内をしたわけです。

その後，大学から派遣されてウィスコンシン大学に留学した折りに，その連絡をしましたら，「うちに泊まりに来い」ということで，ミネソタ州のノースフィールド（Northfield）という町ですが，そこへラーソン先生が車で迎えに来てくれて，ドライブをして連れていってもらって，1週間ほど滞在して，いろいろとお話を承ったということがありました。

●**藤田** 特に印象深い話というのは覚えておられますか。

●**小林** ラーソン先生のことで常に思い出すのは，*Guide to Business History* という文献目録ですね。あれは非常に役立ったし，いまでも利用させてもらっていることからして，「一人であれだけのものを編集，文献を集められて，それを解読して，経営史の資料として役立つかどうかという評価まで加えられる仕事は大変だったでしょうね」と言ったら，ラーソン先生は最後まで独身ですが，「一人で家事をするのも不可能なので，メイドを雇って，毎日ベイカーライブラリーから何冊か本をかばんに入れて家に持って帰って，1冊ずつ読んで，カードをとってやるというのを繰り返したんだ」と。それを聞いて，大変だったろうなと驚いた話を聞いたことを覚えていますね。

僕の知る限りでは，あらゆるジャンルを通じて，あれだけ細かく1冊ずつについてのコメントを添えた文献目録集はまずないでしょうからね。

●**藤田** 先ほどポール・ユーセルディングさんという先生の話も出てきたんですが，ユーセルディングさんの思い出はどうですか。

●**小林** 先ほども言ったように，彼がどういういきさつで富士コンに招待されたか，僕は正直に言うと覚えていないね。ユーセルディングが来るというのをどこかから聞いて，そうか，じゃあ会えるなと思ったのを覚えている。

ユーセルディングのことで覚えているのは，外国の研究者の中でも非常に積極的にカンファレンスに参加したという記憶があるね。例えば，大御所の先生であればペーパーを読んで，ちょっとコメントして終わりだけれども，最後の日にコンクルーディング・ディスカッション（concluding discussion）というかたちで会議の結果を集約しなければならない。その時にユーセルディングは一緒になって仕事をしたという覚えがあります。そういう点で，非常に積極的な研究者だったという記憶があります。

経営史学会の改革

●**藤田** 経営史学会の役員の任期制の導入について話して下さいますか。

●**小林** あのころは，70年安保やその前の東大紛争，いわば学園紛争の嵐で，そういうものに各教員レベルでもかなり影響を受けて，学会でもそういう影響を受けたわけだよね。全国的なというか，各大学でもそうだし，学会レベルでもそのような改革というか，そういうムードが押し立つことがあった。

それで，いままでのやり方だと，端的に言えば長老が理事として居座る。そうしたら，終身の役職みたいになってしまう。もっともっと実際に経営史学会を活性化するためには，理事，評議員，幹事が単なる肩書ではなくて，実際にアクティブメンバーで積極的に動かなければいけないというような話が，だんだん煮詰まってきて，学会の役員改選の時に，その提案を実現しようということで中川先生あたりに持っていったんじゃないかな。

●**藤田** 中川先生はどんな反応でしたか。

●**小林** 特別な反応はなかったように思う。反対はなかった。それは結構だ，やるべきというのでね。

それで幹事，評議員，理事，その上に顧問もあったけれども，幹事が評議員を飛ばして，その上の役職者の，端的に言えば首を切る，首のすげ替えをやらなければいけないということで，かなり真剣度はあったけれども。しかし，実際には，どこからも具体的に反対する者はいなくて，そのまま制度改正は進んだような気がするね。会長の選出方法とか，理事や幹事の任命の仕方とかね。

だから，長老の先生たちも正面切って反対するとか，不平を言うことはなかったし，できなかったと思うけれども，実際にはずいぶんぼやきは聞いたな。

だから，表面的に見れば，経営史学会の制度改革というのは，いわばスムーズに行われたということだね。だから，基本的にはできるだけ会員の大勢の人たちでもって，役員だの雑用だの，これは負担しましょうということなんだよね。だから学会の役員は，名誉職というよりも実際には縁の下の力持ちだ。それから，学会の当番校もできるだけ広くというか，全国的に。地方の大学でも開催校になってもらうということも制度化されてきたというような気がするね。

●**藤田** いま先生が全国大会の当番校の話をされたのですが，龍谷大学は第21回全国大会を開催しているわけです。先生が手を挙げられたのか，学会からそろそろ順番だからやってくれと言われたのか，そのへんの経緯を教えてほしいんですが。
●**小林** 僕が特にやりたいと申し出たわけではなくて，何となくムードとして，どこからともなく「今度は龍谷でどうだ」というように言われて，「引き受けましょう」と。一種，あうんの呼吸というかな，それで当番校が決まっていくというかたちだった。
●**藤田** むやみやたらにどこかに持っていくわけにはいかないわけだから，誰かアクティブメンバーが一人確実にいるということは必要だったんですね。全国大会をやって，思い出に残っていることは何かありますか。
●**小林** 思い出に残っていることと言ったら，どこでもみんな当番校を引き受けると赤字になって，その穴埋めに苦労するんだけれども，龍大でやったら黒字になったということ。あれは，われわれの時に事前振り込み制を採用し，予稿集に広告を掲載したからだけど，そのせいで，「龍大は学会を開いて儲けたぞ」というのが噂話として，だいぶ広く流れたという話を後から聞いたな。

経営史を教えて

●**藤田** 先生が経営史を教えておられて，どういう点に面白さがあって，それを学生にどのように伝えたいと思われましたか。
●**小林** 僕は参考書とかテキストめいたものも使ったけれども，あまり学生にそういうものを無理やり買わせるとか，あるいは読ませるということはしない。やはり僕の学生時代の経験にもよるんだろうけれども，教師が何を話すかという，その教師の話すこと，それは単に授業そのものでなくて，脱線したばか話とかというようなもので，学生の記憶に残るものを講義していくことが大事なのではないかという気がします。僕は戦前の価値観にかなり影響を受けて学生時代は育ったから，現在の人たちがどういう授業をやって，どういうふうに工夫しているのか僕には見当がつかないけれども，やはりこれからは手取り

足取りして，これだけのことは覚えてくださいねということで教えなければいけないのではないかなと思いますけどね。
●藤田　先生が経営史を教え始められたころに，ここだけは経営史として教えないといけないとか，ここは重要なんだと伝えたかった思いみたいなのがあると思うんですが。
●小林　教師に成り立てのころは無我夢中で，ほとんど自分の勉強をするというようなことだったと思うけれども，途中からチャンドラーの理論にひかれて，それをかなり自分なりに勉強したというころから，やはり学生には，今年やったことは一切合切全部忘れてもいいから，「戦略は組織に従う」ということだけは覚えておけということは言っていたな。
●藤田　例えば，GM（ゼネラルモーターズ社）とかデュポンを使って多角化の話を歴史的にするとか，スタンダードオイルのケースを使って，垂直統合とかトラストとか，持ち株会社の話を歴史的に学生にかみ砕いてやるという方法というか，そういうことを主にやっておられたということですかね。
●小林　そうだね。だから，戦略は組織に従うんだ，あるいは組織が戦略になる時もあるんだといくら言っても，それだけでは学生は分からないわけで，具体的な話を取り上げて，それから企業の成功は単に技術だけではないんだと。いくら立派な技術開発が行われて，立派な製品ができても，要するに売れて何ぼなんだと。それが企業なんだと，そこが軍需とは違うところだと言ってね。

　例えば，シンガーという会社がソーイングマシン，ミシンを開発する。ところが，素晴らしいものだけれども，どこにも売れなかったと。あるいは，僕がやっている小麦を刈り取るバインダー，これもつくったけれどもいっこうに売れないと。だから，そういう企業が苦労したのはつくることよりも売ることだったと。そこで，マーケティングというビジネスのテクニックが開発されてくるようになるんだというところから徐々に，「戦略と組織」という授業を進めていったという記憶があるね。

　それから，個人企業が徐々に規模を拡大していくと，到底一人では監督しきれない。そこで，いわゆる組織が生まれてくるんだと。その組織のつくり方としては，こういうものだという，いわば集権的な職能性が組織になっていくんだと。

しかし，さらに企業が大きくなり多角化されてくると，集権的職能制ではうまくやっていけない。うまくやっていけないというのは，どういうところに現れるのかというと，利潤率が下がる，つまり儲からなくなってくる。すると，競争に負ける。そこで組織を変えて，要は戦略に乗ったかたちに変えなければいけないんだと。そのような「戦略と組織」というフレームワークの中で，いろいろな事例を使って説明していくやり方をしたわけだけれどもね。

●**藤田**　事例を使ってというお話がありましたけれども，やはり経営史研究とか経営史を教える時，授業なりでも，ポイントは事例研究を基にしているというところにあると先生は思われていますか。

●**小林**　そう思う。だから例えば，純粋のマルクス経済学を適用した経済史だと，会社個人の名前は一切出てこないし，使わなくても書けるわけだよね。市場の構造とか，生産構造とかいうものに焦点を当てればいいわけだから。

●**藤田**　それが事例研究なら，企業名があり，企業家の名前が挙がり，どうやってそれを意思決定したかというようなことも，いわゆる雑談としても話ができるというパターンですかね。

●**小林**　だから，その意味でどの国でもビジネスマンというのは，あまり尊敬されないものなんだよね。アメリカでも，僕がマコーミックをやっていると言ったら，「何でそんなものの研究をやるんだ」と真面目に聞いた学生がいたな。彼は「俺は嫌いだ」と言うので，「何が嫌いだ」と言ったら，「あのマコーミックという男の顔は写真で見たことがあるけど，実にアグリーで醜い顔をしている。俺は嫌いだ」と言って（笑）。そういうつまらないことを言う学生がいたけれども。

　だからこれからは，やはり日本中心の経営史で，それとの比較で参考のために外国をやる程度で，日本の場合は，やはり松下幸之助とか本田宗一郎とか，あるいはソニーの井深大という人間は偉かったということを学生に教えていくべきだと思うな。彼らはただ金儲けのためにやっただけなんだと言うのでは，身もふたもなくなるのではないかな。

●**藤田**　経営史の講義でそういうことをどれだけ学生に印象付けるかということで，先生が意識的にとられたやり方というものがあるんですか。普通に話していると，学生は「うんうん，そんなものか」と聞いていると思うんですが。

●小林　特に意識したことはないな。意識はしなかったけれど，雑談の中に織り込んで話していたと思うな。例えば，戦争中の僕の体験だとかね（笑）。僕のいたのは天理市の航空隊だったけれど，組織運営としての軍隊の体験で，「集合5分前」とか「総員起こし15分前」の話はゼミなどでした覚えがあるな。
●藤田　ちょっと先ほどの話に戻るんですが，先ほど企業家とか企業者の話をしないといけないんだと，彼らはべつに金儲けのためだけにやっているわけではないのだというようなことをきちんと教えないといけないんだという話があったと思います。すぐさま，学生がそうなれるわけではないけれども，経営史が担っている役割の一つに，経営者教育というか，経営者の養成みたいな要因があると思うのですが。
●小林　もともと経営史（ビジネス・ヒストリー）というのは，ハーバードのビジネス・スクールでつくり出された科目だよね。そのビジネス・スクールというのが，文字どおり大学教育での経営者の養成なんだよね。それが医学とか，法律家を育成するロー・スクールと同じかたちでプロの経営者を養成するというのがビジネス・スクールだったわけだね。

　その中で歴史を教えるというのは，そういうふうな企業の発展の過程を教授するとともに，一つの経営者としてのモラルとか，あるいはマインドとか，そういう精神面での経営者教育というのが経営史の中に盛り込まれる，あるいは期待された。それに応えて，初代の教師として就任したのがグラースだ，と。それで，そのお弟子さんのラーソンだということになっているわけだけどね。いまは，おそらくそのような教育というようなことは，どのような学問でもなおざりにされているのではないかと思うね。
●藤田　日本でも宮本又郎さんとかを中心に企業家研究フォーラムができて，最近いろんな社会人の方が報告をしたりしているみたいです。もう一度，見直される時期が来ているというような気もするんですが。
●小林　だから，日本でもそういう和魂洋才とか等の精神を持つ，実業家というのが明治時代にはあったわけで，ああいうものを見直す必要はあるのではないかな。

　それから，もう一つの重要な経営史の科目で経営理念史というのがあるけれども，そこで大事なのは，技術というのはあくまでも継承されて積み重ねてい

くわけだよね。けれども，理念とか倫理観とか，そういうものは積み重ねでもないし，そのまま継承されない。いわば教わらなければ，すぐに拝金主義に陥ってしまうと思うんだよね。儲け方にもいろんな価値観があるのだということをやはり誰かが教えないと，多くの企業で理念に関する考え方が劣化するのではないかな。

●藤田　そういう話を聞いていると，ただ単に生産と流通というような話だけではなくて，社会的・文化的ないろんな側面を歴史的に研究するという面では，中川先生が「学際的」と訳されたインターディシプリナリー（interdisciplinary）という考え方が経営史の中に位置付けられていると思うのですが。

●小林　会計とかコンピュータ・サイエンスとかに比べて，やはり企業活動の持つ文化的側面というのを強調しているのが経営史ではないかな。例えば，レイバー・マネジメント（labor management：労務管理）なんていう科目は，なぜ労働者の福祉に思いをはせないといけないのかということが，やはり授業の側面になるわけだね。

　だから，やはり経営史というものは，将来いわゆる技術的な意味で有能なビジネスマンというだけでなくて，そういう一つの品性というかな，あるいは倫理観を強く持ったビジネスマンを養成するんだという点が大切だと思うね。

●藤田　最後に，いまのもっと若い人たちに経営史に興味をもってもらいたいと思う時に，先生の世代から見て，こういうことがポイントなのではないかな，という点をお話し下さい。経営史研究でもいいです，経営史の教授法でもいいんですが，いまの若者に伝える先生の思いみたいなものがあったらお願いしたいんですが。

●小林　昔の人がやったことを実証して，歴史的時間軸で見る力を持ちなさい。これは歴史一般に通じることだけれども，人間というのは現在と未来，将来を考えるのと同じように，常に過去を振り返って，教訓というか，歴史的な失敗や成功を教訓にして，今後の道しるべにする。そのために必要なのだということではないかな。

下川浩一先生インタビュー

日時：2012 年 12 月 26 日
場所：文京学院大学学長室
聞き手：川辺信雄（文京学院大学）・宇田理（日本大学）

下川浩一先生略歴

【氏名】　下川浩一（しもかわ・こういち）
【生年】　1930 年
【主要学歴】　九州大学大学院
【主要職歴】　富山大学，法政大学，東海学園大学
【経営史学会での代表的役職】　常任理事
【主要業績】
　『米国自動車産業史研究』東洋経済新報社，1977 年
　『日本の企業発展史―戦後復興から五〇年―』講談社現代新書，1990 年
　『マーケティング―歴史と国際比較―』文眞堂，1991 年
　The Japanese Automobile Industry: A Business History, Athlone Press, 1994
　『グローバル自動車産業経営史』有斐閣，2004 年
　『自動車産業―危機と再生の構造―』中央公論新社，2009 年

学問の世界へ

●川辺　先生がいつ，どのようにして経営史に関心を持つようになられたのか，経営史の研究に入っていった動機などからお伺いしたいのですが。

●下川　僕は歴史が好きだったんだけれども，経営史をやる気は最初のうちは特になかったんですよ。というのは，僕は初期の経営史学会のメンバーとの接触に少しタイムラグがあるんです。僕はもともと専門が経営学で，しかも学部（九州大学経済学部）の時代はマルクス経済学ばかりかじっていた男ですから。ただ，マルクス経済学をやっていても，どうも世の中，これからは企業経営の時代が始まるのではないかという素朴な気持ちを抱いていた。これからはどうも企業経営の時代だと。おまけに，そのころアメリカ経営学が怒濤の如く日本の学会に入ってきて，ビジネスの世界でも，特にドラッカー（Peter Ferdinand Drucker）だとかプロセス・スクールだとか言い出した。

●川辺　それはいつごろでしょうか。

●下川　ちょうど大学院（九州大学経済学研究科）に入ってからです（1957（昭和32）〜58年）。大学院に入る時に，何をやるかというのを必ず聞かれるんだけど，その時に経営学とはなかなか言いづらかったね。「経済原論をやります」と言ったら，向坂逸郎さんが「経済学原論ならどんなことをやるのか」と言い出して，僕はあまり『資本論』を読んでいなかったから，ちょっと詰まった覚えがありますけどね。僕の恩師の馬場克三先生が，アメリカ経営学をバカにしてはいけないと言い出して，僕が大学院に入った時は，チェスター・バーナード（Chester Irving Barnard）の *The Functions of the Executive* を読まされた。あれは翻訳も悪かったけど，内容が非常に難しくて往生したことがある。そして，2年間で修士論文を書かなければいけないというので，馬場先生がサゼスチョンを与えてくれて，分権管理というのはこれから非常に大事になる，だから分権制についてまとめてみたらどうかと言われた。

ドラッカーの経営学

●**下川** 当時，分権制なんて，どういう本があるのかなと。それだけに焦点を当てた論文というのは少なくてね。いろいろ探りを入れていったら，一つはドイツのシューマレンバッハ（E. Schmalenbach）という有名な会計学者がいた。中央統制が強いドイツのコンツェルンのマネジメントは，分権化でないと駄目だという内容の論文をまず読んだ。だけど，僕の修士論文の重要な柱になったのは，ドラッカーの Concept of the Corporation（1946）だった。少し誤訳が多かったけど，僕がその本を日本で最初に翻訳し，紹介することになった。

●**川辺** まさにドラッカーの紹介者ということになりますね。

●**下川** そんなつもりはなかったんだけど，図らずもそういうことになった。実を言うと，Concept of the Corporation は，ドラッカーが初めて経営学者として書いた本なんだ。彼が亡くなる前，日本経済新聞社から出された自伝を読んでよく分かったんだけど，要するにドラッカーはそれまでは政治経済学者であり，どちらかというと経営学者ではなかったわけだ。

●**川辺** オーストリー（ウィーン）学派ですか。

●**下川** それもあるんだけど，後になって気がついたのは，要するにアメリカのプロセス・スクールは，戦後になってようやく登場するんですよ。戦前にはほとんど，それらしき研究はなかった。第一，チャンドラー（Alfred D. Chandler, Jr.）さんが若いころに読んだ本と言えば，バーナム（James Burnham）の『経営者革命』とか，バーリー＆ミーンズ（A. A. Berle & G. C. Means）の『近代株式会社と私有財産』ですよ。それから，ゴードン（R. A. Gordon）の『ビジネス・リーダーシップ』。これだって，書かれたのは戦後なんですよ。アメリカは経営学の先達だと思っていたのが，最近になってやっと分かったんだけど，戦前はアメリカでは経営学らしきものはないんだね。

●**川辺** 企業の内部のことは，ほとんどやっていないわけですね。

●**下川** やっていない。企業がそういうのを出したがらなかった。だから，ドラッカーが Concept of the Corporation を書く時も，アルフレッド・スローン（Alfred Pritchard Sloan：GM の経営者）が許可を与えなければ出版されなかったと思う。

GM の社内でそんなものを出すべきではないという意見が圧倒的に強かったんだから。

1930 年代，全体主義がはびこって，スターリニズム，そしてヒトラーのナチズムにヨーロッパが席巻されようとしていた。それに対して，その道にはまったら人類文明の危機だということを警告したのがドラッカーなんです。

ドラッカーはユダヤの血が混じっているから，彼はウィーンにずっと長く住んでいて，おまけにおやじさんはオーストリー＝ハンガリー帝国が解体した後の共和国の大蔵大臣なんです。ドラッカーの親父さんのところには，それこそオーストリー学派だけではなくて，フロイト（Sigmund Freud），トーマス・マン（Paul Thomas Mann），シュンペーター（Joseph Alois Schumpeter），カール・ポランニー（Karl Polanyi）も来る，そういう大変なサロンだったらしい。だから，小さい時から，そのサロンの雰囲気でいろいろな話を聞いているわけだ。それだけの学識のある人だから，ナチズムというのは極めて危険だ，人類の歴史を滅ぼすかも分からないということを肌で知っていたわけだ。危険を悟って，ナチス・ドイツによるオーストリー＝ハンガリー併合の前夜に出国して，イギリスに渡って石油会社の調査部などに勤めて，いろいろな産業実態調査などをやってね。イギリスもひょっとしたら危ないというので，アメリカへ渡って，ベニントン・カレッジ（ヴァーモント州）で政治経済学や政治哲学を教えたんだ。

ドラッカーの *The End of Economic Man*（1939）と *The Future of Industrial Man*（1942）という二つの著作を，アルフレッド・スローンが読んで感銘を受けた。ドラッカーはスローンの知遇を得て，GM に出入りしていいと言われて，GM のあらゆる階層の人に会ったり，工場へ行って一般のワーカーと言葉を交わしたりして，これからは企業社会の時代が来る，そして専門経営者が非常に重要な役割を果たしていると実感した。またスローンの影響が大きいのだが，GM のような組織が，企業経営のこれからのあり方，そして，新しい社会のあり方を示しているのではないかと主張したわけだ。

僕は，その *Concept of the Corporation* を修士 2 年生の夏休み前に購入した。アメリカから航空便を含めて全部で 6000 円。僕の 1 カ月の下宿代よりも高かったね（笑）。それで 1959（昭和 34）年に修士論文「分権的経営管理の成立と展

開」を書いた。
● 川辺　1960 年代に入る前ですね。
● 下川　入る前です。まだ，事業部制という言葉もなかった。事業部制という言葉は，戦前，松下電器が使っていたんだよ。それを神戸大学の占部都美先生が，これは事業部制と言うべきだと言って，この言葉が定着した。それまで Decentralization の訳語は，分権制とか分権管理だけしかなかったんだ。

　Concept of the Corporation は結構，経営史に近いんだ。戦時中の GM では，品質の高い飛行機や戦車をつくらなければいけないというので，労資共同体みたいな状況にあった。それと現場のワーカーたちのモラルも非常に高く，いまで言う QC サークルみたいな協働が行われていた。みんな必死になって働いた。その姿が，これからのソサエティのモデルだというふうに，ドラッカーは見たわけです。

チャンドラーの経営史との出会い

● 川辺　先生は分権管理の論文を書かれて，それから経営史に関心を持たれるまでには，どれぐらい期間があるんですか。
● 下川　僕が実際に経営史らしいことに手を染め出したのは，チャンドラーさんの *The Business History Review* に載った論文を読んでからです。*The Visible Hand*（1977）ではなくて，"Management Decentralization: An Historical Analysis"（1956）という論文です。
● 宇田　すごく理論的な論文ですよね。
● 下川　そうそう，きちんとした論文でね。彼の若い時の引用論文の一つですよ。1960（昭和 35）年だったかな。チャンドラーの "Management Decentralization" という論文があるということを知った。これは，私が発掘したのではなくて，当時，宮川宗弘という立教大学にいた生産管理の先生が論文で書いていて知ったんだ。上京した時に直接，宮川さんのところをアポイントもなしで訪ねて（笑）。あの時，宮川先生がずいぶん親切にしてくれて。修士論文の後に経営学会の九州部会で発表する時に，それを使ったわけです。

チャンドラーの名前に初めて接したのは，この時だったんだ。それから，丸善のブックリストを見ていたら，1962（昭和37）年に *Strategy and Structure* が出たので，これも早速，高いけど航空便で取り寄せまして，富山大学時代に読みました。

●川辺　先生は九大で勉強された後，すぐに富山大学経済学部に就職されたんですか。その時の先生の担当科目は何だったのですか。

●下川　財務論なんだ（笑）。でも実際にやっていることは経営史そのものだったんです。一つはドラッカーの分権制・事業部制のこと，もう一つはチャンドラーの『経営戦略と組織』（*Strategy and Structure*），当時は翻訳もありませんでした。それから，スローンの *My Years with General Motors* です。

経営史学会との関わり

●川辺　経営史学会との関係ができるきっかけは，どうでしたか。

●下川　デュポンとスタンダード石油とGMについて詳しく述べられている文献は，チャンドラーの *Strategy and Structure* しかなかったんだ。それで，戦略や組織などの理論的なことがわかり，この世界へ入るきっかけになったのかもしれない。僕はもう少しケース・ヒストリーを大事にしなければいけないと当時は思ったからね。

●川辺　先生がケース・ヒストリーを大事にしなければいけないというふうに思われたきっかけとか，あるいは，その当時の経営学だとか，そういうものに対して何か思うところはあったんですか。

●下川　プロセス・スクールでは内容が平板すぎると思ったからなんだ。本当にこれだけで経営が分かるのかなという素朴な疑問があって。やはり具体的に，企業がどんな行動，どんな意思決定をし，組織がどんなふうにして形成されていったかということをきちんとおさえないと。そのためにも，まずケースとしておさえなければいけないなと僕は思っていた。それで，『富山大学経済論集』に，3本ぐらい論文を書いたと思うよ。そして，一橋大の米川伸一先生が当時，経営関係の雑誌で似たようなことをやっていたので，この先生にぜひ

見てもらおうと思って3本の論文を送ったわけです。

1963（昭和38）年か64年ぐらいかな．当時，経営史学会の母体になる経営史研究会が始まっていて，経営史学会を結成しようということで学会が結成されたのが1964年かな．米川先生，土屋守章さんから，こういう学会ができるからぜひ報告してくれと言われて．それで，東大で開催された大会の自由論題で「アメリカ大企業と経営管理」を報告した．

それから後は，経営史学会というのはなかなか面白い学会だなと思って，きちんと出るようになって．そのころ僕も組織論だけはかじっていたから，その知識を生かすとともに，もともと自動車に興味があったから，チャンドラーのケース・ヒストリーと接合させた「GMの分権制と組織構造」を書いた．GMはファイナンシャル・マネジメントとか，いろいろ研究してみる価値があるなと．

三菱経済研究所が三宅坂にあったころに，時々文献を借りに行った．その書庫に，岩崎小弥太が大恐慌の直後ぐらいに買って帰ってきたドナルドソン・ブラウン（Donaldson Brown）の論文があった．岩崎小弥太は自分で赤線を引いて読んでいたんですよ．彼は三菱財閥の経営管理にとって，これはなくてはならないものだと当時思っていたんだろう．三菱経済研究所では，チャンドラーの Strategy and Structure を翻訳している最中だった．翻訳をしていた研究員も，同じ論文を読んでいたんです．それで，こんなものを借りに来る人は誰だとびっくりしたらしいんだ．それで富山から僕が上京した時に，向こうから挨拶があり，面識ができた．それが契機になって，三菱経済研究所にある自動車関係の論文や本をコピーしてもらって，ずいぶん助かったんだよ．

●川辺　それで，いよいよ自動車の研究が始まった・・・．
●下川　そう．だから，もともとはGMやチャンドラーの研究がベースになっているんだ．それからずっと，新刊が出れば，かたっぱしから発注した．その中に Giant Enterprise という本があった．これは1930年代を中心にしたいろいろな自動車業界の労使関係やファイナンシャル・コントロールの話が出てくる．もちろん，当時の貴重な文献を集めた本でもあるわけです．僕にとっては，自動車産業における全体の見取図とか，アメリカの自動車業界がどういう方向に動いていたか，それからGMのマネジメントはいったいどんな夢を持っ

ていたかなど，論文を書く材料が次から次へと出てきた。

　僕は，1969（昭和44）年に法政大学に移った。経営史で呼ばれるはずだったんですけど，急遽マーケティングをやってくれと言われたんだ。多国籍企業の自動車を中心にしていろいろ書いたこともあって，「あなたは立派にマーケティングをやれるはずだ」と（笑）。「おまけに君はドラッカーをあれだけやっとるじゃないか」と。ドラッカーは要するに，顧客の創造とかマーケティングの教科書そのものだと。

　それで，当時のアメリカのマーケティングの文献を読んで勉強したわけです。でも，マーケティングは単なるテクニックだけではない。これにも歴史があるんだ。単なる学説史だけではなくて，歴史を少しやってみようと思っていたら，G・ポーター（Glenn Porter），H・リブセイ（Harold C. Livesay）の *Merchants and Manufacturers* が出た。これをタネ本にして，経営史学会の第9回全国大会の統一論題で「アメリカにおけるマーケティング成立史」という題で発表した。マーケティングを経営史学会の中に引きずり込んだと言えば言えるわけだよ。

富士コンでのチャンドラーとの出会い，そして自動車産業研究へ

●川辺　チャンドラー先生と初めて実際にお会いになったのはいつごろでしょうか。

●下川　1973年の第1回富士コンファレンスの時です。富士コンファレンスは，外国の経営史の先生方に会うという意味で，大きな役割を果たしたと思う。あれで知り合ったから，僕はハーバードでチャンドラーさんに直接師事できるチャンスをつかんだんだ。

　アメリカに行く前に，『米国自動車産業経営史研究』（1977年）を書いた。だけど，文献追跡型の研究なんです。実地で言えば，まだアメリカの土も踏んでいないのに，そういう本を書いて。後にハーバードに行ってから，嫌と言うほど実態調査をやらせてもらったけどね。

●川辺　その本は先生の最初の集大成というふうに思うのですけど。

●下川　ええ，20年近くかかっているかもしれない。
●川辺　内容的には，これだという部分はどこにあるんですか。
●下川　それはいろいろあって，一つはアメリカで自動車産業がなぜこんなに発達したかという点です。それは，やはり一つにはフォードシステム，もう一つはGMのフルライン政策と分権的管理です。後にフランスのボワイエ（Robert Boyer）も，それをいみじくもフォーディズムとスローニズムということで言い表している。僕は，そんな名前はこだわらなかったけれども，この二つが，やはりアメリカの自動車産業を成長させた根幹のパラダイムとも言うべき重要なテーマであり，その発展の歴史をたどったということです。

　それともう一つ，あの本の中では，今日の状況をいい当てているような部分があるんです。当時，アメリカの学者の中に，自動車産業への警告を発していた。単なる心情的な批判や交通事故が多いからけしからんというような論文ではなくて，いわゆる環境学者たちのチームが，有名なローズタウン・ストライキがなぜ起こったかなどGMの当時の組織運営の内実まで調査して，このままでは自動車産業の時代は終わると指摘しているんだ。それからもう一つ，ローレンス・ホワイト（Lawrence J. White）という学者がいて，彼の書いた *The Automobile Industry since 1945*（1971）という本は，要するにビック3の寡占体制が大きな問題をはらんでいることを指摘している。ビック3の寡占体制の上にあぐらをかいた時に自動車技術は一つも進歩しなかった，と。

　アメリカの自動車文明はこのままだと退廃する前兆は幾らでもあるということを書くと同時に，日本の自動車産業にとっての教訓は何かという問題の布石が，あの本の中にあるんです。

日本の自動車研究から国際比較研究へ

●川辺　今度は，日本の自動車産業を研究されることになりますが。
●下川　アメリカにいた時に，アメリカだけを考えても，どうもある程度先は見えてきている。そうすると，これからはやはり日本の自動車産業が注目されるぞという実感があった。それにハーバードに渡った時に，逆に日本のことを

向こうがどんどん質問してくるようになった。

　その前から，もちろんある程度興味は持って，自動車業界，それからGMの論文を書いたというので，トヨタあたりから話を聞きたいとか，広報誌に書いてくれとかそういうのがあったから，いろいろ連絡というか，関係が密になっていったことも事実です。当時，自動車産業の研究家というのはあまりいなかったからね。だから，僕が書いた『米国自動車産業経営史研究』も，あの当時としては高い本だったんだけど，結構売れたんですよ。日産の石原俊社長も，研究者の本ではあるけれども推薦していたと聞いている。

　そんなことがあって，日本の自動車メーカーさんからも，日米比較をやる上で，いろいろなデータをもらったり，インタビューをさせてもらった。ハーバードに行くと，チャンドラーさんだけではなくて，もう一人，プロダクト・イノベーションで有名なウィリアム・J・アバナシー（William J. Abernathy）もいた。*The Productivity Dilemma*（1978）が出た年だった。あの本は，アメリカの自動車産業はこのままだとイノベーションを全然起こす力がない状態で，危ないよという警告を発していたわけです。それがアメリカ運輸省に注目された。アメリカ運輸省はマスキー法でやろうとしたけど，当時ビッグ3がロビイストを使ってマスキー法を実質的に骨抜きにしてしまった。その次は，第一次オイルショックの時に，アメリカは石油が安いからといって輸入して乱費していたら，財政も外貨保有もどうなるか分からないというので大変な危機感を持っていたわけです。結局，燃費規制をやらざるを得ないのだが，3年間の猶予を与えて段階的に燃費を上げることになった。その時に，日本車は規制値に近いところまでいっていたわけ。アメリカ運輸省はアバナシーと組んで，いかにして自動車業界でイノベーションを起こして，もっと燃費がいい車を開発したり，日本車に対する競争力をつけるにはどうしたらいいかというセミナーをやっていた。僕はそこに呼ばれて，CVCCエンジンをつくったホンダはどんな会社なのかを説明した。それがきっかけで，アバナシーと極めて濃密な関係になってね。ずいぶん彼から教えられたことはたくさんあるし，アメリカで非常に重宝がられたわけだ。

●川辺　国際的なネットワークが，そこから急速に広がっていくということになるでしょうか。

●下川　そうそう。それが後に MIT の IMVP（国際自動車プロジェクト）につながっていくんですよ。MIT のプロジェクトは，1982（昭和 57）年か 1983 年に始まる。僕がハーバードから帰った直後です。おまけに日米自動車摩擦があったもんだから，日本の自動車工業会が業界をあげて支援をしてくれました。10 億円ぐらい出したんじゃないかな。相手が MIT だから，こちらも東大工学部の生産技術系の先生などにも声をかけた。だけど，「先生みたいな社会科学的に自動車産業を分析する人が必要だから，若い人も入れてくれ」と言われて，僕は東大の藤本隆宏君なんかを引っ張り込んだわけ。第 1 シリーズは 1985 年に終わり，翌年から第 2 シリーズが始まった。今度は 17 億円，さらにプラスアルファしたはず（笑）。いまも一応続いてはいるけれども，ビッグ 3 がああいう状態になったもんだから，ほとんどスポンサーがいなくなった。最後まで残ったのがトヨタとホンダだけですよ。

●川辺　ヨーロッパの先生方とのつながりは，いつごろからできるんですか。

●下川　フリーデンソン（Patric Friedenson）先生とかね。向こうは向こうで，ヨーロッパを中心にした自動車産業の研究者ネットワークを立ち上げたんですよ。1987 年か 1989（平成元）年ぐらいじゃないかな。

　フリーデンソンとかボワイエとか，ミッシェル・フレスネとか，そのあたりの有志がフランスでつくって，だんだんそれがイギリスやドイツにも広がり，ネットワークがヨーロッパ中にできてきた。最初，フランスに藤本隆宏君が呼ばれた。藤本君から「下川先生というのがいるから，この先生を呼んで」と声をかけてもらった。それで私が行って話をしたら，みんな，本当にちょっと驚いたような顔をして聞いているんだ。ビッグ 3，アメリカは実はこうだったという話をすると，みんな懸命になって耳を傾けていた。特にフランスのメーカー，プジョーやルノーからよく質問されたね。

●川辺　よく実態が分からなかったでしょうからね。

経営史学会の運営スタイル

●川辺　学会の中での役職や活動については，どのようなことをされていたの

でしょうか。

●**下川** 僕は，経営史学会に出入りして幹事か何かにはなっていたんです。それで，土屋守章さんのところでいろいろ学会の仕事をしました。あのころは面白い時代で，もちろん大先生は大先生としてきちんと座っていらっしゃるけれども，若い幹事がみんな経営史学会の将来を俺たちが背負うんだという気概を持っていた。だから，幹事がいろんなことを決めて，少し僭越と言われるようなことでも，学会の大事なことをみんな幹事同士で決め，それを役員会，理事会に上げていたんだよ。そういう雰囲気があったから，幹事会が非常に面白くて。だから，帰りは東大の近くでよく飲んで，いろんなことを話しましたね。

●**川辺** やはり，既存の学会とは違って，当時，新しくできたばかりの学会だったでしょうから。

●**下川** そうそう。だから，もっと新しいことをやろうとか，やはり若い良い人がいたら，そういう人をスカウトしろというようなことをやったり，いろんなことがありました。皆さん，学会を大事にしようという気持ちが非常に強かったね。古い学会だったら，やはり大先生が何でもかんでも，これやれ，あれやれとなっただろうけど，そういうのはなかったね。中川敬一郎先生がああいう人柄だったこともあるしね。だから割合，若い人の意見を聞いてもらえる学会だった。学会を良くするためには何がプラスになるかということをお互いに考えようということで，インフォーマルにいろいろ話をして，その中からいいアイデアが出てきたら，それを役員会に上げるというかたちだったね。

富士コンファレンスも，最初は有名な先生方に出てもらって，向こうから有名な先生が来るんだから，こちらはこうあるべきだという対応をしていた。やがて若い人がもっと出なければいけないということにだんだんなってきて，それから舞台裏やどんなテーマでやるかというのも，だいたい幹事や評議員のレベルでみんな決めていった。いまもおそらく，それは続いているだろうと思うけれども。やがて理事になり，常任理事になった。最終的には『経営史学』の編集委員長をやりました。

ただ，僕は経営学から入ってきているもんだから，日本経営学会，組織学会，商業学会などの活動でも忙しくなった。一時，組織学会の会長になりましたから，そちらのほうで忙しくて，歴史系の学会とは間を置いていたことも事実で

す。でも，やはり一番大事にしてきたのは，経営史学会なんですよね。だから，そういう役員をやらせてもらった時は，きちんとまじめに出ましたよ。いまも続いていると思うけれども，賛助会員を集めるのに，僕は自動車メーカー数社から集めてきてね。それは幹事のころから始まっているんだ。

　学会の仕事では，若い人に目配りするということが大事だと思うんです。やはり，発表の機会にまだ恵まれない人たちを何とかしなければいけない。これはいろいろ配慮するべきだと思ったし，ここにどういう人がいるという情報をできるだけ大切にしようと思ってやったことだけは事実ですね。

　僕が編集委員長の時，『経営史学』もいまのようなきちんとしたものにするのには，まだちょっと早かったというか，財政事情も少し厳しかったから。でも，やれる範囲のことはきちんとやったということですね。

今後の研究に希望すること

●**宇田**　経営史学会の立ち上げ期には，みなさんでまさに喧々諤々の議論をしていたと思います。でも，だんだんそれぞれの持ち場といいますか，研究の専門化が進んでいき，そうした議論が薄まっていった気がするのですが。

●**下川**　歴史研究の中にも大きな流れというのがあると思うんですよ。細かい歴史をかじるのもいいけれども，これは私しか知らないよということだけをやっていると，やはり袋小路に入ってしまうと思うんだね。もっと大きなビジョンを持った研究，それがきちんと背景にあるということが分かるような論文を，僕はもっと書いてもらいたいね。だから，専門知識を発揮するのは結構だけど，それに加えて単なるファクト・ファインディングだけではないということを，もっとはっきり打ち出すような研究をしてほしい。意識的にやれば，これはできないことはないんですよ。

　要するに，機能論だけでは行き詰まるんですよ。だから，そこにある程度の基幹的なものとか，今後これはいったいどうなるのかという重大な問題提起をしていって欲しい。企業経営と一口に言うけれども，実際にファンクションだけを説明していても，何だこれだけのことかということになってしまうんで

す。それを，やはり単なる機能論だけではなくて，研究者にはある程度の使命感というか，世の中に対して，経営者自身がいろいろポリシーを決める時に，これだけはしっかりと頭に入れておかなければいけないよと発信することが大事かと思います。経営者に対してだけではなくて，中間管理者にも，こういうことが大事なんだよ，と問題意識として投げかけられるということは，やはり歴史をかじっている人が本格的にやれる，やろうと思えばやれるんですよ。

　もとをただせば経営史研究会というのは，企業家論とシュンペーターを合成したかたちのものが出発点になって，企業者史を知らざるものは経営史にあらずという風潮が最初のころはあったわけだよね。チャンドラーさんだって，もともとはA・H・コールの影響を受けたはずだ。ところが，それに満足できなくて，経営者資本主義という新しい観点を自分で打ち出した。彼の一番大事な本は，やはり *The Visible Hand* だと私は思いますね。日本での企業者史研究の場合，向こうで流行った論説を，ただ横を縦にしただけで良かった。でも，その後，もっと創造的に発展させなければならなくなったわけです。これからの人たちには，その方向性をしっかり見定めてやってもらいたいというのが，僕の偽らざる心情ですね。

　チャンドラーさんの経営者資本主義というパラダイムも，ある時期までのGMやデュポンまでは説明はつくんだ。そして，それがうまくいっている時は，これを勉強しておけばいいような話だった。ところが，いまはそれだけではとても説明がつかない。もう一回，違ったかたちで経営者，企業家を見直そうという動きが顕著に出てきたと僕は見るんですけどね。

　日本のビジネス・ヒストリーでは，大きなビジョンや方向性の中で，これからのビジネス・ヒストリー研究というものをやっていかないといけない。東西の壁が崩壊してから，とにかく何でも市場原理主義で何でもうまくいくという考え方が蔓延すると，歴史の教訓というものは忘れてしまうわけだよ。歴史の中にはいろんな教訓が含まれていて，それは失敗のケースもあれば，成功のケースもある。ともすれば，いままで成功したケースだけに焦点を当てて終わってしまう。失敗が，何からどういうふうに出てきたかを明らかにし，その失敗にどう学んだかということが大事なんです。失敗に学べということです。

企業が成功することの意味

●川辺　私もビジネス・スクールで教えるんですが，学生たちがやりたいのは成功事例なんです。うまくいっている，儲かっているから研究対象にするんだというような。

●下川　アメリカのビジネス・スクールでも，そういう傾向はあるんじゃないですか。例えば，GMが一番成功した時というのは，市場シェアが上がりました，フルライン政策を与えました，というだけの話ではないんだ。最近，僕はスローンの *Adventures of a White-Collar Man*（1941）という本を読んでいる。あれは誰も紹介していないから，今度紹介しようと思っているんだけど。それを読んでいると，当時のスローンのような経営者は，自分の会社のことだけではなくて，いかに天下国家を憂いていたということがよく分かるよ。それは大恐慌という深刻な経験をしたということもあるけどね。だから，やはり雇用と賃金をきちんと守っていくのはわれわれの責務だということを至るところに書いているんだよね。

　成功しているという意味はもう一つあって，要するに資本市場で，すぐもてはやされたりするか，しないかという話ではなくて，長期的な利益をしっかり上げて，株価を長期的にきちんと上げていく。それを株主にも労働者にも配分すべきものはする。それを責務と考えてやっていく。ドラッカーがかつて年金資本主義ということを言ったことがある。要するに，年金がきちんと回るような儲け方をしろと。そして，長期安定的にきちんと働いてくれた連中にも，そういうかたちで報いてやれるような資本主義でなければいけないと。だから，目先の利益だけを追うよりも，長期的な利益をきちんとしっかり上げられる。その点では，いわゆるヘッジファンドの動きが目立つ時代だけど，バフェット（Warren Buffett）みたいな人はやはり正鵠を得た見方をしているんだと思うよ。いまの市場原理主義でストックマーケットが混乱してしまうと，機関投資家も目を惑わされているわけですよ。機関投資家がやはり本来の長期的利益を追求する道をきちんと指し示して，それをきちんとやるのが自分たち経営者の務めだと考えるようになれば，世の中はだいぶ違ってくるのではないかなと僕は

思っている。だから，経営者資本主義がうまくいっている時は，同時にこれは長期的な株価も上がっているわけですよ。

それをきちんと配分をしてきたから，ドラッカーはそれを理想化して年金資本主義と言ったわけだよ。彼の考え方は，もともとワイマール共和国時代の労使共存協調という考え方が強いから，ドラッカーのそういう考え方をスローンの後継者たちは異端視したんだ。資本主義の東西対立の中で，冷戦がなくなって，とうとうソ連までが手を上げた。だから，これから市場原理万能主義ですべてがうまくいくと誰もが思った。事実，10年，20年はそうだったわけだよ。でも，続かなかった。最近の混迷を見ていれば，だいたい分かる話だ。アメリカがシェールガスブームで，これからおそらく，しばらくは好景気に沸くことになるだろうけど，それもそういう見方で運営されたら，とんでもないことになるよ。

だから，アメリカがもっとそのへんを整理して，学者もきちんとその方向に沿って，きちんとしたテーゼを出すということにならないとね。正しい歴史観を経営史の中でもっと広げていくことが，これから大事なんじゃないですかね。

●宇田　そうした規範というんですか，ある種ビジョンみたいなものを歴史研究で出していくことは難しいですよね。

●下川　うん。難しいんだけど，そういうものをきちんと，そこに秘めているぞということを，にぎにぎしく強調しなくても，そこまでこちらは見ていますよというところを見せてほしいんだ。みんな，要するに表には出なくても，根底で考えた上での研究だよというのを僕はもっと出してもらいたいね。その点では，アバナシーの *The Productivity Dilemma* は重要な研究だと思う。歴史もきちんと調べているし，同時にこれからの大量生産社会というものは，いったいどちらに向かうべきかということについて，きちんとした回答を出しているからね。いまの環境問題がこれだけ騒がれるようになって，環境問題などを今後，単なるテクニカルな問題にしてしまっては駄目なんだよね。もっと倫理の問題とあわせて共有するような研究が，これからもっと出ていいと私は思っている。だからその点では，自動車公害に対する日本の自動車業界の対応というのは，かなり褒められていい。国際的に見てもね。

また，ケースだけではなく，今後の自動車メーカーの環境戦略というか，こ

ういうところできちんとやれば，こういうことになるという見取図を提示した本が出てきてほしい。ジャーナリストの書いたものはあるけど，やはりまだ本格的な研究というのは出ていない。それから環境問題の歴史をもっとしっかりやる人が出てきていいのではないかなという感じはしていますね。そのほかにもエネルギー問題があり，いろいろこれから世の中は何がどう変わるかというのが見えていないから。目先のことは，パソコンやITが発達したもんだから，なまじそういうデータだけがたくさんあるのだけど。そのデータをどう料理していくかということが全然分かっていない。どう料理すべきかということの問題を投げかける人も少ない。これはちょっと不満足だよね。

●**川辺** 当面の先生の研究テーマというのは，どんなものになるでしょうか。

●**下川** 自動車メーカーの今後の戦略課題を研究している。それから，日本の自動車メーカーのマスキー法導入にあたっての経過，歴史も論文にはしようと思っているんだけどね。日本の自動車会社の競争力の原点だから。やはり，日本企業はやっておいて良かったわけですよ。あの時は，こんなことしたら会社がつぶれると日本の自動車会社は言ったけど。

●**川辺** 先生がいままで書かれた本の中で，経営史家として，これから経営史をやる人たちに向けて，これだけは自分の研究として読んでもらいたいというのを1冊挙げるとするとどれになりますか。

●**下川** 『日本の企業発展史―戦後復興から五〇年―』（1990年）かな。『「失われた十年」は乗り越えられたか』（中公新書，2006年）も，いまや失われた20年になってしまったから（笑）。本当を言ったら，どの本も書き直したら，もっと面白い本になるだろうと思うんだけどね。

森川英正先生インタビュー

日時：2012 年 8 月 9 日
場所：慶應義塾大学ビジネス・スクール
聞き手：橘川武郎（一橋大学）・平井岳哉（獨協大学）・久保文克（中央大学）

森川英正先生略歴

【氏名】　森川英正（もりかわ・ひでまさ）
【生年】　1930 年
【主要学歴】　東京大学大学院
【主要職歴】　法政大学，横浜国立大学，慶應義塾大学，豊橋創造大学
【経営史学会での代表的役職】　会長，常任理事
【主要業績】
『日本型経営の源流』東洋経済新報社，1973 年
『財閥の経営史的研究』東洋経済新報社，1980 年
『牧田環伝記資料』日本経営史研究所，1982 年
『地方財閥』日本経済新聞社，1985 年
Zaibatsu: The Rise and Fall of Family Enterprise Group in Modern Japan, University of Tokyo Press, 1992
『トップ・マネジメントの経営史』有斐閣，1996 年

経営者企業論　人間主体の研究

●橘川　最初に経営者企業論から入りたいのですが、森川先生が世界のビジネス・ヒストリーに一番貢献されたのは、この理論の部分ではないかと思います。

　チャンドラーの評価とも関わるのですが、そもそもチャンドラーが経営者企業論を言ったとされることが多いです。しかし、見方によっては、チャンドラーが明確にそれを言い出すのは、*Scale and Scope* あたりです。私はどちらかというと、チャンドラーと森川説との間にキャッチボールがあって、チャンドラーさん自体が森川さんから学んで、この経営者企業論を展開した面があるのではないかと思うのですが。

●森川　実は、私は法政大学の経営学部の助手になり、それから教師になった時に、経営史を持たせてもらえなかったのですね。それは私が経営学というものを低く評価して、また、あえてその評価を隠さない言動をしたものだから、偉い先生方に嫌われて、あいつには経営史は持たせないということになった。

　ただ、仮にそのころ、私が経営史を持っていたら、何をやったのだろうかと思うんです。そうしますと、私が経営史学会に入ってからやったこととは、ずいぶん違ったものになったのではないか。つまり、経済史の方で経営史学会に入ってこられた方がおられるのですが、何だか、ああいうことになったのではないかという気がしてならないのですね。

　経営史を持たせられないで何をやっていたかというと、「日本産業論」という授業をさせられました。日本産業論をやる過程で、現在の企業や企業活動が日本の産業を大きく転換させていくことをテーマにしていて、その主体となっていた日本の企業家というか、経営者というか、それに興味を持って勉強した。

　しかも、日本産業論というのは現状ですから、現代のその時点での、まさにコンテンポラリーな段階での経営者に興味を持っていた。例えば、橘川さんがされた出光佐三とか石橋正二郎とか。松下（幸之助）さんはあまり研究していないですが、そういった興味を持ってやっているうちに、経営史に戻れるようになった。また経営史に入り直して、経営史研究に打ち込んでいくという道筋があったわけです。

変な話ですが，私が法政で経営史を持たせてもらえることになったのが1964（昭和39）年。ちょうど東京オリンピックの年ですが，面白いことに，経営史学会の設立と軌を一にする。何か巡り合わせなのですかね。

そして，私は経営史学会の幹事に選ばれて，経営史を勉強するようになる。そこで中川（敬一郎）先生，土屋（守章）君，それから由井（常彦）君，安岡（重明）さんなどとも，つながりができていくわけです。

経営史をやる時に私は，かつて日本産業論で興味を持った企業家というものを，もう一回，歴史の角度から取り上げていこうと考えました。経営史の場合でも，企業家，経営者，そういう人間主体の動きを中心にして見ていこうということになっていったのですね。

一方，これはまったくの偶然ですが，立教大学の野田一夫という先生と付き合いができた。野田さんの研究室に行くと『三井本社史』があるんです。上中下巻。それは経団連（経済団体連合会）のものですが，経団連が刊行する『日本経営史』を自分が書くのだという理由で，野田さんは，経団連の書庫にあった本を自分の研究室に持ってきていた。その中に『三井本社史』があった。それを見せてもらいたくて，野田研究室に日参しました。

その『三井本社史』を見て，それを使っていろいろ書きだした。それに，先ほど言った人間主体の研究が重なり合っていったわけです。

あのころの論文は，ろくなものではないのですが，団琢磨，中上川（彦次郎）という三井の人たちが中心でした。『三井本社史』をたどりながら，そういう人たちの研究を進めていった。

そうしていくうちに，結局この人たちは何なんだろうかと考えました。三井の財産は三井家のご主人たちのものなのに，それをいろいろ使う。使うと言っても自由には使わせてもらえないので，適当に口説いたり，迫ったりして金を引っ張り出し，自分たちのやりたいことをやる。そのやりたいことというのは，中上川や団や，場合によっては益田（孝）などに言わせると，天下国家のために有意義な仕事だというわけですね。

それで非常に興味を持って，一方では財閥そのものの研究を進めながら，財閥における専門経営者，そして専門経営者を実質的に動かしている，あれを経営者企業と言ってはいけないのですが，経営者企業的な財閥の経営の仕方とい

うものに興味を持って，三井をやり，三菱をやり，住友，古河をやりというふうに，一歩一歩進んでいったのです。

　三井，三菱，住友，古河をやって，経営者企業論ともう一つ違った立ち位置を獲得した気がするのは，比較経営史というものですね。つまり住友と古河は同じ事業を基盤にして展開していく。では結局，住友と古河の差が大きくついてしまったのは何だろうか。これは，やはり企業者能力の問題になってくるのですが，それを比較経営史という見地でやってみて，経営史の意義を改めてつかんだ。

●橘川　住友と古河を比較しようという発想自体も，当時あまりなかったのではないでしょうか。

●森川　そう思うんですけどね。私がそうでしたと言うと，何かえらくパイオニア的で自分を誇ることになってしまうけど，本当に比較するのにいい組合せでしょう。なぜ，みんなやらなかったんだろうと思うんですね。いまでは誰でもやっていることですよ。日産とトヨタとか，花王とライオンとか。それのいわば口火を切ったみたいな気持ちがあります。

　財閥論，経営者企業論と，もう一つ並べて言うと比較経営史論。それが，そのころつかんだテーマだった。

専門経営者論

●橘川　先生が「専門経営者」という言葉を一番早く使われたというか，定義されたのは，いつでしょうか。

●森川　そうですね。団琢磨をやった時には，まだ「専門経営者」という言葉は出ていないと思うな。

●久保　『財閥の経営史的研究』くらいですか。

●森川　いや，もう少し前ではないかな。英語で言えば，サラリード・マネジャー（salaried manager）ですよね。それをプロフェッショナル・マネジャーと使う人もいたし，スペシャリスト・マネジャーと呼ぶのもいたけれども，これはあまり重視されなかった。プロフェッショナルか，サラリードかというあ

たりが重要で…。
●橘川　その言葉を使った時は，すでにチャンドラーを勉強されていたんですか。それとも，チャンドラーとは独立に行き着いた概念なんですか。
●森川　いえ，チャンドラーからヒントを得ました。
●橘川　そもそもサラリード・マネジャーという言い方は，先生の言葉ではないんですか。チャンドラーが先に言っているんですか。
●森川　ええ。
●橘川　それを専門経営者と訳したのは先生ではないですか。
●森川　そうかもしれない。
●橘川　そうですよね。普通の訳ではないですよね。普通ですと，たぶん俸給経営者とかと訳しますよね。
●森川　そうですね。
●橘川　それをそういうふうに訳すところが，一種のイノベーションだと僕は思うのですが。
●森川　そうですか。そう思ってくださればうれしいので。オーナーというか，資本家というか，そういう機能を持たない，経営者機能に徹した専門の経営者という意味です。どのへんかはともかく，三井，三菱，住友，古河あたりをやった後になって，「専門経営者」という言葉を使い出したのではないかと思います。それで，その時にはチャンドラーの本を読んでいた。それをヒントにしたということではないかと思います。
●橘川　チャンドラーはサラリードマネジャーと言っているかもしれませんが，先生ほど明確に，例えば経営者資本主義を貫く担い手であるというような言い方をしたのはもっと後で，*Scale and Scope* くらいかなと思うのですが。
●森川　*Scale and Scope*。そうですね。順番に言えば，*Strategy and Structure* があって。
●橘川　*The Visible Hand*。
●森川　*The Visible Hand* では，それはなかったかしら。
●橘川　*The Visible Hand* は，どちらかというと，どうやって企業ができたという垂直統合の話ですよね。
●森川　ただ私は，チャンドラーさんが富士コンファレンスで日本に来られた

でしょう。あの時，コンファレンスが終わってから，一緒に一杯飲みながらいろいろ話したのですが，彼に向かって，サラリード・マネジャーというのが先生の経営史の主役ではないかというようなことを言って，彼から，自分もそう思っているというようなことを聞いた記憶はあるんです。だからやはり，彼にとってそこのところは，芝居で言えば一番の大向こうをうならせるものなんだろうな。

●橘川　たぶんそれは事実だと思うのですが，どちらかというと，チャンドラーさんはいろいろなことを言っていて，例えばほかの人に「組織は戦略に従うというのがチャンドラーさんの本質ですね」と聞かれたらイエスと言うでしょうし，「マルチ・ディビジョナル（multi-divisional）という組織論が大事だということがポイントですね」と言われたら，イエスと言いそうな気がするんですよね。

●森川　そうかもしれない。

●橘川　それで私は，先生がおっしゃった言葉で極めて印象的なのが，*Scale and Scope* が出た時，「チャンドラーも三つ又投資と言った」というものです。生産に対する投資，流通に対する投資に対して，もう一つ，人に対する投資というのが入って，それは森川理論がチャンドラーさんに反映されたのだというような，そこまで，ずばりと言ったかどうか分からないですけれども，当時先生が，そう聞こえることを言われたのを覚えていますが。

●森川　ああ，そうか。では，私が初めてチャンドラーさんに富士コンファレンスで会って，彼は，人を主役に扱っていないけれども，重要なプレーヤーと考えていると言ったのかもしれない。

研究手法

●橘川　それでは，財閥論とも絡めていきたいのですが。先ほどの比較経営史の話は何となく必然性を感じます。当時，よく先生が言われたことで，先生は事実から出発した。『三井本社史』の話が出ましたが，まさに『三井本社史』のバックデータにアクセスできるのは三井文庫の人だけとか，三菱や住友につ

いても特定の人しか資料を見られないとか，現在と比べるとだいぶ閉ざされていたと思うんですよね。
●森川　そうですね。
●橘川　そういう状況の中で，ある意味では一次資料と少し距離があるので，かえって先生がきちんと分析されたというか，うがった見方かもしれませんが，そんなことを思うのですがいかがでしょうか。
●森川　かなり好意的な見方でありがたいのですが，一次資料へのアプローチという点では，私は本当に同僚や後輩の先生方に恥ずかしい思いをしているので。

　一次資料をこつこつやっていくのが本当の歴史家であるはずで，そうでなければいけないのですが，何かそういうことをやるよりも，もっと理屈とか論理の仕組みとか，そういうことを考えるほうに熱意があった。それは歴史家として，本当は良くないのでしょうけれどもね。

　そういう意味で言えば，一次資料というのはほとんどやっていない，全然やっていないわけではないのですが，『三井本社史』だって，あれは一次資料とは言えないですからね。1.5次資料ぐらいでしょう。そういう意味では，やはり三井文庫の三井物産関係の資料というのは一番大きかったですよね。それと，三井文庫にある三井鉱山関係の資料ですよね。特に牧田環関係。

　後で残念でしようがなかったのは，私が経営史学会の会長をやっていたころかな。三井鉱山の社史を手伝ってくれと言われたんです。それで行ってみて驚いたのは，たくさん資料があるんですよ。ああ，これは最初からやっておけば良かったと思いました。『牧田環談話』が三井文庫にあるのですが，談話というのは一次資料と少しかけ離れた，本人の弁解とか自慢とかが出てくるでしょう。それよりもっと日記に近いようなもの。そうだ，その前に私は『牧田環伝記資料』で牧田環の日記を読んでいますね。それに近いものが三井鉱山にあったんです。

　残念なことに，それをもとにして三井鉱山の人たちと一緒になって，時間が限られていたので緊急にまとめようとした途端に，三池炭鉱の事故が起きてしまった。そして社史がパンクした。本当に運が悪いんですよ。
●橘川　三井物産の社史も稿本で終わりでしたね。

●森川　そうなんですよ。何かそういう，運のせいにしてはいけないのですけれども。

●久保　先ほど出た，理論と実証のキャッチボールの関連で言うと，一次資料から一定の距離を置かざるを得なかったことが，先生をそういう思考に向けたのか，それとも，理論的な枠組みみたいなものが大事なんだという思いが，もともと若いころから先生の中にあったのか。同時進行だったような感じですか。

●森川　もしそうだったら大変立派なんですが，資料がないものだから，そういう理屈で穴埋めしたところが結構あったのではないかと思いますけどね。この年になって，反省を込めて言えばね。

　経営史学会には本当に資料だけでやっていく人がいるでしょう。私はどうも，資料がないこともあるけれども，ああいうのができない。もう少し一ひねりしたいところがあって。だから久保さんが言ったように，やはり両方なのでしょうね。一ひねりしたいから，資料もないのにいろんなことを言う。もう一つは，資料だけ見ていくのは，あまり食欲が起きないということになるのかな。

財閥論

●橘川　その結果，導かれた先生の財閥論は，幾つか特徴があると思いますが，やはり「人」に注目されたこと。それまで財閥というと資本そのものの独占と言われていて，お金のことが多かったわけですが，「人」に注目されたことが一つ。

　もう一つは，定義を広げたところが特徴だと思うのですね。つまり，普通は三井，三菱，住友だけで財閥だと言いたくなるのを，地方財閥にまで広げられて，財閥というものを非常に広い概念で捉えられた。私が理解するところで，その二つぐらい特徴があるかと思うのですが。

●森川　二つ挙げると，一つは財閥というと，みんなすぐ三井，三菱，住友になるでしょう。それで独占だのコンツェルンだの。そうではないんだろうと。やはり家族的所有・支配と多角的経営なのだと。

そうすると，みんな「そんなの，どこにでもあるじゃないか」と言うわけです。だから，財閥というのはどこにでもあったのだと。中央でも地方でもあったから，それが日本の経済史の特徴だったと切り返すわけですよね。どこにでもあったではないかという時に地方財閥の話を出していくという，論理的な展開もあった。

もう一つは，中央の財閥以外のものを，それ自体として，もっと掘り下げていきたいという気持ち。その時に一番頭の中にあったのが九州の安川や石橋です。

そういう興味があって，全国各地に広げてみた。だから，私は一次資料を十分に見もしないで勝手なことを言って，歴史学者としては大変恥ずかしいんだけれども，その代わり，その分だけ片っ端からいろんなテーマをやって，捨て石として，若い後進の研究者のお役に立ったのではないかなという気持ちはありますね。あちこち，やりすぎたようなところはありますが。

●平井　経営ナショナリズムという概念も，経営者企業論とか財閥論をやっている時に出てきたものですか。

●森川　そうですね。彼らの言説を捉えていくと，どうしてもナショナリズムというのがあった。それは言ってしまえば，日本の資本主義発展のエートスとして役に立った面はあるだろうと。

●久保　地方財閥に広げていったことの一つの理由として，先生特有の反発精神とでも言うんですか。人と違うことに目を向けてやろうというような，そういうところも非常に影響したと思いますが。

●森川　そこはちょっと分からない。

●久保　ただ，そうは言いつつも，ある意味，非常に普遍的なものを求めていかれますよね。先ほどの理屈を追求していくということも含めて。

●森川　ええ，それはそうですね。地方財閥に関しては，人のやらないことをやるというのはあまりないんですが，むしろ，いまおっしゃった普遍的な側面，財閥というのは中央の大きいやつだけではないんだということをやりたかったのですね。

●橘川　日本経済新聞社からの『日本財閥経営史』のシリーズで，地方財閥を選ばれた理由はそのあたりですか。

●森川　そうかもしれませんね。『地方財閥』を私がやりたいという気持ちがあった。それで，日経の担当者が「それは面白い。ぜひやってください」と言ったわけです。

●橘川　財閥のイメージというと，国際的にもバッドイメージだったと思うんですよ。それを，先生の『日本財閥史』（教育社新書，1978年）では，財閥の近代化への貢献を強調された。こういう仕組みがあったから日本は近代化できた，かなり重要な要因だと。しかも，その考えが後発国に対して，ある意味で一般化されていったわけで，やはり先生がつくりだした財閥像というのは相当世の中を変えたと言えるのではないですか。

●森川　そうですか。

●橘川　ある意味では，言い過ぎかもしれませんが，僕は経営史学会というものが日本社会の中で認知されたのは，財閥の見方を変えたということにあるのではないかと思うのですね。こういう学会があって歴史を見ると，まったく違う見方ができるのだなという，それぐらいの意味があった財閥論ではないかと思うのですが。決して褒めるつもりで言っているのではなくて，客観的にそう思うんです。

●森川　ええ。そう言えばそうかもしれない。

　私はいまでも覚えているけど，法政の教師だった時に，ここ（慶應）のビジネス・スクールの非常勤で教えだして，授業で経営史をやりだした時に，財閥の話をしたら，みんなびっくりするんですよ。財閥というのは悪いものだというイメージで来ているのに，いま橘川さんが言ったようなことを言うと，特に韓国の留学生の人は「なぜ財閥を持ち上げなきゃいけないんだ」なんて，かなり食ってかかられたことがありましたね。

　だから，そういうのが一般的な風潮で，それに反論というか，反証をしていったということはあるかもしれませんね。それを私は本気で思っていて，『日本財閥史』の前書きなどでは，そう書いたんですよね。

　『日本財閥史』などは学生のゼミに使うのに向いている。そうしたら，あれを読んでかんかんになって怒った人がずいぶんいたそうです。コンサバティブというか，伝統的な経済史，経営史というか，企業史をやっている人たちは，かちんときたんでしょうね。

●橘川　僕は大げさに聞こえるかもしれませんが，森川説が韓国の研究者を変えたと思うんですよ。それが，さらにタイとかにも影響を与えて。

　後発国は貧富の差があるので，お金がどこかにたまるというところまではよくいくんですが，それを工業化に使うチャネルができない。そこの橋渡しができた国が工業化へ離陸して，それができないところは離陸できないという，かなり一般論につながる。そのポイントが，専門経営者が財閥に入り込んだところにある。そこは森川理論が切り開いた，僕はある意味で，非常に世界的な意義だと思うんです。

●森川　ありがとうございます。実は，そこのところを一番やりたかったんですよね。グローバルな問題として，もっと突っ込みたかったんですけれどもね。そこのところもうれしいことに，アジ研（独立行政法人日本貿易振興機構アジア経済研究所）の人たちは私を買ってくれて，研究会なども呼んでくれてね。

●久保　財閥論から一皮むけて，まさに国際規格のファミリービジネス論みたいな，何かそういうレベルに上がりましたよね。

●森川　そうそう，そうなの。その点は大変うれしいです。私をどこまで意識してくれたかどうか知らないけど，仮に意識していないにしても，お互い同じフロントをつくっていったんだなという気持ちはありますね。

企業家論

●橘川　次は企業家論です。いろいろ取り上げたい人物はいますが，議論の流れから言って，当然，財閥内の専門経営者というのが，一番先生の議論からはまると思うのですね。

　まず，財閥内の専門経営者，それから財閥の外の専門経営者。中原延平みたいな人。その裏返しで所有者経営者に対しては，かなりきつい議論を多く展開されたと思います。その三分野ぐらいに分けてお聞きしたいんですが。

　財閥経営者の中で，何人かすでに名前が挙がっていますが，一番この人と思うのは誰ですかね。

●森川　やはり私は団でしょうね。
●橘川　理由は。
●森川　とにかく，先ほど言った専門経営者が財閥家族の金を使って何か大きな仕事をやるという，一番模範的なことをやってくれた。三池炭鉱の三川坑か。あの開発でね。

　あのころは，いろいろな職業を転々としているのが，むしろ普通だったから，私は，団が専門経営者であると見ることを逡巡（しゅんじゅん）する気持ちはないですね。牧田環は彼の女婿であり，一の子分みたいなものですね。
●橘川　牧田さんは，やはり先生の仕事で世に知られるようになったと言っていいのですか。それは言い過ぎですかね。
●森川　牧田環は知らない人が多かったからね。そこまで言えないけど，知ることになった人が増えたということでしょうね。
●橘川　中上川彦次郎も僕の理解だと，やはり有名になったのは先生のお仕事からではないかなと。
●森川　そんなことはないですよ。

　益田孝は，ちょっと政治に，井上馨に引っ付きすぎていたところはあるけれども，やはり大変な人だったのではないですかね。ただし，先ほど言った三井一族の金を天下国家のため使う時に，正面からぶつかっていくのではなくて，何か裏からちょろちょろやるようなところがあって，政治家なんだろうなと思いますがね。

　最初の論文で，ちょっと益田を悪者にしてしまっているところがあるんですね。ただし，後のほうになって，益田は要するに三井物産でしょう。三井物産から，ずっと工業化を進めていった。東洋レーヨンなどそうですね。あの時は，もう益田はシーメンス事件で引っ込んでいますがね。裏方としては権威を持っていたけれども。

　あの段階では，三井物産がやったものでも，やはり団だったのではないかという気がします。ただ益田は，それにストップをかけなかった。
●橘川　池田成彬は，どういうふうにお考えですか。あまり評価されていないのではないかなという気がするんですが。
●森川　ええ，実はそうなんですよ。中上川の女婿で，一番中上川にかわいが

られていたんだけれども，あの人はどうだったのかな。少なくとも財閥の転向で，三井の仕事をいろいろ切っていった時に，池田は大事な仕事まで，国益志向論者，産業発展論者から見れば，こういうのは残しておいてほしかったなというところまで切っているんですよね。銀行というのはそういうものだと言えば，そうかもしれないが。

それを牧田が，何か忘れたけれども，事業のことで，「ああ，あれまで切ってしまったのか」なんて言った談話筆記がありますよ。仲も良くなかったのではないかな。

●**平井** 三菱はどうですか。僕は先生の授業で，2代目の（岩崎）弥之助について，おお，そうなのかと感心しました。それまで（岩崎）弥太郎のほうが表に出ていて，弥之助はあまり目立たなかったように思うんですが。

●**森川** そうそう。目立たなかったんですが，調べていくと，弥之助のほうが大きな仕事をしている。弥太郎は病気で寝ていることが多かったから。

●**橘川** あれも斬新というか，大きなファクト・ファインディングですよね。弥之助が三菱のもとをつくったという話は。

●**森川** そう私は思うんですが。ただ，これは一次資料があまりないし，あまり大きなことは言えないんですよ。せいぜい弥太郎は偉いけど，弥之助を忘れてはいけないぐらいのことしか言えません。

●**橘川** 荘田平五郎は高く評価されていますね。

●**森川** あれは専門経営者と言っていいのかしら。中上川と共に福沢（諭吉）の思想を一番受け継いでいる人でもありますね。しかも彼は大分県の臼杵ですからね，福沢諭吉の…。

●**橘川** そうか，同郷なんですね。近いですよね。

●**森川** そうでしょう。慶應の福沢諭吉先生の亡くなった後の塾頭候補に，彼の名前が挙がったという事実があるんですね。小幡篤次郎とか，小泉信三のお父さん（小泉信吉）とか，ああいう人と並べられる人材であったことは間違いないみたいです。荘田と弥之助のコンビが一番大きかったでしょうね。

●**橘川** 住友はどうですか。

●**森川** あそこはお役人出が多いんですよね。だから面白みがないです。

●**橘川** ええ。東大法学部ばかりですよね。

●森川　そうだね。
●橘川　鈴木馬左也は。
●森川　鈴木馬左也なんていうのは，人間としてはつまらないと思うんです。ただし，住友商事をつくらなくて住友財閥の倒産を避けたというのは，しかも，彼の鶴の一声だったというのは，やはり偉いんでしょうな（笑）。
●橘川　古河はどうですかね。これは専門経営者というよりも…。
●森川　あれは逆に，面白そうな人間はいっぱいいるんだけど，あまりスケールが大きくないんじゃないかな。中島久万吉とか，中川末吉とか。中川は，工業化に熱心だったという意味でね。だけど，彼も専門経営者かどうか問題なんですよ。やっぱり（古河）市兵衛の血筋ですからね。
●橘川　専門経営者の中で，財閥外の中原延平に目をつけたのは，どういういきさつなのでしょうか。
●森川　あれは東燃（東亜燃料工業）の社史をやったという，それだけなんですが。
　東燃といったら，やっぱり中原さんでしょう。中原さんには30年史のほうで対談をしたし，資料も見せてもらったしね。それで，中原さんなら経営者としては優れた人だなと思ったわけですよ。
●橘川　『中原延平日記』は後で見られたんですか。
●森川　ええ，あれはずっと後。中原延平さんが亡くなって，（中原）伸之君が公開してからです。
●橘川　その専門経営者の対極で，よく批判されていたのは堤義明などですが，あるいはそもそも所有経営者に対して総じて辛口だったと思うのですが，ここはいかがでしょうか。
●森川　私は，とにかく堤清二という人は，文学者としては別として，会社経営者としては駄目なんだと思う。金持ちの息子というのは。義明，清二というのは，両方とも評価しないな。
●久保　石橋もそうですか。石橋正二郎とか。
●森川　正二郎は良いけれども，問題は息子でしょう。幹一郎でしょう。幹一郎は，人柄はいいんですよ。だけど，やはり経営者としての能力という点から言えばね。

●橘川　創業者は，例えば出光佐三とか石橋正二郎とかは，ある程度 OK なんですか。

●森川　だって，事業を興して，それを大きな会社にしたという人は，やはり偉いですよ。

●橘川　豊田喜一郎も含めて。

●森川　そうそう。喜一郎のお父さんも含めてね。やはり創業者というのは，人間的なところは知りませんよ。仕事をしたという点では偉いのではないですか。それに比べて，その息子はという話になるわけ。

●橘川　本田（宗一郎）なども，やはり同じような意見ですか。

●森川　偉いのではないですかね，と思います，私は。

●橘川　堤兄弟のおやじさんはどうですか。

●森川　堤康次郎もすごいのではないですか。経営者としての能力，パフォーマンスということを言ったら，それは創業者というのは，私はみんな偉いのではないかと思いますよ。

　それと比べて，財産，事業を引き継いだ 2 代目，3 代目というのが良くない。統計的に，創業者だけの能力を持った人物が，一軒の家に次々出てくるわけがない。私がいままで見た中では，創業者に比べて 2 番目のほうが優秀だというのは，丸井（株式会社丸井グループ）ぐらいではないですかね。

●橘川　では，このへんで渋沢栄一にいきましょうか。

●森川　私は渋沢を企業家じゃないと言っているだけで，渋沢は偉いか悪いかといったら偉いですよ。日本産業の早期に，あれだけのことをやったんだから。パフォーマンスから言ったら立派なものですよ。

　だから，そんな点は，私は一つも否定していない。ただ，彼は企業家ではないと言った。

●平井　第一銀行頭取ですよね。

●森川　そうだよ。

●平井　渋沢栄一は，その当時の業績では駄目なんですか。

●森川　だって彼は 100 社ぐらいの銀行，会社の頭取，社長をやっているんだよ。第一銀行を含めて。それに，あれは自分の銀行じゃないでしょう。

　渋沢は，井上馨に代表される明治政府と企業群との間をつなぐパイプとして

働いて，有能なわけですよ。その関係でいろんな会社の株を持って，重役になっているわけでしょう。第一銀行だってそうなんですよ。月に1回しか会社に出てこなかったなんて，そんなの企業家と言うのかな。

チャンドラー

●橘川　チャンドラーとの関係とか，ここから経営史学会，経営史学全体の話をしたいのですが。まず，先生がチャンドラーに最初に会ったのはいつですか。
●森川　第1回富士コンファレンスです。あれは，たしか1974（昭和49）年。テーマは Strategy and Structure だった。呼ばれた先生は，チャンドラーと，ユニリーバの研究をやっているイギリスのウィルソン（Charles Henry Wilson）ですね。二人だけだったこともあって，とにかくチャンドラーさんの研究会だった。人柄もああいういい人ですから，すっかり喜んでしまって，いろいろそばに近づいていって教えていただきました。人柄の評価でいうと，あの人を批判する人はいないのではないでしょうか。
●橘川　先生はボストンには行かれているんですか，チャンドラーのところに。
●森川　行っています。それは私の本をチャンドラーさんが，あれは東大出版会から出たのですが，英語版をハーバードプレスから出すと言ってくださったので。
　ところが，私が書いた原稿の翻訳が遅れた上に，その翻訳の修正が遅れまして…時間がかかってしまい，結局，期限に間に合わなくなってしまった。
●橘川　読まれた本というと，やはり Strategy and Structure あたりからですか。
●森川　ええ，そうです。これは，私が経営史学会に入って，第1回大会が行われる前，研究会があってね。私は毎回熱心に出て，そこで土屋君なんかと知り合って，「Strategy and Structure という本があるよ」と聞いた。それを読んで，もう本当に大感激したものです。
　それを読んだ私の一番の印象としては，法政にいた時，経営学について聞かれ，私は「あんな訳の分からない学問は嫌です」と言っていたわけですが，チャンドラーの本を読んでみたら，経営学は大事な学問だということを知ったわけ

です。だから，経営学をやって経営史をやるのではなく，経営史を勉強し始めて経営学の大切さが分かったということですね。
●**橘川** それは，やはり四つのケース・スタディがきっちりとやられているところが良かったんですか，それともロジカルなところですか。
●**森川** むしろロジカルなところですね。
●**久保** でも，ドラッカー（Peter Ferdinand Drucker）とかいたわけでしょう，その前から。
●**森川** ドラッカーもいたし，それからバーナード（Chester Irving Barnard）とか，サイモン（Herbert A. Simon）とかもね。でも，ああいう理屈だけではなくて，具体的な事実に基づいて会社経営というものは，かくあるべしみたいな研究はなかったですから。
●**橘川** そうすると，やはり四つのケース・スタディも重要なわけですね。
●**森川** ええ，それはそうです。それから序論的な鉄道のところもね。また，何といっても，あれを読むと，組織とは何かといったら「権限とコミュニケーションのシステムである」みたいな。ああ，こういうことをやるのが経営学か。これは経営学というのも捨てたものではないな，なんて気持ちになるわけですよね。
●**橘川** その後の *The Visible Hand* は，どうですか。
●**森川** *Strategy and Structure* に比べて感動はなかったですね。
●**橘川** 衝撃は少なかった。
●**森川** ええ。そうですね，職能部制の組織の始まりみたいな話ですね。ああ，そうか。そのころ私はチャンドラーをずっと読んでいて，*The Visible Hand* を構成している論文は読んでいたんだな。だから本が出た時，あまり感動もしなかった。
●**橘川** *Scale and Scope* になると，かなり意見が近くなったわけですね。先生が，チャンドラーさんに最後に会ったのはいつですか。
●**森川** チャンドラーさんに最後に会ったのは，彼が学士院賞を受賞した時です。学士院賞を受けるに当たっては，脇村先生などがいろいろと面倒を見られて，そしてチャンドラーさんが日本に来て，そこで一緒に食事をしたりしました。

私は，チャンドラーをやはり一番評価するし，彼に学ぶべきものはまだまだあると思っています。ただ，同じではない。そして，やはり勉強すればするほど離れていくのではないか。そういう意味ではチャンドラリアンではない。
　ただし，私が言いたいことは，ある時期からチャンドラーがわあっと有名になった後，チャンドラーをわんわん批判する人が出てきたでしょう。中小企業はやっていないとか。私は，あの連中を，あまり評価しないです。あの人たちは，自分の言いたいことを言うためにチャンドラーを批判しているようなところがあってね。

経営史学会の過去，そして未来

●橘川　チャンドラーは日本の経営史学会に大きな影響を与えたわけですけれども，経営史学会は創立50年で，この企画もやっているわけです。その50年の流れを概観すると，どんな感じですか。
●森川　そうですね。富士コンファレンスがあった時となかった時というので，ずいぶん大きな違いがありますね。最初の10年と，富士コンの25年と，その後というふうに分けて見ると，最初の10年というのは，もう本当に何というか，滅茶苦茶でしたね（笑）。だって，経営史なんか全然理解しない人がやってきて，わあわあと発言するし，その中にはマルクス学者もいる。10年ぐらいたって，やっと経営史研究とはこういうものだというのが分かってきて，富士コンが始まったのは，非常に良かったと思います。
　ええ。それで，50年の流れがどうだったかということで，もう一つの意見を言わせてもらうと，ほかの学会もそうなのかもしれないけど，何かテーマが小さくなってしまったような気がします。そう感じませんかね。私みたいな大風呂敷を広げるのは，あまりよくないんだけれども。
●平井　昔に比べて論争が少なくなったとか，そういうことですか。
●森川　そういうことになるのではないかな。
●橘川　論争するにも，確かに細かくなりすぎていて，論争が起きないのかもしれないですね。

●森川　何か外国で，経営史だけとってみて，目の玉の飛び出るような斬新な研究が出たなんてことはないの。
●橘川　例えばクリステンセン（Clayton M. Christensen）の『イノベーションのジレンマ』は，経営史だと言ってもおかしくはないです。チャンドラーに近い，時間軸を入れたケース・スタディで。
●森川　では，それでいいから，クリステンセンを取り上げて…。
●橘川　呼ぶとか。そういう話にならない。
●平井　あまり経営史で，そういうフレームワークに関わるような論争とかないですね。
●森川　そう，そこなんだよ。
●橘川　では締めに行きますか。森川先生が50年を振り返って，何か全体的な感想，あるいは次の世代に対する期待といいますか，経営史学に対する，共に学ぶ人たちへの贈る言葉をお願いします。
●森川　そうですね，贈る言葉。この10年ぐらい勉強しなくなって申し訳ございません（笑）。

　やっぱり月並みな言い方になるけど，歴史を勉強するということは，どんな専門であれ大事なことで，特に経営史の場合には，経営史を通じて企業を動かすダイナミズムというものを知って，それを知ることによって経営学という学問も初めて理解できるというか，興味を持つわけですから，とにかく経営学をやる時に経営史という授業は絶対に必要だと思います。

　私は，経済学以上に経営学の場合には，歴史が必要だと思うんです。歴史で，きちんとビジネス・ダイナミズムの現実のあり方というのを教えておかないと，現実というか，歴史も含めて，本当に訳が分かるのかな。だから，経営史という科目の存続には，みんな努めていただきたい。

　あと，勉強というのは，めいめいでやるんだけど，やっぱりスケールの大きなテーマを選んでいただきたいという，それぐらいかな。

　それから，何とかスポンサーを見つけて（笑），国際会議を，コンファレンスを再開してほしいな。誰かいませんかね，本当に。

由井常彦先生インタビュー

日時：2013 年 1 月 14 日
場所：東京日本橋の三井記念美術館文庫長室
聞き手：島田昌和（文京学院大学）・松本和明（長岡大学）

由井常彦先生略歴

【氏名】　由井常彦（ゆい・つねひこ）
【生年】　1931 年
【主要学歴】　東京大学大学院
【主要職歴】　明治大学
【経営史学会での代表的役職】　常任理事
【主要業績】
　『中小企業政策の史的研究』東洋経済新報社，1964 年
　『日本の経営発展―近代化と企業経営―』東洋経済新報社，1977 年（共著）
　『セゾンの歴史（上・下）』リブロポート社，1991 年（共編著）
　『革新の経営史―戦前・戦後における日本企業の革新行動―』有斐閣，1995 年（共編著）
　『堤康次郎』リブロポート社，1996 年（共編著）
　『豊田喜一郎伝』名古屋大学出版会，2002 年（共編著）
　『安田善次郎―果報は練って待て―』ミネルヴァ書店，2012 年

土屋喬雄先生との出会い

●**島田** 由井常彦先生のヒアリングを始めさせていただきたいと思います。まず，研究の歩みということで，やはり指導教授であられた土屋喬雄先生からどんなご指導や影響を受けて先生の経営史をつくられたか，そのへんのところからお聞かせいただけますか。

●**由井** 土屋先生との縁は，私が文Ⅱ（東京大学教養学部文科二類）に入ってからです。私のころ文Ⅱは作家志望が多く，大江健三郎さんもいたし，中学生以来親しい井出孫六君は直木賞を取りました。社会学の富永健一君も，夏目漱石ばっかり読んでいた。あのころは，ちょっとそういう雰囲気があったんです。

法学部はどうも立身出世みたいであまり行きたくない気がするなんて思っており，小林秀雄の弟分の河上徹太郎という高名な評論家に弟子入りをしようと思って頼みに伺ったら，断られ，文学は早々に断念しました。

それで，僕は経済へ移って，それから経済史をやろうと思った。土屋先生はそのころ著名な大家でした。土屋先生は右と左とパージされたことが逆に世間的には評価されたこともあって，土屋先生が東大に戻ってきたと，熱気があるぐらい教室でも人気がありました。それで土屋先生のところに入って，日本経済史の勉強をしようと考えた。その時も僕は何となく，同じ経済史でも経営史的なことをやりたいというような気持ちがあったんです。

ところが入ってみたら，われわれの先輩はかなりラディカルなんです。先輩は経済史に限らず，ほかの分野も非常にマルキシズムが盛んで，かなり政治的で，それで労農派・講座派論争がすごく激しくて，みんな労農派か講座派かというふうに議論をされている時でした。

しかも，私が学部に入学した時，助手に安藤良雄ゼミ出身で安良城盛昭（あらき・もりあき）という人がいた。安良城さんが助手で一時，土屋先生の代講もしていたんです。そうしたら，安良城さんが書いた「太閤検地の歴史的意義」という論文が当時大ヒットしました。要するに，安良城さんの太閤検地の歴史的意義というのは，江戸時代が純粋封建制だという主張です。その意見はかなり講座派に近かった。だからこそ，明治以降も半封建制だということにな

る。江戸時代を生産物地代の純粋封建制と言った人はそれまで誰もいなかったので，非常に影響力があって，安良城さんは一躍祭り上げられて，時代の寵児（ちょうじ）みたいでした。土屋先生は，江戸時代を後期封建制と言っていました。でも，土屋先生も若い時は相当にラディカルで，昭和初期に『中央公論』に掲載された，本庄栄治郎博士の見解を克服するという論文がすごく有名だった。これは「京都大学教授の本庄栄治郎という大家が書いている『日本経済史』は，経済に関する歴史的事実を書いているだけで，何が本質かというようなことは論じられていない」と批判したんです。それは先生に問うという論文だったそうですが，それを出版社が，「博士を克服する」と改めたものです。事実，土屋先生はあっという間に若手のホープになった。

土屋先生は，『日本経済史概要』正続を書かれたが，ここでは江戸時代は後期封建制であって，純粋というような言葉は使わなかった。むしろ中世までが前期で，江戸時代は後期とされた。安良城さんは，後期ではない，純粋封建制と規定した。つまり，関ヶ原の戦い以前は，一種の農奴制というのか，非常に古い体制で天皇が力を持っていた。安良城さんは僕らに，関ヶ原の戦いはすごく意味がある，関ヶ原の戦いまでの戦いは，敵味方両方が朝廷のほうにきちんと通知がしてあった。ところが，関ヶ原は最初から最後までそれが何もなかった。つまり朝廷を無視しての戦闘が起こっている。だから，それから後の大名領国制というのは，要するに，ヨーロッパの純粋封建制に似た，完全封建制だというわけです。

そして，これは講座派に結び付いて，労農派には結び付かない。だから，土屋先生はやっぱり意外と思われた。土屋先生は，途中から「いや，それは分からないよ。もっと研究しなきゃ駄目だよ」とか，「木に竹をついだような見方だ」とおっしゃっていた。

それで僕らが入った時，安良城さんはそんなふうに評価された時代で，東大はじめ大学院生はどちらかというと講座派一色みたいになっていて，講座派でないのは俗物史観みたいに言われた。それで土屋先生は，あまりにも講座派が強くなって不愉快だったでしょう。学会にはあまり行かなくなってしまった。

そして，当時人気があったのはもう一つは宇野（弘蔵）理論ですね。理論のほうは宇野理論，歴史は大塚（久雄）先生の大塚史学が人気を呼び，講座派は

大塚史学を背景にびしっと決まったような感じでした。僕は宇野先生の『経済原論』という本をとても読んだものです。こういう風潮のもとで，土屋先生は僕の立場をよく理解されていて，「君は大学院に入ったら，早稲田の小松（芳喬）先生のような先生になりなさい。小松君は非常に優秀な学者で，時流にも潮流にも流されず着実に勉強していて，イギリスにも行ってきた」と言われた。僕は，それでだいぶ励まされて入ったんですが，1950年代には岩波から『現代資本主義講座』が刊行され，講座派が強くなってしまった。一時は土屋先生はちょっと四面楚歌みたいだった。その後，山口和雄先生が後任として来られて地道な研究に励まされ，だいぶ変わりましたが，定年で東大を退かれたころの土屋先生は，結局，日本銀行の仕事と渋沢栄一関係の仕事に熱中するようになっていて，渋沢栄一伝記資料の仕事と第一銀行史と日銀の金融史資料と，この三つを主にやっておられた。

商工政策史との関わり

●由井　それで大学院生になって，土屋先生に専門を相談したら，「渋沢伝記資料はもう終わってしまったから，君は商工政策史が始まるから，そっちをやってくれたまえ」と言われた。『商工政策史』は，土屋先生のなかでは「興業意見」から始まるもので，大正期の高橋是清が農商務大臣をやった時代を研究する。その後，昭和になって吉野信次さんという大物次官だった商工省時代を研究する。それから，もちろんそれは岸信介の統制の時代が続く。要するに，大正から昭和初年には優秀な人材がいっぱいいた。だから，戦時中は別として，一応，殖産興業を成功させている商工省の歴史をまとめるというわけです。

　それ以前に『商工行政史』3巻が出たが，内容においては不十分だというわけです。しかし，通産省はあまりやる気がない。だが，土屋先生はすごく熱心にその意義を説かれた。その時の官房調査課長が，有名な『官僚たちの夏』の主人公のフランスに行った両角（良彦）さん。両角さんが調査課長で，土屋先生は両角さんに本格的に『商工政策史』の刊行が必要だとすごくしつこく言い

続けました。
　結局1年にせいぜい1巻ずつぐらい出して細々やろうということになりました。部屋はないから，廊下のスペースを編集室とし，みんなぼろぼろの机で仕事をすることになりました。黒い袖カバーを支給された。それで，僕と1級下の藤沢清作君（のち新日鉄調査課）とで行って，それで土屋先生と山口先生，4，5人でごそごそ始めたんです。
　その時に，冒頭から中小企業と公益企業をやれと言われた。公益企業を先にやれとおっしゃられた。公益（電力・ガス）のほうは，僕が戦前で，戦後は松島春海さん（のち埼玉大学）がするようにという話でした。松島君というのはいま病気で休学中だが，電力専門だから彼が戦後を担当し，戦前は君が持ってと言われました。そこで僕は，戦前の，前半のほうを先に書いてそれを修士論文にして，それから中小企業に取り掛かった。中小企業は結構面白いし，資料もあった。でもこの間，土屋先生から指導らしい指導はなかった。経営史をやりたいけれど，こうしたわけで中小企業の政策史研究を主としつつも，同時に経営史の研究にも着手しました。経営史は，会社企業発達史をやろうと思った。大塚先生の名著『株式会社発生史論』をお手本にした会社史研究が一番オーソドックスだと思った。「わが国会社企業の先駆的諸形態」という論文を書いていたりしていた。
　そして，高村（直助）さんが書いた企業勃興期のようなものをまとめたいと思っていた。ところが，中小企業の政策史を早く出さなきゃ困るというような話があって，中小企業の研究に専念し，だいたい書き上げて持っていったら，山口和雄先生がその原稿を見て政策史とは別に，少し短くして戦前については単行本にしなさいと言って下さった。それで，中小企業政策史をドクター論文として提出しました。確かその時は，僕は3番目でした。大河内暁男君が僕よりちょっと前にイギリス鉄鋼業の研究をまとめて博士論文とし，それから，2期先輩の山下幸夫さん（中央大学）がイギリスの経済思想の研究をまとめて博士論文を出した。

若き日の土屋先生

●**由井**　土屋先生は，ある意味ではすごく強いタイプの大学者でした。自分の父親は，東大法科の第1期で，すごい秀才だった。幕臣だったから，その後，官庁に行ったら，どこにも入れなくてね（笑）。それで自分が見下したりとか，自分のライバルみたいな人が薩長閥だったりすると，どしどし出世しているんで，すごくしゃくに障って，弁護士になったけど，酒を飲んでばかりいた。そして，三十いくつかで死んでしまったそうです。それで，土屋先生は子ども4人のうちの長男だったから，養子に出された。土屋先生のお父さんの大原さんと親しい人で土屋という弁護士さんが仙台にいて，土屋先生を養子にやったというわけです。

　土屋家の養子になって仙台に行ったんだけど，その家もそんなに豊かではなくて，土屋先生はまき割りから風呂たきまでやらされて，何としても偉くなりたかった。それで，仙台一中にどうしても入りたいと言ったら，親に学費は出せないと言われた。1番なら学費が免除だったから，それで，うんと勉強して仙台一中を1番で通して，二高も1番を通したということでした。だから，「土屋はガリ勉だ」とか「ガリ勉できちがいだ」と言われたけど，「そうじゃない，学費がなかった」からということでした。

　渋沢敬三先生と二高の時に一緒だったけど，渋沢さんは後ろのほうにいて，土屋先生は最前列でインクつぼを置いて，先生の前で全部ノートをとっていた。渋沢さんは後ろのほうで，にやにや笑っていたそうです。

　それで，渋沢先生と土屋先生は，まるで出が違うけれども親しくなった。土屋先生も渋沢さんをすごく尊敬しておられた。僕も一時勘違いしたけど，土屋先生が渋沢家から学費をもらったということはない。土屋先生はもっと潔癖で，そういうふうに授業料免除で通された。

　ともかく1918（大正7）年に東大に入った。そして，お茶ノ水から降りて東大に向かってゆくと，昌平黌（昌平坂学問所）があった。昌平黌は，新井白石はじめ，みんなここで勉強して，土屋先生はそのことをよく知っていて，「昌平黌の前に来たら身が引き締まった」と言われた。また当時，大学令というの

が出て，それを見たら，「大学とは学問の蘊奥（うんのう）を極める」と書いてあった。それまでに塚原卜伝とか岩見重太郎の講談を読んでいると，武芸は蘊奥を極めるというものがある。ああそうか，大学も同じように学問の蘊奥を極めるところだと，土屋先生はすごく奮い立ったんだそうです。やはり俺は学問以外ない，立身出世もしたいけれど，学問の蘊奥をきわめねばならないと思ったそうです。

そして，明治大学が近くにあるわけで，昌平黌の前にある明治大学はやはり素晴らしい。その時はいまと違って，お茶ノ水の周りは屋敷町だったわけです。その中に明治法律学校ができて明治大学となった。だから，土屋先生にとっては早稲田，慶應はあまり目に入らなかったわけです。

このように土屋先生は，すごく貧乏で，弟の学費の面倒まで見た。だから，まるでお金がなかったと言っていた。だから，明治大学の教授も戦前には兼務し，「教授事件」のような東大の中のごたごたの時には，どちらにもつかず，ただ黙っていたそうです。自分も放り出されると食っていけないというか，本当に危機感があった。

土屋先生の学問

●由井　その代わり，万年助教授で教授にはしてもらえなかった。ところで1931（昭和6），32年になると，本庄博士を克服した土屋先生が，今度は服部之聡はじめ講座派と論争しはじめ，またジャーナリズムの関心を集めることになりました。

土屋先生自身が書いたものに，その時自分はゾンバルト的なもの，セリグマン的なもの，マックス・ヴェーバー（Max Weber），そして発展段階論を学んだのがありました。土屋先生はその前に2年間ドイツに行ってきたから，いくつかの経済史のアプローチを研究したというわけです。それで自分はマルクスを使いながら，マルクスを下地にしながらも，少しセリグマンを加味したというような感じでした。

それで，土屋先生は先輩の経済史の大家とその手法を質問し，私（土屋）か

ら見ると，どれにも属していないようだが，それではいったい科学性というものはどうなるのですかという質問だった。科学的とは言えないのではないかというふうに読めると，質問した。それが「克服する」になってしまった。それからしばらくして大論争が起こって，日本の近代史の理解をめぐって講座派と労農派が対立した。海の向こうのソ連のほうは，コミンテルン32（年）テーゼで講座派が正しいと言ったものだから，経済史家はじめ近代史の研究者は，それもあって，なだれ落ちるように講座派になってしまった。

それが戦後，それも1960年代になって，エイドースという学者がソ連に出てきて，日本の資本主義について講座派は必ずしも正しいとは言えないのではないか，32テーゼは正しいとは言えないのではないかという議論を出した。明治日本はむしろ政府と一体になった近代化というように，ちょっとサン・シモン（Claude-Henri de Saint-Simon）的なことを言ったわけです。どちらかというと，労農派的なことを言った。土屋先生は，それをものすごく喜んで，「どうですか，ソ連も変わったじゃないか。僕は30年間近くも批判されていたけれど，エイドースは僕の立場じゃないか」と言っていた。

だけど，そういうことがあって戦後の昭和30年代，40年代は世間的あるいは経済界ですごく人気があった。大先生で，新しい見方にも通じている，それも講座派とは違って，一言で言えばそんなに過激ではない。講座派になると，すぐ革命しなければみたいになるけど，革命的ではない。だから，当時の（講座派的な共産党とは違った）社会党が乗りやすかった。

土屋先生と経営史

●**由井**　東大を退いて明治大学に移籍した時，明大側は，特に佐々木先生（吉郎。経営学部長，のちの総長）は土屋先生を引っ張った。新しくできた経営学部のほうに来てもらいたい。経営学は経済学と同様に理論と歴史と政策と三つから構成される。政策は経営学では管理論にあたる。理論と歴史と管理論が中核だから歴史はすごく重要で，「ぜひ土屋先生，開拓的にやってくれ」とのことでした。だから，土屋先生はとても喜ばれ，経営史家になった。一方で講座

派からずいぶんやられてきたからです（笑）．それもあって，社経史（社会経済史）や土地制度史などの学会に出なくなっていた．

　だから，そのへんで経済史の勉強は終わりにして，渋沢栄一の伝記資料，ついで五代友厚の伝記資料に取り組み，それからちょうど『稿本三井家史料』が出たので，土屋先生は真っ先に研究して，江戸時代の三井高利と明治期の渋沢栄一を中心とした『日本資本主義の経営史的研究』という本を出した．その本は明治の講義のテキストになった．

　これが体系的には最初のテキストでした．脇村（義太郎）先生の経営史という授業は面白かったが，体系はなかった．毎年かなり内容が違っているんです．ある時はイギリスを中心にやってみたり，ある時は日本を取り上げたりしました．脇村先生の経営発達史は，むしろ紡績業の話とか海運業の話とか，経営史的というよりも産業史だった．人物産業史みたいだった．

　土屋先生はそうではなくて，明治大学でやる時，日本経営史は自分が最初だと思う，と言ってらした．それで，講義の内容は，江戸時代については三井を取り上げて，三井越後屋は世界的に見ても素晴らしい経営であることを明らかにした．三井越後屋の経営とその発展が最初の部分です．次が渋沢栄一と日本の資本主義の発展のような，渋沢栄一と日本の近代化の解説だった．

　それから，面白いことに3番目のテーマがあった．3番目は，経営史には中小企業の経営史も必要と言われた．江戸時代は三井が中心で，だいたい商業流通を論じられ，それから，明治以降は渋沢さんを中心にいろんな銀行，近代産業をテーマとする．だけども，それだと中小企業が抜けてしまう．中小企業と簿記会計も抜けてしまうと言って，簿記会計は自分の専門ではないから，三菱石油にいた西川孝治郎さんを招いてインフォーマルに2回やらせていた．

　中小企業も要るというわけですが，土屋先生が考えているような中小企業の経営史のいい本はない．そうしたら，山崎豊子の『暖簾』という本を持ってきて，それを中心にやられた．大まじめでした．

土屋先生と社史

●島田　土屋先生も結構,社史を手掛けられているんですか。

●由井　一番有名なのは,日清紡（日清紡績株式会社）です。日清紡の70年史は土屋先生監修です。それから,三つ四つある。日本皮革という皮革業で日本最初からのリーダー会社でも,土屋先生監修で,僕と宇野（脩平）さんという人で書いた。もちろんレベルの高い『第一銀行史』を編集された。それから,ほかにも土屋先生は適宜いろんな人に勧めたりもしていた。

　それから,大きい会社では浅野セメント。浅野セメントは,確か2巻本で本編と序編,厚い本だった。それは土屋先生がうんと詳しくしなさいと指導され,浅野セメントの会社の人たちが書いた。立派な本です。

　それから,大きなプロジェクトに日本通運があった。日本通運は本格的に,通運史,流通史も含めて本当に大きなプロジェクトだった。安藤先生が土屋先生に代わって監修者になった。相談に来ていた中で,僕らが一番面白いなと思ったのは日通でした。予算も多額が計上され,輸送交通の歴史も全部分かる相当な大きな本だった。

●島田　そうすると,会社史と経営者伝と資料ですよね,日銀にしろ何にしろ。そういう三つのジャンルというのは,それぞれ全部手掛けたのは土屋先生が最初でしょうか。

●由井　土屋先生が最初だと思います。それから『丸善百年史』もそうです。だから土屋先生は,その点ではとても忙しかった。いろんな人が来て,相談に来いと言われると土屋先生はみんな会っている。渋沢栄一のようです。中小企業の方にも会った。だから,私の家も『与志本五十年のあゆみ』を刊行していますが,土屋先生が私の父たちに,ぜひとも木材史をまとめなさいと言われたからです。

　それで,僕が原稿を何とか書き上げて先生のところに行くと,「こんなちっぽけじゃ駄目」と批判されました。「林業なんていうのは,もっと,少なくとも300ページぐらいのどっしりしたものを書くべきです」なんて言われたことがありますが,それぐらいレベルの高いものを勧めていた。

「産業人は成功するのにすごく苦労するんだ。その苦労を書きなさい」が口癖でした。労働者ばかりではなくて「経営者はもっと苦労するものだよ」と言われ，堤康次郎を評価していた。それで，土屋先生は私どもより数年年上の堤清二さんをかわいがっていた。堤清二さんも土屋先生を尊敬していて，時々顔を出していた。土屋先生はそういうこともあって，また講座派から財界寄りと批判される理由にもなった。財界人ばかりもてはやして労働者のことをあまり書かないとか，そんなことを言われたけれど，土屋先生は『経営理念史』で強調している信念みたいなものがあった。

そういう点では，土屋先生はマルキストではなかった。土屋先生はきっと，内心ではセリグマン，プラス，マルクスというものが基礎だったのではないかな。セリグマンというのが主体にも見えた。ただ，先生はヴェーバーはあまり深く読まなかった。だから，大塚先生たちとしては，そこを強く指摘された感じがある。

●島田　でも先生，『日本経営理念史』は，ヴェーバー的な感じがするのですが。
●由井　そうですね。だが，あれはヴェーバーを使いながら，大塚先生を批判しているのです。丁寧に読めば分かる。大塚先生が正しくないということを言うために，土屋先生はヴェーバーを持ち出したというところがあります。大塚先生は営利欲がない人間はいない，ヴェーバーは理念・精神と営利主義を対立させていない，と言っておられた。

初期の経営史学会

●島田　経営史学会ができる時に，やはり中川（敬一郎）先生が留学から帰ってこられてというので，アメリカの影響が，もう一つの源流であるようですがいかがでしょうか。
●由井　もちろんそうですね。
●松本　それでも土屋先生が築かれてきたものというのは相当大きいわけですね。
●由井　ええ，それは大きいです。膨大な実証主義研究の成果を築かれました

からね。それから，中間的に山口和雄先生が，すぐに経営史がすごく必要だと言った。それから大阪の宮本（又次）先生が，まったく経営史が必要と言った。この二人が経営史学会の発展に大いに寄与された。二人とも，要するに人間の主体性は大事だ。ビジネスの主体の経営者についてもっと研究すべきだ。土屋先生がおっしゃる，苦労を書くということと通じていた。

●島田　土屋先生の経営史学会へのコミットはいかがでしたか。

●由井　第1回だけ出席された。東大でやった時に最前列におられた。

●島田　土屋先生が出られなくなった理由は何ですか。

●由井　一つは忙しかった。仕事のほうは日銀や通産省などで十分できたしね。それに先生は学会嫌いにすでになっちゃっていた。ある事件があった。東大の経営史学会の第1回とほぼ同じ時に，社経史があって，土屋先生がその社経史のほうで，渋沢さんの話ではないと思うけれども，『日本経営理念史』に書いてあるような話をされたんです。

　そうしたら，某先生が立って，「ビジネスマンを，理念をもった良いビジネスマンと営利主義の悪いビジネスマンに分けるような類型は単純すぎませんか」というような質問をした。土屋先生の説によると，善玉と悪玉みたいになりはしませんか，というようなことを質問した。そうしたら土屋先生は「それは共産党の人ならそう言います」と答えたんです。これには，その質問者も怒って「共産党もへったくれもない。純粋に学問的な立場で申し上げているんです」と言ったそうです。土屋先生は黙ってしまった。僕はその場にいなかったんですが，一騒ぎがありましたよ。それで，土屋先生はすっかり学会嫌いになったのではないか。土屋先生の心にある，学会はみんな講座派的で，自分たちを俗人みたいに考えているんだなという意識が根強くあったのではないか。

●島田　少し話が転じてしまいますが，経営史学会の初期は，まだまだメンバーの中でも講座派的な考え方の発言は多々あったものなんですか。

●由井　講座派的な人はやっぱり少なかった。むしろ労農派的な人のほうが多かった。講座派の人もいたことはいた。大塚先生も第1回は出られました。大塚先生は，経営史学会というのはゾンバルト復活だと言われた。それはある意味では当たっていたと思います。アメリカの経営史学会のほうも，やはりゾンバルト的だと受け取られたそうです。私自身もヴェーバーはもちろん素晴らし

いが，ゾンバルトというのも優れている。確かにゾンバルトは面白いですね。私もゾンバルトだと言われたことがある。ゾンバルトをずいぶん一生懸命に読んだことがあります。いまになってみると，業績は示唆するところが大きく，ナンセンスどころじゃない，大学者です。世界と歴史のいろんなことをよく知っている。

　趨勢から言えば，中川先生が来て言い出したのがきっかけで，論争よりも実証を尊ぶ人々に広がった感じでした。山口先生関係の人は結構多かった。その人たちは社経史だったけど，それが全部，経営史学会のメンバーになって，よく発表された。それから，宮本先生の関係があって，大阪の研究者はみんな経営史学会に入った。だから，最初は大阪のほうの人数がすごく多かった。大阪はもうほとんどの人が経営史だと言って経営史学会に入ってきた。貨幣史以外はほとんど来ていた。

●島田　やはりそれは商家研究とか，そちらの研究をやっている人が多いので，その人たちにとっては経営史は親しみが持てたということですね。

●由井　そうです，とても入りやすい。それまで大阪のほうはてんでんばらばらで，何か経営史の名前で商業史だけやっている人が多かった。あるいは江戸時代だけとか，そういう人が結構多くて，それなりの特徴があったし大きかった。経営史学会のスタートは，その点は恵まれているのではないか。案外，リベラルみたいな雰囲気になって，何でも話せる場となった。

●島田　発足の時というのは，先生は明治大学の助手ですか。

●由井　はい，助手です。一番初めの会からいたのは僕だけになってしまった。経営史学会の準備会というのがあって，それが1年か2年あった。その時は脇村先生と中川先生が中心で，それから早稲田の鳥羽（欽一郎）先生がとても熱心だった。それから，このごろお亡くなりになった三島（康雄）先生がいつも来ていました。関西から井上忠勝先生がよくみえられました。もちろん中川先生の縁で土屋守章君や大東英祐さんたちもみえられるようになり，山下先生も来ていたし，大河内（暁男）君はしばらく外国にいたけど，途中からやっぱり入りました。だから，結構にぎやかでした。

●島田　先生は，最初の時の運営では，もう最若手ということですか。

●由井　最若手というか，まあ若いほうでした。それから米川（伸一）さんも

すぐ出てきた。米川さんは非常に一生懸命に勉強しておられ，鳥羽，米川のお二人はよく議論していた。

　鳥羽さんもすごく熱心でした。韓国に行ったり，マレーシアに行ったり，アメリカにも行って，海外にコネがあった。だから非常に積極的だった。従って，川辺（信雄）さんなど鳥羽先生のグループも結構多かった。

●**島田**　先生は経営史学会の中で，割とこういう部分をよく担ったとか，そういうのはいかがでしたか。

●**由井**　僕はもっぱら人集めと金集めだった。人集めは，ちょうど五代友厚の伝記史料の関係で，大阪にも時々行っていたから，大阪の宮本先生たちのグループと接触を持ちました。もちろん学会設立に大賛成でした。それから僕は，やはり学際性が重要と考えて社会学はどうしてもいると思って，それで間（宏）先生を引っ張ったりした。間先生以外に 3，4 人いました。間先生は非常に熱心でした。「いい学会ができましたね」とのことで，非常にうれしいみたいなことを言ってらした記憶がある。

●**島田**　要は，学会員の勧誘ということなんですね。

●**由井**　そうそう。間先生はいい本を書いていましてね。だから，僕より三つぐらい年上だったけど，間先生のお宅に行ってお誘いしたこと覚えている。あの人はとても人柄が善かった。だから，人集めはそういうふうに社会学のほうの人を引っ張ってきた。それからもちろん経営学の人も引っ張ってきたけど，こちらはあまり成功しなかったような気がします。それから金集めみたいなことです。もちろん脇村先生とご一緒だった。

●**島田**　運営の基本的なお金ということですか。

●**由井**　運営のためのお金です。だって，最初は 100 人ぐらいしか会員がいないので，雑誌を出すと大赤字でしょう。賞金のための資金も必要だった。それで会社に協力してもらった。最初は 20 社ぐらい集めた。それは脇村先生が引っ張ってきた会社と，私と（日本）経営史研究所の，その二つが中心だったと思いますよ。

●**松本**　賛助会員としてお願いしたわけですね。

●**由井**　賛助会員は，私どもと脇村先生のとしばしば重なっていましたが，一生懸命でした。それが，その後もずっと続いた。イヤーブック（*Japanese*

Yearbook on Business History) を出す時も協力してもらった。外部に依存することにあまり抵抗がなかった。多少のトラブルもあったけれど，しかし，これはしなければと思った。土屋先生も渋沢伝記資料の時に，結構資金集めや販売にもつとめていましたよ。本当に偉いと思った。
●島田　ご自身で渋沢系企業に行って，お金を出してもらうということですか。
●由井　うん，いつもちらしを持っていて，「これは，ちょっと額が大きいんですが，大事業で世界的に役に立つ」と。史料の収集と復刻は土屋先生が大いに努力し，成果があがっていたから，僕は土屋先生の影響を多大に受けました。五代友厚，そして中上川彦次郎の伝記史料の編纂などです。

薫陶を受けた先生方

●島田　先生が土屋先生以外に，この人の影響を受けたという方はありますか。
●由井　東大で，土屋先生の後任の山口和雄先生にはとてもお世話になりました。またすごく影響を受けたのは，先ほど言ったインターディシプリナリーと国際性でしょう。それは，僕はヒルシュマイヤー（Johannes Hirschmeier）さんと知り合って助かった。あの方はドイツ人で，ドイツ生まれで，神父さんなのにハーバード大学を出て，アメリカで博士を取っていたから，ヨーロッパは詳しいし，アメリカの歴史や学問も知っていた。だから，国際的なことが勉強できたのはヒルシュマイヤーさんのおかげです。僕は人に恵まれたと思います。
　それから，エズラ・ヴォーゲル（Ezra Feivel Vogel）さんです。エズラ・ヴォーゲルさんは，ちょうど私が助教授のころに，平河町の経営史研究所に来られて，毎土曜日に2時間ずつ勉強してお昼をご一緒した。エズラ・ヴォーゲルさんは社会学で，富永君が紹介してきて，富永君と一緒に，日本の中産階級という研究をしていた。そして，立川市の市民のアンケート調査を基礎にして，日本の中産階級はしっかりしていると結論づけた。アメリカには日本の中産階級はあまり成長していないのではないかという通説的な見方があったが，それに対してヴォーゲルさんは，日本は中産階級が非常に発達していて，しかも，女性の地位もそれほど低くなく，教養も高くて，日本の中産階級は十分な基盤を持っ

ている，先進国と変わりないというのを書き，Ph.D. を取られた。

　彼はミドルクラスの研究を終えて，財界を書きたいと言って来られて，財界を全然知らないから，経営史研究所へ来て財界関係の本を読みたいと言われた。それで，半年か1年ぐらいお付き合いをしました。

　そして，財界の本をたくさん渡したんだけど，結局，途中から，やはり自分は日本語をあきらめたと言ってきた。読むのは駄目だから，インタビュー中心にしたいと言われ，インタビュー用の本を持ってインタビューをしていました。

　そのことでヴォーゲルさんと非常に親しくなって，アメリカのビジネスを知る上ではとても良かったと思います。ヴォーゲルさんはそれをやったけど，結局，日本の財界の本は書けなくて，その中身を *Japan as Number One* に変えたんです。より社会学にしたんです。要するに，財界はとても複雑でよく分からない。それよりも，日本の社会は，中産階級の研究の延長でやってみると，日本人の特徴がとてもわかる。ヴォーゲルさんが一番言ったのは，日本にはスラムがないということです。外国の下層社会がない。それが中心に論点を拡大し，研究がまとまった。私のほうもヴォーゲルさんは役に立った。

　それから，僕はドーア（Ronald Philip Dore）先生に付こうと思ったんだが，ドーアさんは行ったり来たりしていて，なかなか会えなかった。しかし，ドーアさんは後になってたびたびお会いでき，英文をいつも直してもらったりしました。だからそういう点で，社会学系では間先生，ヴォーゲルさん，ドーアさんと，ヒルシュマイヤーさん，われわれの仲間以外ではこういう人たちとお付き合いできた。

●**島田**　ヒルシュマイヤー先生は，当時から社会学を積極的に取り入れているほうだったわけですね。

●**由井**　取り入れるほうだった。ハーバードにいる時に，中川先生と一緒ではないですけど，違ったクラスであったようですが，やはり中川先生が知り合いになったランデス（David S. Landes）とか，そういう人たちとみんな知り合いでした。そういう点では，ヒルシュマイヤーさんとは話しやすかった。ヒルシュマイヤーさんは偉いと思った。本当に人間が優れていた。

　ドーア先生もいい人でした。ヴォーゲル，ドーアの両先生方と僕は縁があり，たまたま先年の明治大学の100年の時に，私は斎藤正直学長に呼ばれて，

ドーア先生とヴォーゲル先生に名誉博士を出すことになりました。学長も「とてもいいではないですか」と言われ、すぐに手紙を出しました。二人とも大喜びでした。ドーア先生は博士号を持っていなくて、特に喜ばれた。

　ドーアさんはうれしくて、その晩、プリンスホテルで羽目を外されたようです。ホテルで変な外人がいる、ものすごく酔っ払って誰彼握手している。僕がプリンスホテルに行ったらホテルの人がそう言っていて、それはドーアさんだろうと思って行ったら、やはりドーア先生でした。

チャンドラーとフルイン

● 島田　先生とチャンドラー先生は、どういう関係ですか。
● 由井　僕はチャンドラー先生とはあまり縁がなくて、むしろ縁は浅いほうです。大企業のストラテジーとかストラクチャーは、そんなに興味はなかった。比較的薄いほうでした。

　それで、最初の富士コンファレンスの第1回の時にチャンドラーさんを呼ぶことになって、チャンドラーさんが来られた。第1回を帝人の富士研修センターでやって、その時にこちらが10人ぐらい論文を書いた。その時、僕も発表するように言われて、「食品における戦略」という発表をした。ストラテジーとストラクチャーとか言って、日本の中心的な食品は、砂糖でも製粉でも中間財しかやらないということを論じました。お菓子は逆に、森永も明治もどこも垂直統合している。全体的には、食品は三つぐらいに分けられるという話を英語で話した。

　その後、マーク・フルイン（William Mark Fruin）さんが慶應の速水（融）先生の紹介で来られた。速水先生は、その時、彼はソーシャル・モビリティというテーマ、福井県における社会移動の研究をやったとのことでしたが、本人はもう経済史はやめたいと言っている。そして、ビジネス・ヒストリーに移りたいと言ってきたとのことでした。聞いたら、フルインさんは三つぐらいの会社を選んで、経営者の研究をやりたいとのことでした。それで一緒に検討し、キッコーマンがいいのではないかということになった。キッコーマンはアメリ

カに投資していたから，アメリカ人も醤油はよく知っているというわけです。中川先生もとてもいいと言って，中川先生と私が勧めて，キッコーマンの茂木さんにも紹介した。すると茂木さんも，それはとてもいいと言って，茂木さんの会社の中の守衛さんの部屋か何かを空けて，そこで寝泊まりしていいということになり，彼は半年ぐらいキッコーマンの住み込みみたいにしてやっていた。そこへ入り込んで，古文書を読んだ。資料は持ち出せない。それで半年以上行っていた。

速水先生のところで，ある程度古文書を読んでいたので下地があったから，読めますと言って，*Kikkoman* という本を書いて，アメリカへ行ってチャンドラーさんに会ったわけです。そうしたら，*Strategy and Structure* で日本のことをやったらどうかと，チャンドラー先生に勧められたんです。そうしたら，チャンドラー先生から，自分は去年，日本に行ってみたら，プロフェッサー由井というのがいて，それが *Strategy and Structure* を食品についてやっていたと言われた。

チャンドラー先生が，その時質問されたのをよく覚えている。「ペリシャブル（perishable）とアンペリシャブル（unperishable）の区別は重要だけど，どうか」と聞かれた。僕はその時，ペリシャブルとアンペリシャブルのことがよく分からなかった。そうしたら，ヒルシュマイヤーさんが隣にいて，「いや，それは腐るものと腐らないものだから」と教えてくれた。生鮮のものとそれ以外は戦略が違うから，そちらから研究することはできないかと尋ねられた。前に記したように *Strategy and Structure* を食品で考えると，そういうふうに三つぐらいに分けられるなと思った。それを話したら，チャンドラー先生はちょっと面白いと思ったらしく，その次の年にハーバード大学に呼ばれて行って，日本でも，フルインさんと一緒に最大 200 社表をつくってくれないかと言われ，厚いインダストリアル・クラシフィケーションの本を渡された。それで，時間をかけて取りかかったところ，フルインさんが急いでいて，僕はもう少し細かくやらないとそこまでできないというのを，途中で不十分な段階で発表してしまったんです。

●島田　チャンドラーさんとしては，先生を通じて，もっと日本のことを取り組みたいというか，手を伸ばしたいという感じがあったわけなんですね。

●**由井** それはあった。日本のことは僕にやらせようとしたんだと思います。だから，それは私がやりますと言って2年ぐらいいてやれば，それも一つの可能性だったかもしれない。ただ，僕はこちらで書きかけの社史も抱えているし，とても2年も東京を空けられない事情があった。

　チャンドラー先生は経営学で言えても，それは経済学的に立証できるかどうかということになると，組織の内部経済はウィリアムソン（Oliver Williamson）教授に認めてもらう必要があり，2009年にノーベル賞を取っている人だから，チャンドラー先生は経済学的にも挑戦したかったわけですね。それで自分の論文を，*Scale and Scope* の前の本の *The Visible Hand* をウィリアムソン教授のところへ送った。そうしたら，同教授がコメントしてきた。それに対して，またチャンドラー先生が，こういうふうにして，同時に対象を4カ国に拡大した。ウィリアムソン教授からは，何遍も学問上のことで手紙のやりとりがあって，それをタイプで打ったものが綴ってあって，きちんと赤い線が入っている。そのコピーを私によこしたことがありました。

　従って，チャンドラー先生からは，こういうようなコメントがあるけれども，日本でやる場合に，どういうふうに考えるかということが聞きたかったみたいですね。その時に「日本はグループ・キャピタリズムと言っていいですか」とか，いろいろなことを聞かれた。

　つまり，日本はアメリカのほうとは違うというような，むしろ日本はアメリカとはちょっと違ったモデルになる。それは結構だと言われたけれど，僕としては踏み込むのはそれが限度で，アトランタのアメリカ経営史学会で報告・発表したのが限度で，それ以上先はちょっとできない感じでした。

　チャンドラー先生が受賞されたピュリツァー賞というのは，ノーベル賞に匹敵するんだったけれど，チャンドラー先生は不満を言っていた。ノーベル賞がビジネス関係に出さないのは良くないと言われた。チャンドラー先生は，やはりチャンドラー・モデルをウィリアムソン教授には認めてもらいたかったんでしょう。

　それで，もう一つは自分の理論はどこまで合うか日本みたいに拡大した場合どうかという，その二つについて，ウィリアムソン教授の意見を聞きたいということでした。それは，僕はよく答えられなかった。僕はアトランタで報告し

た論文が精いっぱいで，当時内部組織の経済学を消化できなかった。結局，*Scale and Scope* には日本が入らなかった。

日本の経営発展の特長

●**由井** なお，『日本の経営発展』の本も，僕は英文版の第 2 版のほうに 1980 年代のことを書いて，日本の経営の最大の問題は，人件費が固定費になっていて，このまま進めると固定費がもっと増えてしまい，要するに，労働分配率がもっと増えてしまって，そのために行き詰まってしまうであろうと主張した。その時の対策は論じられていないというのをきちんと書いた。

英文版の 2 版のほうは，初版と違っていわゆる「日本的経営」に対して批判的に書いたんだけれど，どなたも読んでない。それは僕も良くない。あれは，やはり日本版も書くべきでした。いままでの研究生活のうちで最大の失敗は，『日本の経営発展』の改訂版を公刊しなかったことだと思います。英文になっているんだから，それを日本語に直すのにそんな苦労はなかった。1 年あれば改訂版を出せたんだけど，出さなかったというのは私の怠慢でした。

●**島田** 先生は会社史もされますし，人物史というか経営者伝も何冊も書かれていますが，組織というのと経営者の個人というのとそれぞれやっていらっしゃって，全体像について，何か少しイメージとか持っていらっしゃるところがあったら教えていただけますか。

●**由井** それは，もちろん私の研究の一番重要なポイントなんですが，やはり僕はビジネスとビジネスリーダーについて，東洋と西洋は違うところを共通に認める。会社や経営の外側はすごく似ているけど，中身はまったく違う。それは皆さんが，やるべきだと思います。

いまこの時点でも，だいたい外国人に会うと，日本の経営について外国人はまったく間違ったイメージを持っている。日本の組織図を見せると，ああ，わが国と同じでどこへ行っても同じだと思っている。日本の会社に「おたくはディビジョナル・ストラクチャー（divisional structure：事業部制組織）ですか」と言うと，どの会社もディビジョナル・ストラクチャーと必ず答えるね。それ

から,「あなたのところは多角化戦略を採用していますか」と聞くと,どの会社もダイバーシフィケーション (diversification) していると言う。だけど,実態は全然違う。

　僕はそこを,経営史の研究として,もっと明らかにしたいと思っている。それは今後,まだ当分議論になると思うから,とてもいいテーマです。要するに,組織というものについての外国人の考え方と日本の考え方が,まるで違うということですね。また,日本は事業部といっても,売り買いなんかできる事業部はありませんが,向こうは本当に売り買いします。

　事業部の現在の価値は,決算書に載せてある,その値段で売り買い。そうでないと,株主総会を通らないと思うね。ところが,日本はごく簡単で,例えば,日立が電子部分を日立電子として独立できますなんて株主総会で誰も議論なんかしない。

　アメリカだったら,そんなの通るわけがないと言うことが,まだ分からない。それから,向こうの経営者もまだ分からない。相当な人でも,日本の企業の本質的なことが分からない。僕はしょっちゅう書いていると思いますが,やはり日本はインフォーマルというか,コミュニケーションがよい社会だからですね。インフォメーションについてはアメリカのほうがインフォーマルかもしれないけど,コミュニケーションという点では日本のほうがまとまっている。

　リーダーシップもそうです。僕はずいぶん言っているつもりだけど,リーダーシップ論も外国人には全然理解されない。一番いいリーダーシップというのは,日本ではちょっと老子的です。つまり,部課長クラスが「あれは,俺がやった」というのが一番いいリーダーシップです。トップリーダーの名前は知っているけれども「実は俺がやったんですよ」とみんなが言っている状態が,一番いいリーダーシップなわけです。東洋というのは日本でもそういうところが多分にある。そう,みんなが「俺がやった」と思っている状態のリーダーシップが一番いい。また一番優れた経営者は,そういうことを知っている。「自分が,自分が」と言わない。僕なんか,それをずいぶん言ってきたつもりだけど,まだ一般的にはあまり知られていない。だいたい,まだ外国人は外国人の頭で来ている。

　『日本の経営発展』を書いたようなやり方で,ずっと来たけど,それこそ経

営史はリベラルで，ほかにもテーマは幾つもあると思います。最近の僕などは流通中心ですが，日本はお得意さまがあって，それに供給する流通業者がいて，それから生産みたいな面があって，真ん中もあって，そんなに生産中心ではないような気がします。日本はクライアントファーストなところがある。

いずれにしても，そういう国際比較は，まだ十分余地があるのではないですか。そんなに外国は日本を理解しているわけではない。それから，日本の国内で経営学者がそんなに経営史を理解しているわけではない。ある程度，上の人はみんな知っているけれども，一般にはそれほどではないし。だから，そういう面ではいっぱいあるし，もちろん思想なんかはなおさらそうです。

私は「昭和の財界人」という本を，まだ書きたいんです。私自身は最後の仕事として「昭和の財界人」というのを書いて，団琢磨と中島久万吉と宮島清次郎と石川一郎と石坂泰三の5人をやってみたい。

●島田　本当に戦前と戦後をつないだ人たちです。

●由井　そうですね。この人たちが日本の産業の魂を持っている。そんな言い方はしませんけどね。極端に言うと，そういうものではないだろうか。ヒルシュマイヤーさんもそんなことを言った。理念みたいなのがあって経済が発展する，ヴェーバーもそうかもしれない。それが発達すると，また物質主義が強くなってしまうものだというようなことを言っていました。最初のところは，みんな理念だと強く言うんだけど，ところがその教えを影響するほうは，どんどん物質主義的，さらには享楽主義になっていってしまう。

だから，財界人は大事ですね。やはり財界人のポストは，日本は外国よりもっと重要だと思う。具体的に，そういう経団連（経済団体連合会）の会長のポストがあるんですから，一般の経営者の人々が見習うわけです。

僕なんか，そういうふうなところがよくわかる。みんな若い時は左翼だったんでしょう。右寄りって言えば社会党系だったみたいなぐらいです。学生はそんなところで右は社会党で，真ん中が共産党で，ラジカルなのはノンポリの左翼で，この三つみたいなことを考えていた。けれど，そうでないなと思うようになった。やはりその点で僕は石川さんや石坂さん，芦原義重さんを尊敬した。石川一郎という人は本当に私心がなかった。

あのころ僕はまだ30歳代だったから，石川さんは僕なんかにお説教的だっ

た。だが，信念が強く，私心がない，こういう人が正しいと思った。つまり，財界というものも，こういう人が真ん中にいるのならば，やはり日本の財界は信頼できるし，間違ってはいないなと思いました。物事を見ているというのはやはり，そういう芯があった。話していてもすぐ分かる。

　渋沢栄一もそうだったでしょうけれど話している時に，すでに何か感じるものがあって，それから信念みたいなことを口で言わなくても，それで落ち着いている。相当な状態にあっても動揺しない。

福應健先生インタビュー

日時：2013 年 1 月 17 日
場所：東京経済大学図書館第一共同研究室
聞き手：渡辺尚（東京経済大学）・今久保幸生（京都橘大学）

福應健先生略歴

【氏名】	福應健（ふくおう・たけし）
【生年】	1933 年
【主要学歴】	京都大学大学院
【主要職歴】	東京経済大学
【経営史学会での代表的役職】	常任理事

【主要業績】

『ヨーロッパ・アメリカ・日本の経営風土』有斐閣，1978 年（共著）

『エレメンタル経営史』英創社，2000 年（共著）

「第二帝政期ドイツ地方行政の構造と性格」『社会経済史学』45 巻 2 号，1982 年

「ドイツ重工業の展開とプロイセン『退任鉱山官試補 Bergassessor a.D.』―専門経営者形成をめぐる一考察―」『東京経大学会誌』174 号，1992 年

「ドイツにおける『経営者資本主義』と『監査役 Aufsichtsrat』制度 1884-1930」『一橋論叢』112 巻 5 号，1994 年

経営史学会での活動

●渡辺　学会活動，経営史研究，経営史教育の大きく三つに分けてお話を伺いたいと思います。

●福應　まず，なぜ私が経営史学会に入ったかということを申しあげましょう。個人的経歴ですが，1958（昭和33）年に京大の修士課程（指導教官は大野英二先生）修了後，関西学院大学の助手になりました。京大の修士課程を修了してすぐです。助手採用試験というのがあって，これを受けたのです。関西学院も古い大学ですから，かなり内部育成してきたわけですが，特に商学部の若手の先生たちの間で，もっとオープンにして人材を集めなければならないということで，公開競争試験というか，語学と面接か何かの試験でもって助手を採用することになりました。応募資格は，内部出身者も外部の者も同等，みんな大いに参加しろということで決まったようです。

　助手期間中の3年間，ドイツ経営経済学の池内信行先生のお世話になりました。就任して3カ月ぐらいの時に，アメリカ，ドイツへ3カ月ぐらい出張された。その時，池内先生は生涯独身なので，「留守宅はおまえに任せる」と言って，離れを私に与えて住まわせてくださるなどかわいがってくださった。専任講師になるかどうかという時に，担当科目を確定しなければ人事手続きが進まないことになり，京大出身の佐藤明先生が「経営史ではどうだろうか」と，間を取り持ってくれたんです。首がつながるために，経営史の勉強をしましょうかということになり，1961年に「領主経営の展開といわゆる〈Aristocratic Entrepreneurship〉」（関西学院大学『商学論究』35号，1961年）という論文を書き上げました。これは，ニーダーラウジッツの領主アインジーデル伯（Graf Detlev von Einsiedel）のラウホハムマー（Lauchhammer）製鉄所の論文です。

　ただ，その先の助教授昇任がいろいろな事情でなかなか進まず，普通なら2年で助教授の資格ができるところを，私は専任講師を4年やらされました。その時に，たまたま東京経済大学に縁があった。東経大では経営学部をつくったにもかかわらず，3年間も必修科目の経営史の講義をやっておらず，教員も欠員のままでした。ここには，京大時代のゼミの先輩がおり，この方と話をして

いて,「うちは経営史がいないんだから,おまえ来ないか」ということになったのです。こうして私は,経営史という科目とめでたくゴールインしたわけです。相前後して経営史学会が始まり,今日にいたる生涯が定まることになりました。

経営史研究会というのがすでにありました。1964（昭和39）年11月に立命館大学で日本経営学会第38回大会が開かれた折りに,その第2回研究集会が行われて,それが実際の経営史学会の旗揚げ会合だったわけです。その前に,由井常彦さん,森川英正さん,中川敬一郎さん,井上忠勝さん,脇村義太郎先生らが経営史の方向をいろいろ探り,学会をつくろうという動きを示しておられて,経営学会に挨拶をしたり,社会経済史学会に断りを入れたりして,経営史グループが学会をつくるということの下工作をしているわけですね。そういう準備を一応整えた上での,1964年の第38回経営学会の大会だったんです。だから,経営学会との関わりがかなり意識されていたということです。ですから,社経史からただ出るのではなくて,経営学と結びつくとか,そういう意識があったのかなと思います。

第2回研究集会の時に,中川敬一郎先生から来ないかというお話があったんです。その当時,中川敬一郎先生とは個人的にはまったくお会いしたこともないし,話を交わしたこともない。なぜ中川先生が私に声をかけてくださったかは判らないけれども,前にのべたラウホハムマー論文を私は1961年に発表しているわけです。それで,立命館での設立の動きは1964年ですから,そこまでに何年かある。その間に論文の抜刷をたぶん中川先生にも献呈したと思うんですよ。それをご覧になって,私の名前を知られたのかなと。伺ってはいませんが,そういうふうにいまからは思うんです。

関西のほうに若手が少なかったから,初めから幹事要員で中川先生のほうから僕に声をかけてくださったのかもしれない。ともかく中川先生から声をかけていただいて,たとえ関西学院ではポストを用意してくれなくても経営史をやるという気持ちが固まりました。11月30日の経営史学会の設立総会に参加して,幹事を仰せつかり,ということでスタートしたということです。

『経営史学の二十年—回顧と展望—』（東京大学出版会,1985年）のほうをご覧になると判りますが,おもしろいことに,当初は西と東のバランスを非常

に気にしているわけね。当時の関西の幹事は安岡重明さん，小林袈裟治さん，岡本幸雄さん，それから亡くなったけど桂芳男さんがいたかな。それから私が，一番の若造でした。中川先生が行脚して人をお集めになったということです。

　私は経営史学会においては，発足第1期から幹事を10年ほどしました。それから評議員をしました。1965（昭和40）年からスタートするわけですが，1965年から74年まで幹事，77年から80年まで評議員，それから81年から84年まで監事，85年から理事をやり，挙げ句の果てに87年から常任理事を仰せつかり，定年に近いところで理事を退いて後，顧問にさせていただいているということです。ほとんど間なしにコツコツとたたき上げさせていただきました。皆さんみんなが，そういう学会経験ではないと思うのでお話しました。

　その間に『経営史学』の編集委員は第1期，最初の編集委員でした。編集委員は時々入ったり出たりいたしましたけれども，1985年から編集委員長を1期させていただいて，その時に定期刊行を軌道に乗せるのにだいぶ努力をしましたし，誌面の改善も私なりにやったかなという感じはしているのですが，そういうかたちでいろいろな経験をいたしました。

　そして富士コンファレンスが始まったころから，私は富士コンの委員は第3期企画委員しかしていないのですが，時々参加しました。それから日独経営史国際会議の委員として国際交流に加わりました。富士コンの場合は，中川先生が参加についてユルゲン・コッカ（Jürgen Kocka）と交渉する時に，私がたまたま在外研究で彼の勤めるミュンスター大学にいたものですから，そういうことで僕はその時に初めて富士コンの話を聞いて，帰ってからは先生をコッカのところへ案内いたしました。機会があれば参加させていただくというようなことになりました。

　それから，日本学術会議です。学術会議では，僕は経営史学会の代表ではないんだよね。経営史学会は僕の選出母体ではありましたが，学術会議と学会との連絡は研究連絡委員会（われわれの場合は経済史研連）という組織でした。学術会議の会員は研連のメンバーになります。私の時，社経史は最初に関口尚志さんがいましたね。後で原朗さんが来た。それで私は土地制度史学会（現政治経済学・経済史学会）と経営史学会の推薦というかたちで選ばれたんです。

私は研究連絡委員会の委員長を19期になってから，関口さんの後で受けたわけです。18期の時の連絡委員長は関口さんだったわけ。だけど，私の時で学術会議がガラガラポンになったからね。名誉ある最後の研連委員長です（笑）。

そういうところではありますけれども，私は経営史学会と土地制度史学会の代表として学術会議に出ているという意識があまりないし，そういうふうに求められてもいませんでしたからね。学術会議の中では個別の会員としていろんな委員を仰せつかって，そこで働くわけで，個人として。だから，私は学術資料のこともやったし，それから生命倫理の委員会にも関わったし，いくつかの委員会にはめこまれてね。とてもよい経験でした。

研究手法としての経営史学

●**今久保** 話がすこし戻るようですが，関西学院の『商学論究』における1961（昭和36）年の論文では，表題で「Aristocratic Entrepreneurship」という英語をお使いですよね。

●**福應** 当時，ハーバードの企業者史研究の中で，企業者のタイポロジーが問題になっていました。企業史学の人たち，ガーシェンクロン（Alexander Gerschenkron）とか，特にレドリック（Fritz Redlich）が顕著だが，ああいった連中がキャプテン・オブ・インダストリー（Captain of Industry）ではなくて，ヨーロッパにはアリストクラティック・アントルプルヌアシップ（Aristocratic Entrepreneurship）というのが問題になると言っていたのです。この言葉は，もうアングロ・サクソン語の文献には出ていたわけですね。この問題を理論的に提示したのが，コール（Arthur H. Cole）の *Business Enterprise in its Social Setting* です。そういう貴族的企業者活動をドイツの場合でみるということで，私は使わせてもらったんです。

●**今久保** かっこ附きで用いられるのも，そういう意味合いがあるということですね。

●**福應** うん。ただ，ドイツの場合のアリストクラティック・アントルプルヌアシップと言っても，もっといろいろあるだろうしね。例えば，ビスマルク家

のシュナップス蒸留やメッテルニヒ家のワイン醸造もそれに入るかもしれない。だけど，やはりある種の領主的な土地所有というものをベースにした企業活動であることは間違いないわけですから。ともかく不十分ながら貴族的企業者活動というテーマでは，最初のものと思います。これにちょっと手を加えて第1回大会の自由論題報告をしました。

●渡辺　この論文の後，ザクセンの綿工業について何本か書いておられて，私個人の印象としては，福應さんは日本においてザクセン産業革命を一番最初にやった方ではないかと。

●福應　大島隆雄さんがいるよ。

●渡辺　ザクセンの綿紡績，綿工業の論文は，いまから振り返ってご覧になって経営史的な手法で書かれていると思われますか。どのようにお思いですか。

●福應　これは，ラウホハムマーを書いた後に書きました。ですから，私としてはまだ関西学院の万年講師をしているころですが，まだ経営史の講義もやっていない。当時の関西学院では，講師に講義をさせていなかった。とにかく経営史について，当然ながらしっかりとした方法論を確立するというどころでないし，中川先生には構想があっただろうけれども，おそらくどなたも経営史学がこういうものだということを当時つくりあげた人はなかったのではないでしょうか。こうやれば経営史になるというような自信は，さらさらなかったわけです。

　もともとは，広い意味で言えば私は経済史畑ですから，その中で誤解を招くかもしれませんが，あえて言えば，飯の種として担当科目の証に「経営」という言葉を使わないとまずかろうということで，「経営」という言葉を意識的に使った部分もある。だけど，私なりの経営史的な観点を入れていきたいと思って試みたこともあるんです。僕が領主経営のことをやっていたころ，当時大野英二先生あたりもドイツ資本主義論というか，ドイツ経済史研究の中での資本類型を意識されていて，企業者類型とある意味ではつながっていたわけです。そういう資本類型のアイデアを，大塚久雄さん的な前期的資本とかなんとかというような理論的な背景はさておいて，ドイツ史で最初に問題にしたのは，1937年にザハトラー（Heinz Sachtler）が書いた企業者類型の論文です〔"Wandlungen des industriellen Unternehmers in Deutschland usw."〕。

ドイツでは1930年代の末から40年,つまりナチスが天下を取ったころから,企業者それから経営についての関心があちこちに出てくるんです。ある意味で言えば,管理論ですよね。それと同時に地方史研究が盛んになってきて,近代的な地方史研究と企業者研究がくっついてくる。アメリカもそうです。初めのころのビジネス・ヒストリーの中には,グラース（Norman S. B. Gras），ラーソン（Henrietta M. Larson）だって,ボストン地域の企業者の伝記とかローカル・ヒストリーなんです。アメリカの場合,ローカルの偉い人というのは,ビジネスマンになるわけです。ドイツだったら,それがユンカーだったり,グラーフだったり,あるいはプロフェッサーやビューロクラートだったりするんだろうけどね。だから要するに,経営史研究は,地方史研究や企業者史研究とある意味では地下茎でつながっているという感じかな。恐慌を経てドイツの第二帝政的なシステムがだいぶガタガタして,そういう中で経営や企業者という言葉が意識されたりしてくる面があるようで,甚だ興味深いものがあります。

ドイツの経営史的研究1（領主経営，工業生産者）

●福應　僕は融通が利かないものだから,研究のまとめみたいになってしまうけど,この80年を生きてきて,結局18,19,20世紀の300年間のドイツ,この中から一歩も出ていないんですよね。それを近代というか何か知らないけど,ドイツ史300年の中で,経営史のどういう面をえぐり出せるかというのが私の問題意識というか,そういうことをやってきたということです。大きなところでは,領主経営と生産者,そして流通・金融・商業と政府・官僚の4つぐらいの局面で攻めるというかたちをとってきた。

領主経営の系統としては,「ゲオルク・フォン・ギーシェ相続人鉱業会社」（Bergwerksgesellschaft Georg von Giesche's Erben）についても書きました。日本では注目されていないが,オーバーシュレージエンの亜鉛は鉄に劣らず重要です。

次に非ユンカー的で生産者タイプ,しかも産業的にいうと,やはり産業資本主義のいわば王道である繊維というものを見なければいけない。ドイツでは四大工業地域に重なるようにして,繊維の四大地域があるわけです（ヴェスト

ファーレン，ザクセン，バイエルン，シュレージエン）。その中から僕はザクセンが面白いかなと思ったわけです。ザクセンが日本と接点をもった最初は，森鷗外かな。そもそもザクセンは啓蒙期から結構いろいろな人が出ているわけです。もちろんルター（Martin Luther）も生まれているわけだし。ザクセンは，ドイツの近代において端倪すべからざるところであると。

いろいろ面白い文献もあったので，それで紡績をやったわけです。なんとか曲がりなりにも「小生産者的発展の道が基本的にはある」みたいなことが書けたんだ（笑）。ところが，ザクセンの場合は紡績が川下に向かって流れていかない。つまり織布工業を兼営するようにはならないわけです。織布は，別のところに行われる。紡績業の中心は，ザクセンの中でもエルツゲビルゲ（Erzgebirge）やケムニッツ（Chemnitz）を中心とした，どちらかというと南東寄りのところで，織布は古い農村工業の伝統を持つ西方のフォークトラント（Voigtland）で新しく興ってくるのです。

織布のところで僕が知ったのは，加工交易（Veredelungsverkehr）です。ヴェストファーレンのほうでもあると思うのですが，このフォークトランドから広がっていって，チェコの北側のズデーテン・ベーメンで織布・染色が興ってくる。そこへザクセンの織布業が素材としての布を出して，染色仕上げをして持って帰って完成した物として売り出すという加工交易が行われていた。要するに，国境を越えたある種の分業圏，地帯構造というか，そういうかたちが現れてくる。これは，経営史というか経済史というか，ここで切るというようなことはできない。

●**渡辺** 地域史でもありますよね。

●**福應** そう。僕が見るドイツの場合は，地域あるいはその時によっては地帯構造といったりもしますが，地域というのが出てくる。それから企業者類型もあるし，それらが深い関連性をもつ。根底には，要するにオスト・ヴェスト（東西）の地域差があるでしょう。そういうものを全部絡めて相対的に見る視野がないと，ドイツの中に位置づけられないのではないか。結局，経営史と言ってもやはりドイツ史，ドイツ分析というのが私のスタートであり，またゴールにもなるのではないか。その中で，一つの経営史的な構成や経営史の方法というのが掴めたらそれは嬉しいことですが，いまのところは日暮れて道遠しどころ

かどうにもならない，申し訳ないのですが。

●渡辺　方法論的にお伺いしたいのは，ドイツ史という場合はよく経営と企業，ベトリープ（Betrieb）とウンターネーメン（Unternehmen）の相違ということが，ひところ非常に問題になりまして，ヴェーバー（Max Weber）対シュンペーター（Joseph A. Schumpeter）という対立の構図の中でも語られますね。

●福應　僕は，それははっきり言ってよく分からないんです。ウンターネーメンというのとベトリープというのは，ヴェーバーにおいては概念規定が違いますよね。だけど，どちらの概念が重要で，どちらが重要ではないという問題ではないと僕は思うね。それから，ウンターネーマーというのは主体の問題で，アルバイターもそうだけど主体の問題でしょう。ベトリープというのは，ある意味では組織の問題というか，アクティビティーの問題なのね。アクションを起こす，やっている人が主体なので。

　企業者史における企業者類型も，経営というかたちで問題にしようと思ったわけです。私にとっては，そういうことを通してドイツが見えてくるかどうかということが問題なんです。僕はドイツという具体的な素材を目にしているわけで，それをさし置いてレシピのことを議論してもしようがないと思う。

　私の研究，意識としては，レシピ如何ではなくて，素材がうまく食べられる料理になったかどうかにあるのです。言ってみれば，その時に，このレシピにすればうまく食べられると見通すというようなことが問題意識なので，現実に作業をやっている中では方法・理論（レシピ）自体はあまり意識はしていなかったのではないかと思います。何といっても歴史は物語ですから。みごとに語られなければならず，方法論，理論というものはいつも黒子の存在でしょう。

ドイツの経営史的研究2（技術官僚，金融および株式会社）

●渡辺　これまでの話で，経営史という分析手法を使って，ドイツをどうやって理解するかが問題だということがよく解りました。18世紀から20世紀に至るまでのいわゆる近代ドイツでは，地域史的な観点が重要だということもおっしゃっていましたよね。

●**福應** 私がいままでやったことを全部あげると，まず領主経営の問題，それからザクセンのいわば生産者的なヒストリー，それから政府や官僚の役割です。これについては，経営史学会の第6回大会の共通論題で報告した，プロイセンの官僚の軌跡を取りあげた「ドイツ産業化と官僚」があります。これは，しかしプロイセンなので，地帯構造的には東からの問題ですよね。それに対して，西のほうで気になったのが，第二帝制時代の地方行政のことです。ずっと後になって社会経済史学会で，ラントラート（Landrat：郡長）の実態分析みたいなものを報告し論文にしました。これは主として重工業のプロイセン西部の企業の社会的環境と企業文化のかかわる問題です。

それから西の問題として，専門経営者があります。これはほとんど素材のままの雑駁なものでもっと突っこむ必要があると思うんだけど，ドイツ重工業の展開における Bergassessor a.D.（退任鉱山官試補）の意義を探るという論文を，1990（平成2）年に書きました。専門経営者と言っても，この連中はだいたい企業者ファミリーの出身が多いのですが，こういう人たちがプロイセンの専門技術官僚制度の中に入り込んでいって，それを通して自分たちの専門性を高めると同時に，官僚的なメンタリティーを身につけていくという観点から書いたものです。

ゼルロー（Walter Serlo）という人が1930（昭和5）年ごろに出した，第1号の Krug von Nidda（1810-1885）からその時までの Bergassessor の全名鑑があるのです。これには，どういう出自で，どういう教育を受けて，どういう官庁勤めをして，どういう企業に入ってどうなったかということが，「鉱山官試補」任官者1840名全員分，全部出ている。名鑑ですから，どんな活躍をしたかということはわからないけれども，それを洗いだしてみると，重工業のいわゆるファーストクラスのところに，Bergassessor a.D. がどれほどはびこっていたかが判る（笑）。

「鉱山官試補」には，一応の厳しい教育のカリキュラムがあるわけです。どんな教育課程のもとでどんな試験を受けて，そして何年ぐらいどこに勤めて，と記されている。要するに，鉱山監督局に勤めてキャリアが始まるわけです。国有企業の場合もあるし，監督局だから民間企業を監督するという立場で2，3年はやって，その経験と肩書でもって企業に天下っていくという話ですね。

天下りと言っても，定年で天下るのではなくて，企業に行くために経験を積んでいくわけです。天下ってから本格的なキャリアを歩む。そういうかたちで，重工業の専門経営者層そのものが官僚制との絡みで出てきている。そこから官僚的な，プロイセン的なメンタリティーを持つ者が出てくる。これは技術面も規定するだろうけれども，やはりベトリープのありかたを，ある意味では方向づけていく。
　もう一つは，商業・金融ではないけれども，株式会社を事実上テーマにした論文をいくつか書いています。不十分なものですけれども，もう少しドイツ的，それこそ企業というか経営というか，その特性みたいなものがはっきり出せたらいいなと思っておりました。
　株式会社については，一番初めは，1961（昭和36）年に「ドイツ産業資本と株式会社経営」という論文を関西学院大学の紀要に書きました。ベッセルマン（Kurt Bösselmann）が，1930年代末に最初の株式会社史研究を出します〔*Die Entwicklung des deutschen Aktienwesens im 19. Jahrhundert*〕。それは1830年から50年ぐらいまでのプロイセンの株式会社のデータをまとめて書いたもので，それを紹介するようなかたちで書いたのですが。株式制度（Aktienwesen）がドイツの工業化にどういう意味合いを持ったのかということを考察したものです。
　それから20年ほどあとに，『経営史学』17巻3号に監査役制度の論文を書きました。日独経営史会議の後にデュッセルドルフに行って，それからドルトムント郊外のノルトライン・ヴェストファーレン（Land Nordrhein-Westfalen）のアルヒーフ（Westfälisches Wirtschaftsarchiv zu Dortmund）に行ってみたら，ハルペン鉱山（Harpener Bergbau AG）などの監査役会議事録があったので，それを見せてもらい，少しばかり使っています。何月何日，誰と誰が集まって何について議論して，あるいは取り決めて，以上終わり，みたいな形式的な議事録ですけどね。
　そこで知ったのは，連中が必ずメモを取っていることなんです。個人の記録を。それは，ハウスアルヒーフか何か知らないけれど，残っているとすれば，そういう個人の遺稿文書みたいなところにメモやノートがある。それを見れば，あいつがこんなことを反対したので俺は困ったとか書いているはず。そういうものが存在するということがわかったんです。ただ，それは公的な文書館

には，ほとんど入らないわけですね。誰か特別な偉い人が亡くなって，その遺産的なものがどこかにまとめられる時には入ってくるかもしれないけれども。オフィシャルな議事録というものはありきたりのものですから。

　ただ，誰が集まったかとか，僕もこの論文に書いていたけど，多くの銀行系のアウフジヒツラート（Aufsichtsrat：監査役）あたりは，委任状を渡して出てこないことが多い。そういうことが判るわけ。そうすると，事実上，フォアシュタント（Vorstand：取締役）の力がかなりものをいったのではないかなという感じはする。

　そういう動きを踏まえて，1937年に株式会社法の改正があるでしょう〔ナチスの商法改正〕。そのときに，まず株主総会の力がカットされる。それで，その次は監査役の力もカットされて，フォアシュタント（取締役）優勢の株式会社統治になってゆくわけです。だけど，その時にオーナー的なアウフジヒツラートが引っこんでしまったかというと，必ずしもそうではない。ただ，制度としてはフォアシュタントが前面に出るようなかたち，それがヒトラー・レジームのもとで，企業統治のフューラー（Führer：指導者）制になっていくわけです。それが戦後になるとまたひっくり返って，監査役制度が見直され，そこに共同決定（被傭者監査役）が入っていくわけね。

　だからそういう意味では，ドイツの株式会社の監査役というのは，その前身とされるフェアバルトゥングスラート（Verwaltungsrat：管理役）といい，19世紀から一貫して，コーポレート・ガバナンスの特異性を担っている。監査役をめぐってドイツ企業統治発展史というものを書いたら面白いなとは思うんだけどね。でも，なかなか難しいかな。法制史としては書けるけれども，まさにウンターネーメンの中でどうだということになると，やはり個別の企業で常務と会長がけんかしたとか，組んずほぐれつの対立が見えてこないと話にならないから，難しいかもしれない。ドイツの株式会社のガバナンスがいったいどう動いていったかというのは，一つの重要なテーマには違いないでしょう。監査役問題を研究して痛感したのは，経済学・経営学と法学の架け橋の必要性です。これは日本ではもちろんのこと，ドイツでも満足できるものでない。そういうものを意識してここには書いたけれど，私は鍬を入れてちょっと起こしたけど終わってしまっているので，それからあとは耕していないんです。だから，耕

すためにもう一回か二回人生があれば，と切に思っているんだけど（笑）。

ドイツ経営史の重要な視点

●福應　僕としては，ドイツ経営史をどういうふうに見るんだと言われた場合に，参考に申しあげたいことが一つあります。僕は以前，ドイツの「経営風土」というのを書きました〔米川伸一編『ヨーロッパ・アメリカ・日本の経営風土』1979年〕。それはやはり300年というか，ドイツの経営的発展というか企業的発展というか，それの枠組みみたいなものを捉える場合の一つの展望を模索したものです。古いものですが，僕はこれを2年余りのドイツ生活での体験に導かれて書きました。留学に行ってなければ違ったものになったと思います。これをベースにして1冊ぐらいの本につくり直したら，私のお答えになるかなと思います。

それからもう一つ，私は以前，『エレメンタル経営史』（2000年）の執筆にかかわりました。私はドイツが担当だから，ドイツの部分を独立させて，書き直せばどうなるだろうか。私がこれを書いている時は，時代区分を景気変動というか，要するに恐慌で区切りました。初めは1760年から1870年までの大恐慌の前，いわゆる世紀末です。その次が1870年から1930年，それは世界恐慌の時期ですね。その次が1930年から1970年，それから1970年以降です。区分は，経済変動との絡みです。

僕が意識しているのは，シュンペーターの *Business Cycle* ですね。景気循環論があるでしょう。あれをもう一度見直して，歴史研究の中になんとか活かせないかという意識が昔からありました。景気循環の結果，経営組織の変化があったり，資本集中があったり，いろいろなことがあるでしょう。その全体構造の展開との関係に注目して研究をやりました。やはり歴史は全体を見ていかないとゆがんでしまう。

最後に，中小企業というとおかしいのですが，やはりファミリー・ビジネス，家族企業です。日本にはそういうのはあまりないけれど，ドイツに行くと中規模企業・中産的企業・家族企業の経営学というような本がいっぱいあるわけで

す。そういうファミリー・ビジネスというか，同族企業というのがあって，その多くは中小企業として持続しているのです。ファミリー・ビジネスで始まっても，大きくなったものの多くはファミリーから離れていますからね。そういうファミリー・ビジネスの多くが中小企業だということが，ヨーロッパの特色ではないかと僕は思うんです。アメリカの場合には，新たに企業を興すプロセスの中にファミリー・ビジネスや中小企業はあるけれども，歴史が短いですから，200年，300年と家業をつないでいるところはないわけね。

ファミリー・ビジネスは，一種の家業ですよ。それももちろん創業200年のビール醸造とかそういう伝統的なものもたくさんあるけど，古い醸造業というのではなくて，機械工業とか化学工業とか先端分野を含んだところで，中軸となるリーディング・ビジネスを囲んでファミリー・ビジネスという周辺企業がしっかりと根を張っている。いまは大企業の系列の中に入っているとしても，いわゆる日本の昔の中小企業でいうような下請け企業ではないものがあるわけです。自分の技術とブランドと商圏を持っている。それから，特殊分野で生き残っている中にも，いくつもあります。それは醸造業にしても，ファッションの世界でも。イタリアはそうだし，例えばイタリアのネクタイなどファミリー・ビジネスが多い。グローバルなファミリー・ビジネスです。

こうしたことから，アメリカにはないところの家族企業というものを，ヨーロッパの研究ではもっと問題にされるべきではないかと思っているわけです。ドイツもしかりです。僕は全然やってないけれど，本当はそれをやらないと，ドイツ経営史は完成形にならないなと思っています。そうすると，家族という場合に，先ほどのベトリープとかウンターネーメンというのが捉え直されることになってくるけど，やはり日本の五感とは違った「家」というものが，何か意識の底にあるのではないかと思っています。

●今久保　ファミリーじゃなくてハウスですね。

●福應　うん，ハウスです。これは，歴史学では古くから問題にしているわけです。国制史・中世史のオットー・ブルンナー (Otto Brunner) の『ヨーロッパ』，ご存じでしょう。『その歴史と精神』という論文集が訳されていますが，あの中で das ganze Haus という言葉，「全き家」という概念で，ブルンナーは議論をしているわけです。「全き家」というのはオイコス（oikos）に由来しますが，

市場経済が大きくなり交換経済が支配してくると，das ganze Haus は消え去ってゆく。しかし，ブルンナーに言わせれば，その das ganze Haus の中にヨーロッパの精神が息づいている。これがどうなるのかという問題意識があったのかもしれない。

　ファミリー・ビジネスとハウスという概念，その古い時期のカメラリズムというのは，まさにハウスのエッセンシャルなんですよね。カメラリズムの古いところの実践書があるわけですね。理論化されない実践書，そうした Hausväterliteratur（家父の書）というのかな，手引書がいくつも出ているわけです。これは家政の書であり，未分化な経済学・経営学・行政学の渾然一体となったもの，いわば「オイコス・ハンドブック」，そういうものの中から経営指南書みたいなのが出てきたり。そして，なによりもすぐれた農書でもあった。だから農業にしても，僕はもっと農業経営を勉強しなければいけないと思うんです。ユンカーの農業経営そのものについて，つっこんだ歴史家による研究はあまりないんじゃないですか。

●渡辺　そうですね。加藤房雄さんがフィデイコミスをずっとやってきましたが，あれは経営内容そのものではない。

●福應　あれは，いわば所有に関する問題でしょう。ベトライベン（betreiben）じゃないので，ビジネスはやってないわけです。そういう意味で，穀物栽培の経営基盤が実際はどうなっているのか，何にポイントを置いて何をつくるのか，輪作農法を取り入れてどうなったのか，しかもそれがいわゆる輪栽制になってくると，林業と結びついた多角経営になる。だから，そういう具体的なあり様をもう少し研究しないといけない。チューネン（Johann H. von Thünen）のデア・イゾリイルテ・シュタート（Der isolierte Staat：『孤立国』）なんかでも，結局，経営があって市場とのアクセスで費用を見るわけね。あの場合の経営は，やはり基本的にはユンカー経営ですよ。

●渡辺　農業経営としては，当時ヨーロッパでもきわめて高い生産性を持った経営でしょう，ユンカー経営は。

●福應　そうですよ。だから，奴隷にムチを打ってつくっているようなものだというイメージでは，テーア（Albrecht D. Thaer）の『合理的農業の原理』は出てこない。テーアが研究したのは，むしろ北西ドイツの大農法的なものだけど

ね。僕は本当にそういう意味で，一時は農業経営史をやろうかと思って，ドイツ農業史の本なんかもだいぶ集めて，自分としては少しかじったことはありますが，もうできませんでした。余談になりますが，僕の修士論文のテーマはドイツ第二帝制期の土地政策についてのもので，「帝制ドイツにおけるユンカー経営とプロイセン内地植民政策」(1959年) です。ユンカー経営の実態の研究が進んでいないのは，残念です。

●渡辺　ある意味でファミリー・ビジネスの問題ですね。ありがとうございました。

社史関係の企業文献に関して

●渡辺　先生は著書・論文の中に『外国企業及び企業者・経営者総合目録』を雄松堂から1979（昭和54）年に出しておりますし，個別論文として『東京経大学会誌』に「ドイツ社史・企業者伝記目録」（1969年）を載せておられます。社史関係の企業文献をかなり早くから非常に努力して集められ，東経大の図書館を充実させたとお聞きしております。このへんのところを具体的にお話しいただきたいのですが。

●福應　1969年に『ドイツ社史・企業者伝記目録』がありますが，これはドイツの社史・企業者伝記としてどんなものがいままでに世に出ているかということについて，1940年までの主だったものを私なりにリストアップしたものです。これらは，所蔵機関は調べていません。こんな社史がありますというだけであって，どこにあるかとも書いていません。東経大にあるとも言ってない，そういうものです。

　一方，雄松堂のもの（1979年）は，経営史学会創立の10周年記念に出版したもので，国内に所在する重要な外国社史を所蔵機関とともにリストアップした目録です。私はそこでドイツ・スイス・オーストリアの社史の解説を受け持ちました。ちなみに，このような目録は初めての試みで，学会あげて取り組みました。とりわけ神戸大の桂芳男さんがご苦労くださいました。学会の活動として記憶されてよいことと思います。

経営史的な研究では，どうしても個別データというのは企業資料を使わなければいけない。企業のいわゆる内部資料みたいなものにアクセスするよりは，まず社史とか，そういう記念で出たものをたどるということが必要だということで，実際，自分が必要に追われてサーベイしたわけで，買えるものは図書館に入れてもらおうということです。ものによっては自分で買ってもいいけれども。このへんについては，2005（平成17）年か2006年ごろに，企業史料協議会の年次総会で話をさせられました。

自分が必要ということもありますが，私は経営史を大学で担当しているなら，やはりその関連する文献などを集めなければいけない，それは職務上の義務であると考えてきました。経営史の場合は，やはり社史はある意味では基本文献になると思うので，社史はしっかり図書館に入れなさいということでやってきたわけです。

外国については扱える人が必要であり，目利きもしなければならないので，万国の社史を集めるというわけにはいきませんが，私がここにいるということを一つの理由としてドイツについて集めましょうということで，図書館でもかなり早い時期からサポートしてくれるような体制ができました。

そういうことでやってきたわけですが，基本的には，必要に応じてカタログなどを見て買いました。誰かの所蔵にかかる社史の大きなコレクションが出たので，それをまとめて買ったということはありません。1980年代ぐらいまでは古書カタログがまだ結構出ていまして，その古書を集めるということで，いろいろな文献を集めました。私が東経大に来た時，図書館はドイツだけではありませんが，いろいろな面で外国の文献は貧弱でした。ここで給料をもらっている以上は，できるだけそういうことはすべきだと思っていたので，ドイツ社史にかぎらずいろいろ積極的に図書館の蔵書充実に意識を向けたわけです。社会学や特に法学の分野にも気を配りました。ですから，バックナンバーなどもいろいろなものを入れるということをしてきました。その中で社史も入れてきたということです。

ドイツの社史は四千点は超えていないと思いますが，三千数百点はあるわけです。その社史というのも，最近は出されるかたちがかなり変わってきているようです。私もしっかりフォローはしていませんが，昔は企業のセレモニーと

して百周年記念社史というのがたくさん出ていたわけです。ところが最近は，大企業はしかるべきアルヒーフも完備していることもありますが，そこのアルキビストとかアリヒバールとかが，外部の研究者とタイアップして学術的な体制をとって，りっぱな企業の年史を書くというのが目立ってきています。

　昔は，経営史の専門誌『トラディツィオーン』（Tradition）とか，あの後継は『経営史学雑誌』（Zeitschrift für Unternehmensgeschichte）になっているのかな，あれには初めのころから，何々会社が何年史を出したというアナウンスのリストが出ていました。最近は出なくなりましたが。しだいに社史刊行の情報把握が難しくなったんです。それから，古書に出ることもなくなった。

　もう一つは，ちょっとオーバーな言い方かもしれませんが，小泉改革以降，規制緩和が進められました。これはどういうことなのかというと，要するに大学もしくは学部設置について，外国書を何点揃えろという設置基準の強制がなくなったわけです。以前は設備として文献・資料を重視していたが，いまは情報システムなどに傾斜していることになります。こうしたことは授業学科目についても言えます。「経営史」はどういう運命になりますでしょうか。そうすると，大学自身が本を集めるのに狂奔する必要がなくなる。需要のないところに供給は出てこないです。だから，古書一般もそうだけど，特に社史みたいなものは収集するというマーケットが消滅してきたでしょう。カタログなどにも出てこないし，古本取引もだいぶ減っているのではないかなと思います。そういうことで，昔のようなかたちで外国の社史的なものを集めるというのは難しくなったわけです。

●今久保　目録は電子化されているのですか。

●福應　電子化されていないんですよ。ドイツ社史のデータベースとしてはつくられていないんです。配架も，新しいところのものは大雑把な腑分け，歴史なら歴史ということでざっとやっているわけだから，ドイツ社史で並んでいないわけですよ。

●今久保　それはもったいないですね。

●福應　どうにもならないのです。だから，これから検索システムをつくり直さなければいけない。これは大変なことだろうと僕は思うのですが，いまどういう対応ができるか。結局，これは嘆き節だけれども，経営合理化の流れです

からね。ほかの本でもそうかもしれませんが，社史を収集すると言っても，これは一人ではできないですね。ある意味で，大学の組織的なサポートが必要なんですけど。あと，やはり人がいなければ駄目なのね。東経大では有能な司書が積極的に収書にとりくんだことが大きかった。社史などの文献は公共財でしょう。僕はそういう意味では，研究条件の一環という意味も含めて，抱え込んで密閉して秘蔵するのではなくて，オープンにすれば広く社会に役に立つのですが。

僕はある時期から，経営史やゼミの講義で，期末試験に加えて，何でもいいから本学所蔵の社史を1冊読んで書評を書けというレポートを必修にしました。それからゼミでは，ここ10年間ぐらいかな。グループを分けて，そのグループに特定の企業を選ばせて，社史などを活用して共同研究を行い，それをゼミ論集として印刷して残すことをやりました。講義では，こんなくだらない社史を書いた，この企業はどこだというような批判的な意味でもよろしいと。要するに，社史というのは企業の自己認識の証だから，何でもいいから社史を見て，企業が自分のことをどう考えているかでその企業の本当のところが理解できるだろうと言ってね（笑）。

魅力としての学際性と比較史

●福應　私が，経営史学会なり経営史学というものに魅力を感じたのは，この学会が初めから，学会の理念というかたちで，一つはインターディシプリナリーという学際研究を掲げたことですね。経営学，経済史，社会学と連携して，メンバーを経営学界，歴史学界，社会学界から集めているわけです。このインターディシプリナリーという点が魅力的でした。

それからもう一つは，中川先生もおっしゃっていた比較史です。この二つが僕にとっては経営史学会の魅力でしたし，そこに歴史研究の一つの新分野というものの展望が開けていると思って，加わらせていただいたわけです。だから，あくまでその学際性と比較分析ということを忘れたら，経営史学というものはつまらなくなるのではないかという感じがします。

それから，何か一つの収斂性を持って，一つの理論的な方向性を引き出そうとするのが悪いということではありませんが，経営史の基本体系はこうだとか，基準はこうだというふうになってくると，ちょっと行きすぎのような気がします。

　例えば，チャンドラーにしても，僕はあくまで，あれは経営史の一つの基本的な理論あるいは歴史の収斂する方向というよりも，アメリカ経営史の特性を論じただけと見ています。だから，チャンドラーのようなものについても比較史という相対化の視点が必要ではないかと思っています。チャンドラーの経営史は，1940年から60年か70年ぐらいまでのアメリカ資本主義のそれはドミナントな勢力かもしれないけど，われわれがそれを見る時には，「チャンドラー・モデル」を経営史の基準（収斂するモデル）や一般理論でなく，20世紀前半のアメリカを最もよく描き出したものだというふうに見たほうがいいのではないかということです。物語を「理論」で置きかえないようにしたいのです。チャンドラーの魅力は，何といってもやはりストーリーにあるのではありませんか。

山崎広明先生インタビュー

日時：2013年2月15日
場所：東京神田錦町の学士会館
聞き手：阿部武司（大阪大学）・結城武延（秀明大学）

山崎広明先生略歴

【氏名】	山崎広明（やまざき・ひろあき）
【生年】	1934年
【主要学歴】	東京大学大学院
【主要職歴】	東京大学，東京大学社会科学研究所，東海学園大学
【経営史学会での代表的役職】	会長，常任理事

【主要業績】
『日本化繊産業発達史論』東京大学出版会，1975年
『東京海上火災株式会社百年史　下巻』日本経営史研究所，1979年
 Trade Associations in Business History, University of Tokyo Press, 1988（共編著）
『戦後日本経営史』全3巻，東洋経済新報社，1990-91年（共編著）
『昭和金融恐慌』東洋経済新報社，2000年
『織物からアパレルへ―備後織物業と佐々木商店―』大阪大学出版会，2012年（共著）

中小企業論への関心

●山崎　私は大学院時代は農業問題をやっていました。その後，神奈川大学に就職した時に中小企業論を始めて，だんだん歴史研究に入って産業史を経て経営史にたどり着くんです。

　なぜ中小企業論に変わったかですが，大学院のドクターコースまで大内力（つとむ）先生のところで農業問題，特に農業金融をやっていたんだけれども，就職を考えなくてはいけない時になって，それではポストがほとんどないので，どうしようかと思っていたら，僕の前に，『アメリカ金融資本の成立』を出した石崎昭彦さんが神奈川大学に行って，その後，馬場宏二君も採ってもらった。そこに中小企業論のポストがたまたま空いたんです。僕はドクターコースの2～3年の時に大内先生の日本経済論特講という授業を取っていたのですが，大内さんは，独占資本，中小企業，農業，財政とかいくつか柱を立てて，参加しているゼミ生十数人のそれぞれを班に分けて担当させた。僕は中小企業論に関心があったので，中小企業を分担し，1年半ぐらい研究史を調べていた。そういうことをやっていたから土地勘がないことはなかった。採ってくれるならありがたいので，「よろしくお願いします」ということになり，運良く採用されて，中小企業論の授業を始めました。

　当時の中小企業論は，だいたいマルクス経済学の中小企業論なのですが，二重構造論との絡みもあって規模別格差論が盛んだった。あのころは非常に公式的で，独占資本対中小企業という図式で考えて，独占資本の収奪があるから格差が出るのは当然だ，という話になっていた（笑）。その中で比較的まともだと思ったのは慶應義塾大学の伊東岱吉さんでした。彼は，工業統計表の統計分析を中心にずっとやっているんだけれども，日本の規模別格差が，欧米に比べて大きいことを強調する。そこで，日本ではどうしてそういう大きな格差が出てきたかをきちんと説明しなくてはいけないんだけど，それを解決するには，産業の実態に即した説明をしていく必要がある。そういう話はそれまでほとんどされていないので，僕はそれに非常に不満を持ちました。

　それで，まずは戦前の日本の中心産業であった綿業を中心に据えて，そこに

おける大企業の蓄積構造，それから織物産地の中小企業の蓄積構造，それらの相互関連を解く中で，格差がどこでどうやって出てきたかを説明すると，研究史に新しい道が開けるのではなかろうかと考えた。ですから，神奈川大学から法政大学にかけて，綿業という産業全体の日本独自の構造，日本の綿業の特徴はどこにあるのかというところから「日本綿業構造論序説」(『経営志林』5巻3号，1968年)という大きな論文を書いた。

その後，中小企業もやらなければいけませんから，産地の織物業を，というので，遠州と知多をやることになった。知多のほうは，産地問屋から資料がある程度出てきて，一次資料を見ることができた。遠州と知多の織物業の歴史をやって，結局，法政にいるころに『経営志林』に3本，論文を書きました。

日本経営史研究所および経営史学会との関わり

●山崎　そのころに，東京大学社会科学研究所が「本邦工業」という，それまでなかった工業部門をつくって，若手の助教授を一人採りたいということになり，主にそれらの業績が認められて，法政を4年半で辞めて社研に移りました。その前後に専門を産業史・経営史に移すきっかけになるできごとが二つありました。一つは，先ほどお話した綿業に関する業績が認められて，日本化学繊維協会が編纂した『日本化学繊維産業史』の執筆陣に参加することになったことで，戦前の部分をほとんど僕一人で書きました。

もう一つは，大学院で僕の5年ぐらい上になる森川英正氏と，法政の経営学部で同僚になったことです。1970(昭和45)年前後の大学紛争の時代で，みんな苦労していたわけですが，それで親しくなりました。森川さんが，中川敬一郎さんなどと一緒にやっていた『稿本三井物産株式会社100年史』の執筆という仕事を抱えてたんですが，忙しくなってしまって，しかも枚数をたくさん引き受けていた。「ちょっと僕の部分の一部を代わって書いてくれないか」と言うので，ピンチヒッターでそれを書くことになったのです。

これは結局出ましたが，100部限定で刷って50部は三井物産の倉庫にしまい込んで，50部だけを執筆陣と経営史研究所に渡すことになって，外には出

されませんでした。

　その編纂をしていたのが，由井常彦さんが主宰している日本経営史研究所だったので，その事務局の担当の人たちと親しくなった。そして，経営史研究所との関係ができて，それ以後，経営史研究所が引き受けたいろんな社史を僕も書くことになりました。

　次に，経営史学会との直接の関わりですが，前提として，経営史学会と東大との関係を少しお話ししておいたほうがいいと思います。戦後すぐ，大内兵衛先生以下，有沢広巳さんとか脇村義太郎さんが東大に復帰して，東大経済学部の再建をすることになるんですが，その時に大内グループの中で脇村先生だけが商業学科の所属になり，しかも学科再建の中心人物になる。脇村先生の担当は商業史だったんですが，それを1950（昭和25）年か51年に経営発達史という名前に変えました。

　脇村先生は，その時すでにアメリカのビジネス・ヒストリーの研究状況を十分理解していた。丸善に頼んで，出た洋書を片っ端から買って読んで，アメリカの研究動向を十分把握していて，どうやらアメリカではビジネス・ヒストリーが大きな流れになっているということを理解していた。それで，ビジネス・ヒストリーを本格的にやり始めて，自分のところに後継者がいないのが気になって，中川敬一郎さんに注目する。中川先生は大塚久雄さんの門下で直弟子だったので，「自分の後継者として中川君を譲ってくれないか」と大塚さんに頼んだのです。

　中川先生もイギリス綿業の歴史をずっとやっていたので，経営史の主流を歩んでいた。そういうこともあって，先生もそれに従い，1959（昭和34），60年にアメリカのハーバード大学に留学しています。ハーバードには，ビジネス・スクールと人文学部というのかもう一つの部局と，経営史研究に二つの流れがある。前者は管理史で，後者が企業者史学（entrepreneurial history）ですね。ちょうどそれらが盛んになっているところに中川先生は行ったので，両方を行き来しながらアメリカのビジネス・ヒストリーの本場で何が議論されているかを吸収して帰ってきた。ちょうどいいタイミングだった。

　帰ってきて，脇村先生と二人で相談して，昭和30年代の終わりに経営史学会がスタートする。事務局は東大に置くことになって，中川先生は常任理事だ

から事務局の一番中心なんですが，脇村ゼミ出身で経済学部助手の土屋守章君が実務的なことはほとんど担うかたちで経営史学会はスタートしたんです。土屋君自身もハーバードのビジネス・スクールに留学して，MBAを取って帰ってきた。それで，最初はアメリカの経営管理の歴史をやっていた。まさに経営史です。

経営史学会へ森川さんに誘われて入会したのは法政にいた1970（昭和45）年です。僕はそれまで学会は何も入っていなかった。そして，学会の評議員になったころから，事務局の仕事を積極的に手伝わざるを得なくなってきた。最後には1997（平成9）年から2000年の4年間，会長を仰せつかることになりました。

この間，考えてみると，全国大会の統一論題の司会をひんぱんにやらされました。役員になる前後からです。1980年に法政大学であった第16回大会では，下川浩一さんが全体の責任者でしたが，井上忠勝先生と一緒に司会をやりました。3年たったら京大でやることになって，責任者の渡辺尚君から頼まれて引き受けたんです。2年後には龍谷大学です。これは小林袈裟治さんが編集委員会の仲間で，その委員長で僕がずっと補佐していたものだから，親しくなっていた。この時には戦時中に関する「経営史における昭和10年代」がテーマで，それも引き受けることになった。それから2年後，長崎大学で「戦後経営史をかえりみる」。これは米川伸一さんがプロジェクトリーダーだったんだけど，米川さんが倒れてしまって大変だった。前日か，前々日かに電話がかかってきて，「とてもじゃないけど行けない」と言うので，プロジェクトリーダーが不在になった。それで，麻島昭一さんは家が近いので米川邸に駆け付けて，奥さんに頼んで机の上を調べてもらったら，一応メモがあった。ほとんどできていたんで救われたんです。麻島さんに代読してもらって，僕は司会者だから，あとを全部仕切らざるを得なくて，だいぶ苦労しました。

そのあと6年ぐらい飛んで，同志社大学で安岡重明さんに頼まれた。翌年は，早稲田大学の原輝史君から頼まれて，「戦後経営史とアメリカナイゼーション」の司会をやった。その2年後は常任理事だったから，いろいろと目立ったのかもしれませんが，横浜市立大学の大会で小野塚知二君がプロジェクトリーダーだったので，僕のところに頼んできて，それもやりました。

会長になった翌1997年，福岡大学の大会では，プロジェクトリーダーが関西学院大学の藤井和夫君だったと思うけど，福岡は僕の故郷だから，それもあって頼んできた。テーマの時間管理など全然知らないけど引き受けて，これで終わりです。

●阿部　米川先生が中心になられる予定だった長崎の大会では，米川・下川・山崎の三先生編集『戦後日本経営史』全3巻の編集は，だいぶ進んでいて，統一論題はそれを踏まえての企画だったんでしょうか。

●山崎　そうです。

日本化学繊維産業史

●山崎　次に産業史・社史との関わりですが，まず，三菱重工の社史です。僕が関係したのは三菱日本重工と新三菱重工に関する2冊で，1967（昭和42）年に刊行されています。3部作ですからもう1冊『三菱造船株式会社史』があるんだけど，こちらは僕はコミットしていない。だけど，共通して安藤良雄さんが監修者でした。これが社史をやるきっかけになりました。

次は，社史ではなくて産業史になりますが，『日本化学繊維産業史』です。化学繊維協会が創立25周年を記念して歴史書をつくりたいというので，協会に田代茂樹東レ名誉会長の甥御さんがいた。それから法政にいた田代正夫さんも田代さんの甥でした。その関係で田代正夫さんが編集委員に入って，当時，繊維で一番業績があった内田星美さんを加えた。もう一人は，業界団体の相馬順一さん。この三人が編集委員で，編集プランをつくって執筆陣を集めた。

業界にはエコノミストがたくさんいるし，関係の業界紙もある，化繊協会にもそういう人たちがいるから，業界関係あるいは会社関係のエコノミストを集めれば十分できるというので，時期を区切って，労務とか財務とかという管理の機能別に分けて，マトリックスをつくって，それに人を張り付けていくんです。それができれば，一人400字詰50枚とか100枚の原稿が，ぱっと書けてしまう。それらを集めれば三人で十分編集できるという構想でスタートした。ただ，それをやっていくと，戦前の部分をやる人がいない。業界のエコノミス

トでは歴史は無理なので，田代さんから「戦前をあなたに任せるからやってくれ」と言われて，面白そうなので引き受けました。

　その時，レーヨン工業についてはすでに幾つか業績がありました。大阪市大の狭間源三さんとか，東京教育大系で最後は関東学院に行った小林正彬さんがやっていた。小林氏は，楫西光速編『現代日本産業発達史XI 繊維』上巻（交詢社出版局，1964年）にレーヨンについて書いていて，なかなかの力作です。このように学者が書いた業績はいくつかあるけれども，少し抜けているところがあるなということが分かった。一つは技術，もう一つは糸の流通です。資料がないから，なかなか難しいのですが，「せっかく業界団体でおやりになるのなら，いまだったら，存命の方からのヒアリングが可能だから，大規模にそれをやったらどうですか」と提案したら，それが受け入れられたので，事務局に三十数人をリストアップしてもらい，コンタクトもとってもらいました。僕と事務局の人と二人で出掛けていって，大変面白い話が聞けて，それをもとにして，だいたい書いたんです。僕が書いた部分に新味があるとすれば，それなんだ。ヒアリングをやったことによって，新しく出てきた資料もあります。

　技術関係では，当時の写真が貴重です。旭化成の前身の旭絹織はドイツのグランツシュトッフ（Glanzstoff）と提携して，滋賀の膳所に工場をつくったのですが，当時の技術者が工場内の写真をきちんと持っていました。工場の内部の写真から技術が目に見えるわけです。例えば，パルプを浸した浸漬や圧搾などひとつひとつの工程は，話を聞いてもイメージがはっきりしない。しかし，写真を見ればどういう工程かが明確に分かる。

　それから，帝人商事の社長に会った時，この人は1926（大正15）年に早稲田の商学系の大学院を1年でやめて帝人に入ったんですが，大学院に残ろうと思ったぐらいだから勉強家なんです。帝人に入ったら，いきなり売り子にされたと言っていたけど，営業担当になって各店に売って回る，その記録を丁寧に残した。帝人の糸の売り先を大学ノートにびっしり月ごとに整理して，デニール別に毎月の売上数量を10年分ぐらいノートにきちんと残していた。貴重だったのは，店別のリベートでした。リベートは全部の販売先に払うわけではなくて，取扱高が多い，帝人の糸を熱心に扱うところに多く払うのですが，そのリベート率が出てくる。それを見ていくと，京都の大橋商店（商事会社蝶

理の前身）の大橋理一郎（祖父は生糸問屋）は非常にまじめな人で，律義にレーヨンの商売をやっていた．それで，メーカーは蝶理を信頼し，大橋は信用できる男だというので，帝人のリベート率では非常に高いリベートが払われていた．だから，投機をやらなくても十分儲かるんです．そういう人でも投機を全くやらなかったわけではないけれども，普通の糸屋は投機を盛んにやって，メーカーとしてはそれでは困ると考えていた．大橋商店は，非常にまともな商売をやっていたという評判だったようです．

そんな話も聞けたヒアリングの際には，さらに貴重な資料が出てきたり，記録写真が出てきたり等々で，そうした資料をもとに『日本化学繊維産業史』を書きました．その後，東大社研で私の教授昇進の話が出てきて，そのためには単著が必要だろうということになり，東大出版会の石井和夫さんのところに行って，単著をつくるとしたら二つしかアイデアはないと相談しました．一つは，法政時代に書いている綿業論にいくつか章を足して日本綿業史を書くというアイデア．もう一つは，化繊協会の仕事を少し再構成すればアカデミックな著書にはなる．「どちらがいいでしょう」と言ったら，石井さんは，「前のほうは時間がかかりますよ」と言う．そこで1975（昭和50）年に世に出た『日本化繊産業発達史論』を書くことになったわけですが，労働問題や繊維機械業界の事情なども書き足しましたから，結局1年弱かかりました．この本で教授にしてもらって，おまけにエコノミスト賞までもらい，誠にラッキーでした．

なお，綿業関係の三つの作品は，先ほど少し触れましたが，法政にいるころに『経営史林』に三つとも載せてもらった．ただ，実際に資料を集めたのは神奈川大学のころだったと思います．

三井物産社史

●山崎　それから，『三井物産100年史』上巻は山口和雄先生が中心で，当時，経営史研究所に入って間もない田付茉莉子さんが助手みたいなことをやって，山口さんの担当分の一部を執筆したりしています．それから，駒沢大学にいた前田和利君．彼は土屋喬雄さんの明治大学時代の最後のお弟子さんで，土屋先

生が明治で定年になった後，教鞭を採っていた駒沢大学を定年で辞める時に，前田君を後任に引っ張った。僕は，彼が担当した時期の次の時期をやることになって，ドル買いのところは森川さんが書いています。戦時期は，東洋経済の記者だった専修大学の栂井義雄さんの担当です。このメンバーで，戦前篇を執筆しました。

下巻は戦後篇ですが，書くはずの人たちがほとんど書かないで，結局，大東英祐さんがピンチヒッターで大部分を書いています。いい本だと思うけど，戦後を一人でなんて書き切れないから，GHQ の政策によってたくさんの会社に分かれていた企業が集約されてくるプロセスを主として書いています。だから，下巻はそんなに厚くない。

小野田セメント社史

●山崎　その次に，1981（昭和 56）年に刊行された『小野田セメント百年史』は，僕と伊牟田敏充君が中心で，宇田川勝君と橋本寿朗君と武田晴人君が入っていた。僕は，この本の一番難物だった昭和 40 年不況の箇所を担当した。その時期に小野田は倒産寸前に追い込まれて銀行管理になって，興銀と三井銀行から重役が入ってくる。小野田は，安藤豊禄という，財界では有名な人が社長で，戦後，彼の独裁体制がずっと続くんです。「安藤君の会社である」と財界人からも見られていた。その安藤さんが，結局，昭和 30 年代の設備投資で間違えた。エネルギーが石油に転換していく時に，安藤さんは国粋主義者だから，国内資源の石炭を守らなければいけないというので，最後まで石炭に固執した。それで，新しい焼成法を開発してやっていくんだけど，ほかの気の利いた会社が石油に転換していくと，やはりコスト的に勝負にならない。頑張るんだけど，結局失敗して，それに昭和 40 年の不況が来たもんだから，一挙に金銭的にパンクして銀行管理になる。

そこをどう書くかが，社史の最大の問題だった。そこを僕が書いたんですが，今度は編集委員会で引っ掛かってしまって，その委員長が安藤さんの秘書をやっていた人物で，「昭和 40 年不況は書くな」と言う。そういうわけにいか

ないので，僕は原稿を非常に圧縮して出した。安藤さんからはヒアリングをしたから，言ったことを踏まえて全部書いていた。だから，間違ったことは書いていないんだけど，やはり駄目なんだな。「ここはカットしてくれ」と言うので，けんかしたんです。「そんなの100年史にならんじゃないか。それなら出すべきじゃない」と僕が言ったものだから，「それじゃあ最小限にしてくれ」というので，ずいぶん削ぎ落としてね。それでも，言いたいことは読む人が読んだら分かると思うんだけど。非常に苦い思い出が残っている社史です。

だけど，非常に面白かった。大きな企業が金融危機にぶつかった時，銀行がどういうふうに入ってきて，その後をどのように処理していくかがよく分かった。メインバンクの役割も非常によく分かった。小野田は三井系だけど，三井銀行は資金力が弱くて，興銀のほうが融資量は大きいんです。結局リーダーシップをとるのは興銀で，その常務だった人が将来の社長含みで入ってくる。ところが，昭和40年代に入って，もう一度，高度成長が始まる。小野田もそれで息を吹き返して業績が良くなる。そうすると，銀行と言えども進駐軍は排除されていき，結局，興銀から来ていた武田健夫さんは社長になれないで，小野田の生え抜き組が復活してきた。安藤さんは相談役だけど，事実上まだ人事権を持っていました。安藤さんのお声掛かりの人が，その後もずっと社長をやっていくんです。そういう日本企業の体質が分かって，大変面白かった。社史には書けないですが，勉強になりました。

東京海上火災保険社史

●山崎　その後が東京海上の100年史の下巻です。これは，三井物産の社史をやったので，経営史研究所がその仕事を認めてくれたのかな。執筆委員は，由井常彦，杉山和雄，僕，田付茉莉子の4人。それで，東京海上の本社で社史編纂室長と社史担当の専務取締役に会ったんです。最初に会ったのが渡辺文夫さん。のちに社長，会長になる人で，日本航空㈱の会長もやったけど，専務で社史担当の渡辺さんも僕らと同じ東大経済学部卒なんです。だから顔合わせをしたら気に入っちゃったんでしょうか，最初の話は戦前の部分だけを経営史研究

所が引き受けることだったんですが，会って話しているうちに，渡辺さんが室長に，「この際，先生方に下巻も頼んだらどうだ」という話になってしまった。

経営史研究所は絶対に受けたいというわけです。ところが，戦後をやるのは僕しかいない。「僕は一人じゃ無理だ。とてもじゃないけどやり切れない」と言ったら，「どうやるかは全部任せるから。助手を使ってもいいし，ほかにまたライターを探してもいいから，あなたがやってくれ」と言うので，結局引き受けた。

僕は社研に移って間もなくだったから，時間もあった。週に2回ぐらい行って，会社で資料をひっくり返して勉強しているうちに面白くなって，400字で2000枚位を結局一人で書いた。これが出るのは非常に難産だったのですが，出たら会社の中では，「解剖されちゃった」とか言っているんだけど，結構評価してくれた。会社は2〜3年で人が変わっていくでしょう。営業部長とかが新しく来ても，いままでの流れが何も分からない。でも，あれを見ると営業政策まで書いてあるわけで，大きな流れが分かる。会社の戦略も書いてあるから，その絡みの中で自分が担当している仕事がどういう位置にあるかはきちんと分かる。大変重宝している，というので，その後，社内では評判が良かった。

その後，阿部君と沢井実君に頑張ってもらって，『最近110年史』（社内資料）を出した。『120年史』もやった。その時，僕は社研の所長をやったりして忙しいから，僕のところに話は来なくて橋本寿朗君のところに行って，橋本君が執筆陣を集めたんじゃないかな。彼は2002（平成14）年に亡くなったから，最後までいなかったと思うけど，120年史は出た。

その東京海上の100年史を見て，住友も同じようなものをつくりたいと言ってきた。この時にも，橋本君が中心になってくれたと思う。それに田付さんが入って，保険だから米山髙生君にも入ってもらった。彼が一橋に移る前の京都産業大学にいたころです。

東レの社史と各地の電気事業史

●山崎　1997（平成9）年に出た『東レ70年史』。これも東レが経営史研究所

に頼んできた。東レは，その前に50年史を社内でつくっていた。70年史には準備段階から付き合ったんですが，編集方針をめぐって研究所と会社の意見が食い違ってしまった。会社は50年史と同じような編集方針で総論的な社史を一つつくるけれども，各部門史をそれとは別に社内でつくることにして，二部構成の初めの総括的な総論的な社史だけをつくってほしいという。当時，常務が頑張ったけど，最後は折れて，「先生のおっしゃる通りにやりましょう」というので，本格的な70年史をつくることになった。執筆陣は大東（英祐）氏に入ってもらったほか，僕が推薦したんだけど，学習院の鈴木恒夫君に，化繊をやっていたから入ってもらった。新しいところは，田付さんが書こうということでやりました。

東レという会社は，スタートしたのは1926（大正15）年で，かなり年輪を経ている会社だから，なかなかしっかりしていると思った。1955（昭和30）年には利益ナンバーワンになり，高度成長期には優秀な人がたくさん入っている。

あとは，電気事業史です。地方の電気事業史を経営史研究所が次々に引き受けてきたんです。最初は1987年に関西から始まった。それから，中部，北陸，そして関東の電気事業，これは東京電力ですね。その後，九州電力も経営史研究所が引き受けたけど，すでに名古屋の東海学園大学に移って忙しくなっていたものだから，僕は参加しなかった。

それで，関東地方の電気事業史までは，橘川武郎君と僕の二人がいつもメンバーに入っているんです。あとは，田付さんが探してきたんだと思うんだけど，経営史学会のメンバーがチームを組んでやりました。僕は電力国家管理を中心にやって，みんなと一緒に楽しくやったという印象があります。ただ，電力再編成の歴史的位置付けについて橘川理論があるんだけれども，それについては僕はちょっと違った考え方を持っています。電気事業100年史，特に関東地方の100年史をやる過程で，はっきりしてきた論点なんです。彼は，国家管理はいわば回り道だと見る。松永安左エ門の構想が戦前すでにできていて，それが戦後に実現されたという話になる。それで，国家管理はなくても良い回り道だったと言っている。それは違うのではないかなと僕は思っている。戦後の電力再編成の構想をつくっていったのは，松永ではない。電力各社（関東・関

西・中部)の中核的なメンバーで当時取締役に成り立てぐらいの人たち,のちに各社の中心になっていく中堅将校たちがつくっていった構想が松永事務所に集まる。そのアイデアが大きかったのではないかと僕は思っています。電産(日本電気産業労働組合)を分裂させるきっかけになったのも東京でした。9 電力分割論の駆動力になったのは関東地方の電産支部で,それが最初に企業別組合として電産から分かれてしまう。そのリーダーだった人物は共産党なんだけど,彼が木川田一隆さんなどと非常に近かったという話を僕は聞いています。木川田さんは最後まで,その人物を非常に高く評価していたという。その辺の動きを橘川君は全然無視してしまっているので,そこを実証的に詰められると橘川理論は崩れるのではないか,と僕は思っているんですが,ただ,関係者もほとんど亡くなっている状況なので,詰めるのはなかなか難しい。『関東地方電気事業 100 年史』に,僕は事実上きちんと読めば分かるような書き方で,それを一応は書いてあるし,橘川君の本への書評にも,それを書いている。そういうことが分かったのが,成果かもしれませんね。

横浜正金銀行史と通商産業政策史など

●山崎　それ以外では,山口和雄・加藤俊彦編『両大戦間の横浜正金銀行』(日本経営史研究所,1988 年),それから『通商産業政策史』(通商産業調査会,1989-94 年)です。横浜正金銀行については,その後身の東京銀行に関係資料が固まりとして三つありました。僕らは,そのうち二つの固まりまではアプローチできた。ところが,一番中核の資料は,結局ほとんど見られなかったし,いまはどこに行ってしまったかも分からない。そういう苦い思い出があります。編纂主任の新井真次さんは,最後のころの横浜正金銀行で結構偉いポジションにいたみたいで,戦後の東銀ではカリスマ的な権威を持っていた。それで,最後まで部屋をあてがわれていて,そこに一番肝心な資料が全部詰め込んであるんですが,新井さんの許可がないと,誰にも見せない。最後まで,彼が全部番をしていました。そこにあった資料は,結局ほとんど見られなかった。僕には何冊かほんの一部,新井さんのご機嫌がいい時に見せてくれた。「どん

な資料が欲しいか」と言うんだけど，何があるか分からないから勘で適当に言うと，たまたま当たることがあって，「それならば，今日は時間を限って見せよう」とか言って見せてくれる。コピーは駄目なんですよ。だから，この本の序文で山口和雄先生も，「編纂主任のご意向で見せてもらえなかったものはあるけれども」と，ちらっと書いている。

　『通商産業政策史』は三和良一君が責任者の一人で，その第Ⅰ期を引き受けて，関心が占領政策にあったから総論を彼が書くんだけど，あのころ，彼はアメリカに行って，ずいぶん資料を見ていた。「そっちは全部僕が書く。だけど，通産本体がどういうふうに政策を展開したかというところまではやる余裕がないので，あなたがやって下さい」と僕のところに言ってきた。せっかくの機会だから，「通産の資料を見られるならいいよ」ということで引き受けたんだけど，通産は担当者が熱心な人ならきっちり資料を残しているけど，系統的に資料を残す慣習がないから，プリンテッド・マター（printed matter）が系統的に残るようになっていない。ただ，いいのはヒアリングをやっていたことです。ずっと系統的にあのころにやっていたから，あれはだいぶ役に立ったんですけどね。それ以外に関しては，通産は資料を残す官庁ではないという印象が強かった。僕は大蔵省文庫で学生時代アルバイトをしていた。そこのほか大蔵省の戦後の財政史編纂室，その前の昭和財政史編集室には結構いろんな資料が残っている。官庁でも大蔵はかなり資料をきちんと残している。駆け出しのころに農業をやっていた時に，農林省の資料室の中も見たことがあるけど，農林省も割合残している。それらに比べると，通産はお粗末だ，という思いが残っています。

　それから『神奈川県史　各論編2』は安藤良雄先生が編纂責任者で執筆者を集めて，各論を割り当てて，僕は川崎の石油化学コンビナート，昭和30年代の石油化学コンビナートの歴史を書いています。ただ，これもそんなに資料はないんです。結局，川崎の図書館に行って，あとは化学経済研究所の調査資料によりました。

東京大学社会科学研究所の共同研究

●山崎　次に東京大学社会科学研究所全体研究との関わりです。経営史学会とは直接関係はないんですが，経営史学会へのコミットメントがだんだん深まっていく過程で，僕は社研にいたので，触れておいたほうがいいかと思います。

　まず，僕が移る直前に終了した「戦後改革」というプロジェクトがあって，柴垣和夫君などが中心でやっていた。ちょうど化学繊維産業をやっていたから，「戦後改革と化繊産業」という論文を載せてもらいましたが，運営そのものにはタッチしていない。

　移って間もなく始まったのが，「ファシズム期の国家と社会」で，これは最初，ファシズムをやろうと言ってスタートをしたんだけど，いろんな議論があってファシズム論は難しいので，その時期の国家と社会についての実証分析をやることにしたらどうかというので，最後に落としどころが見つかった。そこでは，馬場宏二君と僕が運営委員会に入っていたのですが，僕は，戦時経済の論文を二つ書いております。

　その次にスタートしたのが「福祉国家」研究で，これには，かなり力を入れてやりましたが，経営史とも産業史ともまるで関係のない福祉国家論で，結局，保険をやっていたものだから年金制度（年金保険ですから）で二つ論文を書きました。

　定年で辞める直前ぐらいにスタートしたのが，「現代日本社会」というプロジェクトで，これは昨年亡くなった馬場（宏二）君が中心になって，彼の会社主義論で全体を引っ張った。ただ，僕は彼の説の受け売りはしたくないので，実証研究に徹して「日本企業史序説」という，企業のランキング表から何が読み取れるかという議論を中心に，展開している論文を書きました。その延長線上で，僕の還暦記念の退官時の論文集みたいな本で，東京大学出版会から出た武田晴人編『日本産業発展のダイナミズム』（1995年）の序論も書いています。それから『日本経営史の基礎知識』（有斐閣，2004年）の序章にも，ちらっとそれらしいことを書いています。

国際会議との関わり

●山崎　国際会議にもいくつか参加しました。一番最初はハワイのモロカイ島の会議でしたが，プロシーディングズは中村隆英編『戦間期の日本経済分析』（山川出版社，1981年）という日本語版だけ出て，英語版は結局出なかった。この時の論文をベースにして，"Mitsui Bussan during the 1920s" というペーパーを1986（昭和61）年のベルンの国際経済史会議で発表しています。その次が，第13回富士コンファレンスです。この時に提出したペーパー "The Logic of the Formation of General Trading Companies in Japan" は，日本語ですでに書いていた商社論の英語版です。

　次に，ジュネーブ大学の主催で開かれたヨーロッパの金融史の研究者たちのワークショップです。10人ぐらいの少人数で3日間やりました。横浜正金銀行論のペーパーを出しましたが，会議の論文はあとで本の一つの章になりました。その後が，ミラノで開かれた国際経済史会議です。ドイツのハンス・ポール（Hans Pohl）がリーダーを務めたプロジェクトで，"Competition and Cooperation in the Japanese Textile Industries during the Interwar Period" というペーパーを読みました。それを含むプロシーディングズが，簡易版の本になっています。

　あと二つは，日本でやった会議ですね。一つは，京都産業大学で米山髙生君が中心にやった保険史。米山君に引っ張られてこれに参加しましたが，成果は出版されず，その時のペーパーを僕は東海学園の紀要に載せました。それから，「昭和金融恐慌の経営史」を，由井常彦さんが中心になった日仏経営史会議で報告した。この会議はNIRAから資金をもらいフランスから研究者を呼んで東京でやったんです。この論文も東海学園の紀要に載せて，それを拡大して東洋経済から単行本『昭和金融恐慌』を出してもらいました。

経営史学会会長時代の思い出

●山崎　最後が，経営史学会会長時代の思い出です。古い資料をひっくり返していたら，会長のあいさつみたいなのが出てきて，「学会のマンネリ化打破，活性化を図る」とか宣言しちゃった。それで，まず立ち上げたのが研究組織委員会。学会の研究をどういうふうに組織していくか，それを再検討しようではないかというので，どなたに頼んだのかも忘れてしまったけれども，やってもらったんです。その中からパネルをつくろうという話になって，これは良かったと思いますね。

それで，大会2日目の午前中にパネルをやって，午後は統一論題をやることにした。それまで統一論題は1日やるんだが，間延びしちゃって，だんだん人がいなくなって最後は20人ぐらい残るだけです。それで，朝9時か9時半にスタートして5時までやるわけでしょう。僕はその司会をよくやっていたから，もうつくづく嫌になった。あれをもたせるのは大変だ。もう少しコンパクトにやったほうがいいのではないかということで，2日目のプログラムを変えたのが一つです。

それから，もう一つは統一論題を一工夫したほうがいいのではないかということです。これは会長が提案したと思うけど，まず中京大学の大会で「経営史の方法」という論題をやったらどうだということでやってもらったんだけど，これはあまりうまくいかなかった。その後，成城大学でやったのが「経営史教育」ですね。これは僕が強く主張して実現した。それには背景があって，経営学部と名の付く大学が参加している全国経営学部長会議という会議体に，僕がたまたま東海学園大学で学部長になる前と思うんだけど，学長の代理で出てくれと言われたものだから四国大学でやった時に出たら，これがタイミングが良くて，ちょうどその前に経営学部長会議でアンケートを採っているんです。どんなカリキュラムをつくってやっているか，そのアンケートの集約結果がここで発表されたんです。

それで，なんと経営史が1位なんだ。経営史の範囲は広く，西洋経営史も外国経営史もアジア経営史もあったり，単に経営史というのもあるけど，日本経

営史もある．それらを全部数えると，経営史が第1位なんです．もう一つ経営管理論とかいくつかあるんだけれども，とにかくトップランクなんで僕はびっくりしたんです．

　これは，脇村義太郎先生たちの努力なんです．大学設置審議会の専門委員会に学会から委員が出ている．僕がそれに出た時には，もうそんなことはやらなかったけど，僕の前の由井（常彦）さんの時に，経営学部はどういう科目を置くべきかという議論をして，モデルをつくっているんです．そして，経営史は非常に重要な科目として，そこに位置付けられている．

　ところが，その後，設置基準の大綱化で縛りがなくなってしまって，だいたい自由にやれるという話になってきたものだから，経営史という科目はだんだん減ってきている．そういう流れになってきているわけで，僕も東海学園大学経営学部に移って現場にいたから分かるけど，経営史をいかに残すかは大変なことなんだ．学生は歴史なんて関心はないし，そうすると受講生も少ないから，経営史など要らないじゃないかという議論が必ず出てくる．それに対抗するには，相当な覚悟を固めなければいけないので，何といっても，経営史の魅力を高めないといけない．だから，そのためには，どういうふうに授業をやっているかというアンケートを採るべきだし，学会で議論をしたほうがいいのではないかと，かなり訴えた．それがいまでも生きているとすれば幸いだと思います．

　それから，編集委員責任者をやってくれと言われて，『日本経営史の基礎知識』の編集・執筆に携わりました．良かったと思うのは，「執筆者を公募しろ」と橘川武郎君が提案した．僕は大丈夫かなと思った．偉い先生を落とさなければいけないということだってあるわけでしょう．「それはそれでいいんだ」と言う．彼が言ったのは，それで会員の参加意識が高まるから，公募制はその後これを売る時にすごく役に立つのではないかということでした．営業政策も絡むから，それはそうだな，と思った．実際，偉い先生で落とされた人は何人かいて，皮肉を言われたこともありましたけど，それだけのことでした．あれは画期的な試みだったんじゃないかな．有斐閣の編集者はびっくりしていたから．

近年の仕事

●山崎　東京大学を60歳で辞めた後，埼玉大学に3年半勤めましたが，その後名古屋市の郊外に東海学園という学校法人が新設した東海学園大学に移り，結局そこに14年半もいることになりました。初めは，授業だけやってくれという話でしたが，いろいろ事情があって，この間8年間位，学部長や研究科長，法人理事をつとめ，ほとんど管理職中心の生活でした。その中味については，いろいろありますが，学会とは直接関係しないことなので，ここでは触れません。研究の面ではソフトバンクの歴史をやりました。これは，院生と一緒に勉強している，と企業家研究フォーラムで滋賀大学の小川功さんに話したら，彼が共通論題のケースとしてそれを取り上げるので，「先生，ぜひやってください」と頼まれ，最初は断ったんだけど，だいぶ粘られて，それでは少し勉強してやりますよということになり，報告した。それをベースにしたペーパーが，『企業家研究』4号に掲載されました。

　それから，阿部さんと一緒にやっている備後織物業と佐々木商店の研究は本になった。また，いまやっているのが「豊田家紡織事業の経営史」で，その前半部分を『企業家研究』9号に載せてもらって，いまはその続編を書いているところです。こんなことを東海学園時代は主にやってきました。

藤田貞一郎先生インタビュー

日時：2012 年 10 月 10 日
場所：藤田先生ご自宅
聞き手：廣田誠（大阪大学）・長廣利崇（和歌山大学）

藤田貞一郎先生略歴

【氏名】　藤田貞一郎（ふじた・ていいちろう）
【生年】　1935 年
【主要学歴】　和歌山大学，大阪大学大学院
【主要職歴】　同志社大学
【経営史学会での代表的役職】　常任理事
【主要業績】
　『近世経済思想の研究―「国益」思想と幕藩体制―』吉川弘文館，1966 年
　『近代生鮮食料品市場の史的研究―中央卸売市場をめぐって―』清文堂出版，1972 年
　『近代日本同業組合史論』清文堂出版，1995 年
　『国益思想の系譜と展開―徳川期から明治期への歩み―』清文堂出版，1998 年
　『近代日本経済史研究の新視角―国益思想・市場・同業組合・ロビンソン漂流記―』
　　清文堂出版，2003 年
　『「領政改革」概念の提唱―訓詁学再考―』清文堂出版，2011 年

経営史学との出会い

●廣田　それでは，本日は藤田貞一郎先生に，経営史学会の顧問として，いろいろなことをうかがって参りたいと思います。よろしくお願いいたします。
●藤田　はい。
●廣田　インタビューのほうは，私，廣田と長廣が務めさせていただきますので，よろしくお願いいたします。
　事前にお送りしました質問事項を中心におうかがいしたいと思います。まず一つ目の質問としては，先生のこれまでのご研究の歩みということで，いつ，どのようにして経営史に関心を持たれ，経営史研究の世界に入られたのか。また，その後どのようにして，その研究を進められたかということからお話しいただければと思います。
●藤田　私は興味が散漫で，人間の社会現象に，歴史現象にいろいろ興味がありまして，最初から経営史に関心を絞っていたということはまったくないんですね。
　私の研究者のあゆみは，安藤精一先生のところで太閤検地論を学んで，検地帖の名請人の研究，名請人がどういう性格のものであるかということの研究から始まったような状態ですから，経営史とはほとんど関係ないんですね。
　それで，運よく宮本又次先生の下で大学院の勉強をすることができるようになりまして，宮本先生のところでは，ちょうど僕が大学院に入ったころ，鴻池の研究が共同研究で始まり，そこで宮本先生は自由な先生ですから，「みんな好きなようにやりなさい」と。
　そして，いろんな研究の資料を使う機会を与えてくださる方でしたから，鴻池の場合は，僕は鴻池新田の研究をしたんです。それで，修士論文は「鴻池新田の経営的性格」という題名になっていますから，そこに「経営」という言葉を使ったことは確かです。鴻池は，なぜ新田経営に手を出したかということと，それが鴻池全体の経営にどういう意味を持ったかというようなことを調べたんですね。
　その一方で，宮本先生は，ご自分が率先してどんどん論文を書く先生ですか

ら，同じころ，『藩社会の研究』という本にまとまるんですが，門下生に，こういう次第であるから論文を書いたらどうかというようなことで話がありました。

あのころ，宮本先生のところには僕と川上雅君がおりまして，竹岡敬温君は1年後に入ってきました。そういう中で，宮本先生のフランス経済史の授業はありますが，それと並行して，大学院生は，それぞれ適当な課題本がありまして，それを読んで全体を要約して説明するというようなことがあり，その時に安岡重明さんの『日本封建経済政策史論』という本が僕の順番になりました。あれを読んだことは，今日まで続く国益研究になってくるのですが。

あれは非常に僕の研究への刺激になりまして，それで修士論文を書いた同じ年に並行して，後に宮本先生の『藩社会の研究』に採用してもらうことになった，和歌山藩の御仕入方の研究についての論文もできたんですね。その時に「御救」と「国益」という言葉が使い分けられているということを発見しまして，それまでありました関係の文献を見ても，辞典類にも一つも説明がありませんので，これは自分でこの時の国益というのはどういう概念かということを説明しなければいかんと思って，やり始めたのが事の始まりです。

そういうことで，特定に経営史に興味を持ったということではないんですが，宮本先生という先生は，非常に自由闊達な先生ですから，何をやっても良かったんですね。「自分のやりたいことを一所懸命やりなさい」という先生ですから。ただ，宮本先生ご自身が，いろんなことをおやりになって，経営史もおやりになっていたということ，そして経営史学会の創設者のお一人であるということが理由となって，経営史学会に最初から関わってきたと思います。

実は，経営史学会は学会として発足する以前に準備会のようなものがありまして，その準備会に，僕は確か名古屋と京都であった会合に出た記憶があります。だから経営史学会が学会として出発する以前から，経営史に首を突っ込んでいたことは事実です。ただ，積極的な会員ではなくて，宮本先生の縁がありまして経営史に入ったということが事の真相だと思います。その後も経営史に絞ってやろうという意志があったとは，到底言えないと思います。そういうことが事実ですね。

日本の企業経営と国益

●藤田　ただ，国益の問題に関連して，日本の企業経営に国益思想がどう影響しているかということについての関心は，どうも根底にあったようでありまして，僕は比較的早い時に論文を書いていますね。

この論文を発表したのは，最初は『同志社商学』の 24 巻 5 号，6 号で，1973（昭和 48）年ですが，製紙業のことを取り上げまして，そこでいまの王子製紙，当時は抄紙会社と言っているのですが，その抄紙会社の創立願書に，国益のために西洋紙製紙業の会社を興すということがはっきり書いてあるんですね。

それから，1871（明治 4），72 年ごろ，大阪で楮紙製造商社というのが構想されるのですが，それは徳川時代の大阪の十人両替商の平野屋五兵衛の分家の平野屋安兵衛，明治ですから百武安兵衛となっていますが，この人が，楮紙製造所をつくることを考えた時の主意書にも，洋紙製紙業を興すことは国益になるとはっきり書いているんですね。

だから，日本の企業経営に，なぜそれを興すかということについて，国益という理念を振りかざした動きがあったことは事実でありまして，それも書いたのですが，どういうものか，この 1973 年に書いた僕の論文は，ほとんど無視されていきましたね。

日本の企業経営と国益という問題については，森川英正さんの立派な仕事がありますが，森川さんのは徳川時代からの国益の思想史ということとはまったく無関係にお書きになっていると私は感じていますね。

森川さんが仕事をおやりになったころの 1960 年代の日本では，突然「国益」という言葉がやたらに使われるようになって，今日まで及んでいるんですが，これは僕は当時の文献で確認しているんですが，その文献を書いた人も，どういうものか最近「国益」という言葉がやたらに使われると書いていますね。

この 1960 年代に再び出てくる「国益」は，「ナショナル・インタレスト（national interest）」の翻訳であって，僕が偶然やり始めた徳川時代の経済概念としての「国益」とは少し違うんですね。ですから，歴史性を帯びた国益とは

違う意味で1960年代以後使われて，今日まで日本では結構，人を引っ張っていく，あるいは自分の主張を正当化する用語として使っているようです。

そういうことで，僕の近世の国益研究は，もともとは経営史とは何の関係もなかったんですが，いま紹介した文献では，明治の初めに，それが明治になっても使われているという一例として書いたことは事実ですね。ただ，僕の国益研究は，歴史を追究した点で，研究史上独自性はあったと思っています。

不思議なことに「御救」という言葉は，これは早稲田にいる深谷克己さんが東京に住んでいますから，そして歴研（歴史学研究会）とか，あのへんの研究会に関係がありますから，岩波あたりが編集した辞典にも「御救」とは出てくるんですが，いまもって「国益」という用語が項目にあった辞書は，僕の知る限り，僕自身が書いた吉川（吉川弘文館）の『国史大辞典』と，それから小学館のつくった辞典（『日本歴史大事典2』）があるんですが，その二つだけですね。経営史とは，ちょっと縁が薄いところもあるかもしれませんが。

市場史研究

●**藤田** もう一つ，僕がやってきたのは市場（いちば）の問題ですね。市場の問題は，最初，あまり関心がなかったんですが，これも宮本先生のところにおりました時に，僕がまだ大学院の3年目ぐらいだったかな。『大阪市中央卸売市場三十年史』だったかの編纂を宮本先生が引き受けていらっしゃいまして，その時に作道洋太郎先生，川上君，竹岡君，安澤みねさん，それで僕と，その人数でこれをやろうということになりました。これも，また宮本先生の押し付けではないので，自分で気が付いたものを選んで，今日に続く分野を担当して本を書いたんですね。

いま考えてみると，市場の問題は，単に制度の問題ではなくて，日本の生鮮食料品に関わる企業経営史と深い関係があるということが，いまになってみると自分はそれを分かるし，それをよく分かった人は本まで書くようになってきたのが事実ですね。高（宇）君の本は，日魯漁業などの水産会社，そういう食料品関係の企業の経営史も，日本の市場の制度の変化と深い関わりがあるとい

うことを論証したいい研究ですね。このように市場史の研究も，経営史の分野まで及んできていると思います。

　市場史の研究は，中村勝さんと枠谷光晴君が僕の後を継いで始めてくれて，枠谷君は早く亡くなったけど，中村さんが徹底的にやって。この三人の研究は制度史が強いんですね。それを超えるようなところまでやっていかなければいけないということで，老川慶喜さんも言っていますけど，最近，清文堂から出た三巻のシリーズ本は，そこまで市場史の研究が広がりを見せてきているということが言えると思いますね。原田政美君の市場史研究は，西ヨーロッパの都市と日本の近世のいわゆる城下町と言われている都市の成立過程・性格の違いまで視野に入れた都市論にまで及んできているんですね。

　だから国益研究も市場史研究も，経営史に関心があるから取り上げたテーマではなかったんですが，結果として，経営史にも深い関わりを持つ切り口の一つであったというような感じを，いま僕はしております。1番目はそういうことかな。

●**廣田**　ありがとうございました。

経営史学における量販店研究の問題点

●**廣田**　それでは，次の質問に移らせていただきます。1番目のお話とも，多少重複するところもあるかもしれませんが，成立後の経営史学会において藤田先生は，どのようなことを中心に活動してこられたかということについておうかがいしたいと思います。おそらくこれは，一つは運営面の問題に，いま一つは学会報告などの研究面になるかと思うのですが，そのへんを中心にお話いただきたいと思います。

●**藤田**　経営史学会では，まず報告のほうで言いますと，もともと先ほども言いましたように，経営史に焦点を絞って研究を始めたわけではありませんので，それほど学会報告をした記憶がありません。ただ，同業組合に興味を持っていましたから，それについての研究報告をしたことがあったように覚えています。同業組合は本当にきちんとやらなければいけない問題であって，僕も本

を書きましたが，あれはきちんとやらなければいけないと思うんですね。

　もう一つ，先ほど言った市場の問題ね。市場の問題は卸売市場だけではなくて，小売市場も非常に大事なんです。廣田君がよくやっているんですが，そもそも日本で小売市場ができたというのは，実はそんなに古いことではないんですね。大正時代。これはもう日本と西ヨーロッパの都市との違いがありまして，日本の小売市場は西ヨーロッパに比べると歴史が浅いということが大きな理由になっていると思います。だからいまの日本では，スーパーマーケット万能主義で，コンビニは万能ですね。なぜそうなるかというと，ヨーロッパとの小売市場の展開の仕方との違いに関係があるのだろうと僕は思っているんです。

　日本の小売市場は，少なくとも大正ごろから昭和，そして昭和30年代，40年代の初めごろまでは結構力があったんですね。このことは強調しておかなければいけないのだと。ダイエーの中内㓛が，なぜ，いわゆる総合スーパー形態を選んだかという問題は，それまであった小売市場との競争関係がありまして，彼はそれを選んだんですね。それを強調しておきたいのは，経営史の専門家も小売市場の研究をする人は極めて少ない。廣田君はいるんだけど，本当に少ないので，研究者がきちんと書かないから，ノンフィクション・ライターが書こうとしても材料がないんですね。

　佐野眞一さんというノンフィクション・ライターがいますが，彼はなかなか筆が達者なんだけど，彼の書いたものに『カリスマ』という中内㓛を主人公にした本があるんですが，そこには，中内がなぜ総合スーパーを選んだかということの社会関係として，小売市場についての知識がないもんですから，まったくそれを除外したかたちで『カリスマ』を書いているんですね。そういう問題があります。

　これは日本の経営史学会に対する苦情でもありますけどね。だから，小売市場のことについては，ほとんど勉強しませんから，高岡美佳さんとか高柳美香さんなどの百貨店研究とかスーパーマーケット研究はそこが抜けている，というのが僕の印象です。

「回顧と展望」の意義

●**藤田** それで経営史学会では，僕はいまは顧問にしてもらいまして，本当にありがたいと思っていますが，最初は，確か僕は編集委員になりました。その前に，関西部会の責任者みたいなのが大学に順番に回ってきますが，その時に僕が関西の世話役みたいなことをしたこともありますね。2年ぐらい続いたかな。そしてその後，編集委員になりました。

その編集委員になった時に，委員長が麻島昭一さんで，各年度の研究成果を全体として回顧して展望する欄をつくりたいと麻島さんから提案があった。その編集委員会に僕は出席しておりまして，これはいい企画だと思って即座に賛成しました。その理由は，史学会の『史学雑誌』には年々の回顧と展望欄がありますが，経済と経営関係については『史学雑誌』の性格がありますから弱いんですね。だから，これはあってもいいと思ったのが理由です。

ただ，『史学雑誌』のもう一つの問題点は，大勢の人で手分けしてやるんですね。古代から現代までやりますから当然そうなる。でも，近世でも小分けにして大勢でやるんですね。だから，僕の記憶では，『経営史学』における回顧と展望をやった時には比較的少人数で担当したと思うんです。それは，担当しますと非常に手間がかかって大変なんですね。たくさん読まなければいけない。だけど，担当したために，こんな論文があるんだなと思って，研究者としては非常に勉強になったことは事実です。

そういう「回顧と展望」の欄が何年か前から，これも事情があったと思いますが，取りやめになったのは残念だと思っています。あってもいいと思うんですね。いまもってありませんからね。『社会経済史学』はやっていませんし，『史学雑誌』は望んでも無駄ですし，経営史学をやりますと，得てして，それはそれでいいんだけど，蛸壺へ入ってしまうんだよね。自分の興味があることだけをやってしまう。それでは歴史学をやっている意味がないんだよ。

歴史学というのは，視野が広いところが，ほかの学問と違う。およそ歴史学と名の付く分野は，視野が広いことが最大の命なんですね。それが個別化して蛸壺に入った。精密なことは確かだけれども，一体全体としてはどんな意味が

あるかとも考えずに，やっている本人も分からずに。ただ，調べれば人間の事実は無数にありますから面白くてしようがないよね。面白くてしようがないけど，それでは後世に伝える意味がないんですよ。たとえそういう精密な研究があっても，誰か後に全体を見通して言い続ける人が出てこなかったら，まったく無意味な研究の集積になってしまうと思うな。

　もちろん経営史学会に所属する研究者としては，「回顧と展望」を引き受けたら大変なんです。でもたまたま回ってきた半年ぐらい，これはもう自分の研究をほったらかしても，「よし，やろう」と言って，「ああ，こんなことになった」「こんな研究があるのかな」ということを自分で知るのは，研究者自身のためにも僕はいいと思うな。だから，この企画が復活してくれればいいという気がしますね。

　僕は瀬岡誠君と上川芳実君に助けてもらって分担してやったんですが，そうしたら礼状をくれた人がいるよ。自分の研究をよく取り上げてくれたと。だから，書く意味があると思うな。

寺田財閥の研究

●藤田　それから学会報告は，もう一つ，お亡くなりになった三島康雄さんに誘われて，大正時代の中規模財閥の共同研究をやって，それを京都大学での大会で報告したことがありますね。僕はその時に寺田財閥をやりましたが，経営史学会の大会で参加して報告をしたのは，それ1回きりだな。あれは自分として勉強になりました。だから，僕の財閥研究は，もうそれっきりでやっていませんが，いい勉強にはなった。
●廣田　泉州の大財閥ですよね。
●藤田　そうそうそう。
●廣田　南海とも関係がある。
●藤田　あるある。これも偶然なんだけど，宮本先生から『佐々木政父（せいがい）伝』を頼まれて。宇田正さんと僕とが。この人は帝国議会草創期の泉南選出の議員なんですね。この人が経済活動もやっていて。そういうことで

『佐々木政父伝』をやったもんだから，関連資料がいろいろ出てきて知っていました。その縁もありまして，寺田財閥の研究にも利用することになったんですが。

　寺田財閥は，初めからやろうと思ったのではなかったんだ。それも偶然で，『佐々木政父伝』を宇田さんたちとやったために，泉州の政治と経済の世界の生の資料を知ったということがきっかけになって，それでどこかで話したんだろうな。それが三島さんの耳に入って，三島さんが中規模財閥でやるから君も参加してくれと言われてやった記憶があります。

　そういうことですが，いずれにしても，研究というものはひょんなことから展開するものだという感じはしますね。それがいままで自分でやってきた思い出ですね。だから，人はいろいろで，いろんなやり方があると思う。最初から，これをやろうと言って絞ってくる人もいると思うんですが，僕はそうじゃなかった。運に恵まれて，それに興味を持って，ずっと考え続けたということだけだろうな。

　そして，興味を持ち出したら続けることが大事だな。続けることは本当に大事。続けたからこそ，僕の国益研究がそれなりに意味を持ったんだと思う。そんな歴史の資料なんて，いっぺんに全部出てくるはずはないからな。ぽちぽち出てきて，あるいは人が教えてくれて，それを自分なりに消化して体系化するというもんだろうな。そういう気がしますね。だから2番目の問題はそういうことです。編集委員会に関わって，麻島さんの提案に即座に賛成したということは自分の思い出ですね。だから，それがなくなったということは，理由があることだと思いますが，それは一概に否定できませんが，あってもいいもんだというような感じはするな。

　繰り返しになるけど，それに当たった人は大変なんですが，やったほうがいいと思う。最近の経営史研究は特に蛸壺型になってきているから，それを避けるためにも，せめて経営史と名乗っている関連文献を，1年でもいいから1回は目を通して，どんなものがあるかということを知ることは大事だと思います。

経営史学における同業組合研究の問題点

●**藤田** だから，これは他人の批判になって避けなければいけないと思うんですが。佐々木聡さんの同業組合研究は，自分の先生の由井常彦さんの研究しか知らないんですね。それで，僕は佐々木さんの本の書評を経営史学会から頼まれて，はっきり書いておいたけど，由井さんの研究だけでは駄目だと。僕の研究で明らかにした問題はあるからね。吉野信次が構想した商工組合法案があったのだが潰れてしまったという歴史経過は，吉野信次が『商工政策史』では抹殺されているんです。そのために『商工政策史』を基準にして日本の経営史を書くと，大きな欠陥が出てくるということを言ったつもりだけどな。僕は佐々木さんの本の書評ではっきり書いているから。日本型流通構造という京大系の経済理論家たちがまとめた本も，日本の同業組合をまったく知らないからね。それで書いているんだよ。日本型流通機構なんてね。それはおかしいと僕は思って。

『商工政策史』には大きな欠陥があるということだ。僕は『経営史学』の書評にはっきり書いているから，それは公言してもいいと思うよ。同業組合研究をする中で，『商工政策史』の編纂の大枠の意味が分った。

あれは同業組合問題について，非常に欠陥のある本になっているんですよね。これは木山実君が教えてくれたんだけどな。後々には知って，はずしているんだよね。同業組合問題で大問題になったんだよね。それに対して吉野は，商工省の事務次官として一つの構想を立てたけど，同業組合から総反対を食うんだよね。それで挫折するんだ。挫折した結果が，現実に出てくる「工業組合法」「商業組合法」ということ。

だから日本の経営史家，経済史家もほとんどそのことを勉強しないから知らない。僕は自分の論文集のところにまとめたけどね。ここに書いてあるな。『市場史研究』にも書いたね。そこは経営史学会員に言っておいていいと思うな。『商工政策史』は吉野信次の歴史を抹殺する行為によって，同業組合の当時持っていた力を抹殺して書かれた本だったよね。なぜ，商業組合法や工業組合法が出てくるかというのを十分説明できていないんだよね。そこのとこ

ろは，中京大学の寺岡寛さんも，いっぱい書いているけど，まったく抜けている。そう思うよ。

　経営史学会の誰かが，経営史学会，経営史学に興味を持つ研究者，誰かがやる問題として，「重要物産同業組合法」をどうするかという問題を巡って，二転三転繰り返して，「工業組合法」「商業組合法」になるという歴史の文脈，その中間の研究は僕以外は誰もやっていないな。つまりやらなければいけない。僕が「こういう新聞記事がありますよ」と書いたんだから。はっきり書いているからね。だから『商工政策史』を金科玉条として書いてはいけないよ，ということは言っておいてもいいかなと思います。

経営史教育について

●**廣田**　研究面のことを中心に，あるいは学会活動のことを中心にうかがってきましたが，ここからは，藤田先生がいわゆる講義，セミナー，執筆活動などを通じて，学生さんや大学院生に経営史の面白さというか魅力をどのように伝えてこられたかということをうかがいたいと思います。

●**藤田**　経営史という科目を教えることについて言いますと，これは長廣君も知っているように，同志社大学の商学部で担当したのは商業史だけで，経営史は教えたことはない。ただ，歴史一般みたいなことを教えたから，簿記の歴史とか，あるいは株式会社発生史論のようなことは教えたと思うな。商学部では講義題目がそういうことですから，経営史に絞って話をしたことはありません。

　ただ，僕はいろんなことに興味を持ちますから，いま言ったようなことを話したことは事実で，株式会社発生史論も教えていました。大塚久雄さんのおっしゃっていることは，ある程度，理解しているつもりですから。

　それで，大塚さんの研究段階では，日本ではあまり知られていなかったイスラム世界の共同出資形態，そういうことは最近分かってきていますから，それは日本人の研究者でしたら家島彦一さんの本などで知って，ヨーロッパ人のブローデル（Fersnand Braudel）も少し書いていますが，そういうものを使って，イスラムは商業交易がすごく発達している社会で，資本を集めるという形態は

結構発達しているので，そういう話をしたことは確かにありますね。

　それで僕は，日本でも加入型共同企業と言えるものが明治の初めにあったということを知りましたので，論文にも書いた。加入型というのは，新保博さんの近世の廻船業者の加入型共同企業の研究などを知っていましたから，それを使って明治の初めに加入型共同企業の例がありますよ，ということを論文で書いた記憶はありますね。

　それで，先ほども言ったように，商学部では商業史ですから，特に経営現象に絞って説明することは少なかったと思います。僕は宇田（正）さんに頼まれて追手門学院大学で10年ぐらいかな，結構長い間非常勤講師に行っていまして，そこは経営史という授業題目ですから経営史について説明しました。その時に主として使ったのは，大塚さんの『株式会社発生史論』だったことは事実ですね。

　それから中川敬一郎さんの，産業革命以後のイギリス社会における企業経営と文化構造の関係を論じた文献（『比較経営史序説』東京大学出版会，1981年に所収の諸論文）があるんですが，当時のイギリスでは経営で成功してそれで上がりというわけではなくて，田舎に土地を持った貴族になることが商売の目標だった。中川さんの本にはあるよ。なぜイギリスが世界で最初の産業革命をやり遂げたけど，その後そのまま突っ走ることはなかったかという説明。経営者で成功して，それで人生の最後というような価値体系ではない社会だ，そういう文化構造があることを説明した論文があるんですね。それを説明した記憶はあります。

　だから，商業史が商学部での僕の仕事だったから，経営史，その面については，ちょっと深みが乏しいと思うな。

　それで執筆活動では，いまお話ししたような論文ぐらいかな。ただ，同業組合問題は，経営史の分野に十分取り入れられてしかるべきものだというふうな感じを，いま持っていますね。

●**廣田**　はい。

情報化と経営史研究

●藤田　ただ，すでに言いましたが，いまの経営史研究は経営史学会の論文を見る限りでは，精密さはすごいんだけど，蛸壺になっている感じがするな。

●廣田　経営史研究が蛸壺化しているということは，これまでも抽象的には指摘されていることではありますけれども，先生が言われるように，「回顧と展望」のようなものがなくなったというのが，その一因というお考えは，初めてうかがいました。

●藤田　ああ，そうですか。

●廣田　いまはインターネットなどを使って，先行研究を探すというのが割と簡単にできるので，「回顧と展望」のようなものがなくなっていったという可能性はあると思うんですが，ただ先生が言われたのは，逆に執筆者のほうが，「回顧と展望」を書くため一生懸命，半年ぐらい自分の知らない分野を研究しなければいけないと。それが，その人の研究の幅を広げて成長させると。こういう視点は，まったくいままで指摘されていなかったし，誰もたぶん意識していないのではないかと。

　調べるだけだったら，もう要らないではないかということで，非常に簡単に廃止されてしまったのではないかと推測するのですが，そういうマイナス面については，必ずしも皆さん，意識されなかったということですね。

●藤田　うん。そういうふうに受け取ってもらえるとありがたいな。本当にそうだと思うよ。僕は，もう現代の情報機器とはまったく無縁の生活をしていますから。携帯電話もなければ，あるのはファクシミリだけだから。あとは何も持つ気がないしね。娘からiPadを買ったらどうかと言われたけど，「そんなもの要らん」と言ってね。

　大事なものは，情報が必要であるけれども，情報を整理するその能力が大事なんだよね。というと，娘はちょっと怪訝な感じをしていたけど，でも，そう思うね。

　廣田君が言ったその問題も，自分の知りたいものをインターネットで調べたわけでしょう。だから駄目なんだよね。自分の知りたいものを調べたら，ます

ます蛸壺になるんです。だから，しょうことなしに見ることは大事だよ。これをやっている以上は，しょうことなしに目を通さなければならないことがあると思うんだよね。自分が気付いていないことはいっぱいあるんだから。

　毎年，三人ぐらい交代でやるんだから，10年たつと30人はそういう視野を持った人ができる。そう思うよ。経営史学会で30人もそういう視野を持った人が出てきたら，みんながみんなそこまで行くか知らないけど，半分ぐらいは「そうだなあ」と思う人が生まれると思うな。自分が蛸壺だったっていうことをね。

●廣田　大阪経済大学の日本経済史研究所で毎年刊行されている『経済史文献解題』，あれも昔は冊子体で発行されていたんですが，いまはインターネットで見られるようなかたちになっているんです。ただ，インターネットに情報を入力するのは，みんなが相変わらず手分けしてやっていまして，私もその中の一人に入っているんですが，そうすると，本当に自分が普段接することのない，例えば，私の担当には『日本歴史』が入っていますが，いわゆる国史の，古代・中世・近世の，経営史ではない研究も全部見なければならないので，それは本当に勉強になりますね。

●藤田　分かる，分かる。僕も長いことやったからね。あれも，こんな論文あるんだと思って。基礎の研究が大事なんだよね。

　「天皇」と「皇帝」の使い分けという重要な事実があるんだよ。僕があれを知ったのは，『日本歴史』を見たからだよ。あれは，ほとんどみんな無視しているでしょう。いろんなものを見ることは大事だと思うよ。日本のいろんな歴史分野の人に限っても，「天皇」と「皇帝」の称号の使い分けという意味を知っている人は極めて少ないと思う。ものすごく少ないはずだよ。日本の経営史家と経済史家で『日本歴史』に目を通したことのない人がいるんじゃないかな。

●廣田　はい。

●藤田　経営史をやろうと，経済史をやろうと，「天皇」と「皇帝」を使い分けている近代の歴史があるということを知っておくことは絶対必要なんだな。

　ちょっと脱線するけど，僕は僕の本に書いたけど，吉田茂はその申し子なんだよね。彼は，昭和初期の田中内閣と濱口内閣の外務省の次官。次官は大臣の次だから，専門家としては最高の地位だな。そこに就いた人なんだよね。

それで，彼が外務省に入った時から，明治の終わりに入った時，外交は全部「皇帝」というかたちで処理しているんだよね。1936（昭和11）年かな，彼はそれまで中国関係が多いんだけど，初めてイギリス大使になる。その時に，彼が初めて日本国天皇の名代としてロンドンに行くということをイギリスの王室に出しているのが象徴的なんだよね。

　だから，いまもテレビで吉田茂を扱っている。もう終わったかもしれないけど，そういう側面は一つも触れてないよね。吉田にはそういうところがあるんだけど。彼は，そういう時代の申し子なんだよね。

　北大でアジアの政治外交を研究した専門家たちも，「天皇」と「皇帝」の使い分けすら分からずに，片方で書いているよ。ここを見てごらん。全然違う。それが日本の専門家の水準だよ。

　だから，宇佐美英機君に言わせると，戦う研究者である必要があるんだな。意味が全然分かっていない。日清修好条規も，吉川の『国史大辞典』にそのことが書いていないことも大きな理由だな。僕の推測では，総まとめの坂本太郎さんが，それは書くなと言ったんじゃないかな。僕らもそうだけど，条約と条規の違いも教わっていないもんね。

　最後の3番目のところは，経営史も歴史の分野だから視野を広く持つ必要があるということは言っておきたいな。だから，回顧と展望はあってもいいという感じがするよと言って。いまも，ますます蛸壺になっているからね。論文の数だけ，それを競うような状況もあって。精密にやり出したら切りがないもんね。

●廣田　はい。

●藤田　そんなもの，君たちには言わないでも分かるけど，一人の人間の朝起きてから眠るまでの体の動きを全部記録して，どんな意味があるとか，そういう問題なの。

　僕は時々思い出すんだけど，他人から聞いたんだけど，安井琢磨さんが近経（近代経済学）の理論の学会で，何か若い人が詳しいことをやったらしいけど，安井さんが質問して言ったらしいよ。「何のために精密にするのか」と。それが大事なんだよね。何でそこまで精密にするのかということよ。大前提だね。だから絶えず，なぜここまで細かくやるかということね。他人が細かいことを

やっていないから，では駄目なんだよね。絶えず大前提があるんだよね。

経営史研究の今後に願うこと

●**藤田** 日本でも，コーポレート・ガバナンスというのを，すぐ入れてきて，その研究が始まったんだけど，あれだっておかしいね。人間社会は，いつでも何かのかたちで集団をつくって，物をつくり，そして消費していかなければならない。そういう動物だよね。だから大きな視野で見たら，家族でやっている場合もあるし，共同体でやっている場合もある。それで，近代社会は個人の自立というような一つの仮想空間をつくって，そういう前提として，株式会社とか出てくるわけでしょう。それで生産活動をやっているんだよね。

だから，それは何も投資家と株主のためのものではないんだよね。従業員のためでもあるし，投資家のためでもあるし，社会のためでもある。それをコーポレート・ガバナンスで「誰のものか」「株主だ」って，あほかって僕は思うよ。ほんと，きついことを言ったけど，人間社会は生きていくために，どういう組織を必要とするかが大前提だよ。それを考えたら「会社は誰のものか」「株主のもんだ」「あほか，いいかげんにしろ」と思うよ。それはもう，おかしな国にいまなっているんだよね。

だから経営史家も，人間が集団の動物として生きていく時に，どういうかたちで生産活動を組織し，それを分配して消費してきたかを，その大枠を絶えず頭に置いとかなかったら，投資家に都合のいい，投資家万能主義なコーポレート・ガバナンスになってしまうと僕は思っているね。コーポレート・ガバナンスをすぐに持ち込んできて，どうかしていると思うよ。

だから経営史だけ，企業経営ばかり見ていると駄目なんだよね。人間社会，企業というものが一体どうして出てきたか。そういうものがない時，人間はどうして生産活動を組織していくかという問題だもんね。その問いがないんだよね。いつの時代でも，人間は一人ではできないもんな。何人かが集まって生産している。

人間は辛抱の動物という言葉があるけど，本当に昔はムチでたたいて武力で

働かせた。ところが人間は想像できる，イマジネーションを持てる動物であるから，お金（貨幣）に全権を与えるんだよね。人を支配する権利も物を支配する権利も金に与えてしまっている。これは不思議な話だよね。本当に不思議な話。でも，それで僕は学んだ，解明しているんだけど，本当はおかしい。それ自体を問う頭を持った人は経営史をやらなければいけないと思うな。経済史をやらなければいけないと思いますね。

　だから，極端に言ったら，電子マネーでも良いと言っているでしょう。あれもイマジネーションだよね。それで人が動く。やっさもっさ働くんだよね。昔は，ムチでたたくか脅かさないと動かなかった。あるいは，もう一つは宗教の信念ね。宗教的信念があって，それで働くというのはあると思うけどね。

　だから，人間はなぜ金のため働き，なぜ金が物を支配することができるかという，そんなことも経営史の課題なんだろうな。昔はそうではなかったんだから。だから，企業経営だけを見るだけでは人間の歴史は分からない。歴史と名乗る以上は，大きい視野で見なければ。まあ，そんなもんかな。

渡辺尚先生インタビュー

日時：2013年4月20日
場所：渡辺先生ご自宅
聞き手：黒澤隆文（京都大学）・今久保幸生（京都橘大学）

渡辺尚先生略歴

【氏名】　渡辺尚（わたなべ・ひさし）
【生年】　1937年
【主要学歴】　東京大学大学院
【主要職歴】　北海道大学，京都大学，東京経済大学
【経営史学会での代表的役職】　常任理事
【主要業績】
『ラインの産業革命―原経済圏の形成過程―』東洋経済新報社，1987年
『現代ヨーロッパ経営史―「地域」の視点から―』有斐閣，1996年（共編）
『ヨーロッパの発見―地域史の中の国境と市場―』有斐閣，2000年（編著）
Globalization and Regional Dynamics: East Asia and the European Union from the Japanese and the German Perspective, Springer, 2002（共編）
『孤立と統合―日独戦後史の分岐点―』京都大学学術出版会，2006年（共編）
Neupositionierung regionaler Führungsmächte Japan und Deutschland, Peter Lang Verlag, 2009（共編）

入会と北海道大学時代

●渡辺　まず私のほうからまとまった話をさせていただきたいと存じます。

　経営史学会創立期に苦労なさった世代と較べて，私は日本で経営史学の制度化がほぼ完成した時に参入した，苦労知らずの世代です。それにもかかわらず，このような機会に恵まれたことを過分の光栄に存じます。

　私が経済学の勉強を始めた昭和30年代，『日本経済新聞』を除いて全国紙の経済欄の記事に，会社名が載ることはめったにありませんでした。社名を挙げるのは宣伝効果を伴うので，不偏不党の原則にもとるというわけです。

　経済史分野でも，私が経営史学を齧り始めた昭和40年代後半になっても，個別企業を問題にすること自体，うさんくさい眼で見られたものです。もしも私が経営史学界にいささか貢献できたとすれば，私のような者，学生時代にマルクス経済学につかり，社会経済史学会だけでなく旧土地制度史学会に属する者が経営史学会にも属したということ，それを通して経営史学会が先発両学会と並ぶふつうの学会であることを，身をもって示したことでしょうか。

●今久保　経営史学会へは，どういった経緯で入会されたのでしょう。

●渡辺　OD2年目の1971（昭和46）年に経営史担当として北大に採用されることが決まった時，慌てて事務局があった中川敬一郎研究室を訪ねて入会を申し込んだのです。それまで，構内ですれ違っても警戒するような眼で私を見ていた中川さんが，―それはそうでしょう，大学紛争の残り火がまだ燻っていた当時，何を考えているか判らないドイツ帰りのODを教師が警戒するのはもっともなことですから―，顔をほころばせて，「強力な新人を迎えることができました」と言ってくださったことを憶えています。このような次第で，私が経営史学会に入ったのは，学問的欲求にかられてではなく，就職時の成行きにすぎません。しかも私の36年4カ月の教歴で，経営史を担当したのは北大時代の3年間だけでした。この意味で，私は経営史家と称することにためらいがあります。

●黒澤　北大では経営史研究を吸収しながら，教育に携わられたことになりますね。

●渡辺　ええ，北大での3年間は，経営史の「教育」ではなく「学習」の期間でした。実り豊かな3年間だったと思います。当時入手できる経営史学の教科書を手当たりしだいに読んだお陰で，Business History とは Economic History のアメリカ版だと解釈するに至りました。このことが，「経済史」と「経営史」の区別にこだわる必要がないとの確信を生み，総じて経済史一般の海を自由に泳ぎまわればよいのだという，開き直りを可能にした次第です。

●黒澤　Business History を Economic History のアメリカ版だと解釈されたというのは，非常に興味深いですね。

●渡辺　北大時代に，同じ資本制経済でも西ヨーロッパと北アメリカとでは類型を異にするという認識が生まれました。やがて，大塚久雄さんの共同体論・近代社会論に基づく国民経済論と，松田智雄さんの「流通の優位」という中部ヨーロッパの類型特性に着目した「資本類型論」の批判的継受に向かうようになりました。

　このような姿勢を生みだした点で，北大時代は，ドイツ留学に続く私の学問的本源的蓄積過程の延長であったと言ってもよいほどです。そういう教師に北大の学生諸君がよくぞつきあってくれたと，感謝するばかりです。

研究史の軌跡　問題関心と批判的継受

●黒澤　どういうきっかけで，経済史の世界に入ってゆかれたのか，またその後の研究関心の推移についても，お聞かせください。

●渡辺　「60年安保」の1960（昭和35）年に経済学部に進学して松田（智雄）ゼミに入り，Alphons Thun, *Die Industrie am Niederrhein und Ihre Arbeiter* を，独和辞典を片手に読みだしたのが，私の「経済史学事始め」でした。

　その時の初期条件として，四つがありました。①地域対象としてドイツを選んだ個人的関心，②60年安保を機に日本の経済史学界の主要関心が移行論から産業革命論に移行，③大塚（久雄）さんの国民経済創出過程としての産業革命理論，④松田さんの商品資本循環を理論的根拠に据えた資本類型論です。

　①については省略します。②については，1960年にストックホルムで開催

された第 1 回国際経済史会議の共通論題が,「1700 年以降の経済成長の要因としての工業化」となったことを機に,「経済成長」economic growth,「工業化」industrialization が学術用語として一般化し,さらに同年出版されたロストウの『経済成長の諸段階』により「離陸」take-off という語が学術用語にとどまらず経済ジャーナリズムの流行語にさえなったという,時代背景もあります。③については「大塚史学」の徒である以上,大塚理論は金科玉条であったということです。④については,正直のところ私の理解力を超えていました。

修士論文では,ドイツ産業革命の結果,「ドイツ国民経済」形成の道筋が見えてきたことを,ライン河下流域の社会的分業展開の分析によって実証しようとしました。それを下敷きにした最初の公刊論文が,『土地制度史学』に投稿した「産業革命期ライン・ヴェストファーレンにおける社会的分業の展開―国内市場のドイツ的形態における一試論―」（32 号，1966 年）です。しかし,この地域の社会的分業の深化を明らかにすればするほど,南ドイツや中部ドイツとの補完関係が弱まり,「ドイツ国民経済」形成に向かう必然性の証明がかえって難しくなるという自縄自縛に陥り,文字通り試論に終わりました。しかもこの地域の実証研究では,川本和良さんの恐るべき業績が眼前に聳えたち,方向性を見失って悶々と過ごしたのが博士課程の 2 年半でした。

転機が訪れたのは博士課程 3 年の夏です。幸いにも DAAD 奨学生試験に合格して,ケルン大学に留学することになったからです。私は,ライン・ヴェストファーレン経済史の泰斗クスケ（Bruno Kuske）の許に行きたかったのですが,クスケは亡くなり,その後をケレンベンツ（Hermann Kellenbenz）が継いでいることを知らず,さらにまたケレンベンツがどういう学者であるかもまったく知らないまま,ケルンへ向かったわけです。ドイツ語もろくにできずにはるばる日本からやってきた学徒を,温かく迎え入れてくださったケレンベンツに,いまでも私は深い感謝の念を抱いています。

3 年余にわたりライン河畔で過ごした体験が,ライン河下流域の経済空間としての一体性を生活実感として認識させ,「ドイツ国民経済」のイデオロギー的虚構性を感得するに至りました。同時に,商業史の大家であったケレンベンツについたことで,「商業」が近代ヨーロッパで持つ意義を実感できるようになりました。

「商業」の歴史的意義が理解できたことで，日本社会一般にはびこっていた，本来はメビウスの帯の関係にあるはずの生産と流通を二分し，前者を可，後者を非とする固定観念に対する批判の眼を養うこともできました。やがて関西で生活するようになった時，「あきんど」を大事にする関西が日本のヨーロッパであると認識するようになったのも，Kaufmann（商人）が上層身分に属するドイツでの体験を重ねることができたからです。

　原商品，歴史的産業連関，原経済論，資本三類型論などの方法概念はこのようなわが「遍歴時代」に芽生えたものであり，遅まきながら書きあげた『ラインの産業革命』という「親方作品」で，なんとか史実に拠って裏づけることができたのではないかと考えています。

五つの研究分野

●渡辺　これまでの仕事を，①商品史，②企業史，③商工会議史，④地域史，⑤資本類型論に群別してみると，企業史が多いのが意外でした。私は「経済史」と「経営史」との方法的区別にさしたる関心がなく，最広義に解した経済史（経済政策史も含む）をわが専門分野と心得てきました。そのため，その時々の関心が赴くままに，商品史，企業史，地域史を研究したまでのことです。

　①商品史については，産業革命研究を始めるにあたり，なぜ西ヨーロッパが自給できる羊毛でなく，自給できない綿を素材基盤にして産業革命が起きたのか，また日本と違い生活必需品でなく奢侈品にすぎなかった綿製品が，なぜ世界史上の転換点たる産業革命の担い手になりえたのかが，根本的疑問でした。

　ドイツにおける産業革命の研究にとり，「綿製品」とは何かは避けて通られぬ問題です。また商品学 Warenkunde は技術学 Technologie とともにベックマン（Johann Beckmann）の造語であり，商品史に踏みこむことは技術史に踏みこむことでもあります。こうして技術関心が生まれました。京大在職時代，4年ごとに大阪で開催される国際工作機械見本市に必ずゼミ生と一緒に出かけました。

　②企業史では，ブリューゲルマン工場，ライン西インド会社，ライン-マイン-ドーナウ株式会社，デュースブルク・ルールオルト株式会社，富士電機株

式会社を対象にしました。一見脈絡がないようですが，富士電機を除きすべてライン河に関連する企業です。ちなみに，富士電機成立史の英訳を *Japanese Yearbook on Business History* の創刊号に載せていただき，経営史学会へのいささかの寄与になったかと思っております。

　③商工会議所史に関心をもったのは，ケルンでの体験がものを言っています。ケルン商工会議所とケルン大学の共同附置研究所のようなかたちで，ライン - ヴェストファーレン経済史料館 Rheinisch-Westfälisches Wirtschaftsarchiv があり，ケレンベンツが館長，助手のクラーラ・ファン・アイル（Klara van Eyll）が実務責任者を務めておりました。アイル女史はやがてドイツ企業資料協議会の中心人物になり，ケルン大学に設けられた「企業史」Unternehmensgeschichte を担当するようになったほどの実力者でした。私は，留学後もドイツを訪れるたびにこの史料館に出入りして文献・資料を漁り，本当にお世話になりました。

　また，ケレンベンツはよくゼミ生を連れてノルトライン・ヴェストファーレン州各地の商工会議所を訪ね，話を聞く機会をつくってくれました。そのため私は自然にドイツの商工会議所制度になじみ，それが経済地域関心を強めていく要因にもなりました。商工会議所資料を使った最初の論文が，『土地制度史学』に投稿した「メンヘングラトバハ商業会議所年次報告分析」（47号，1970年）です。

　④地域史にかかる論文が最も多いのは当然として，ニーダーライン原経済圏に焦点を合わせ，これの実在をどのようにして実証するかという基本関心は，いまも昔も変わっておりません。その関心のもとで，もうだいぶ前からドイツ・ネーデルラント国境地帯の国境を挟む地域間協力組織，エウレギオ Euregio の分析を続けております。第二次大戦後，これは歴史分析というより現状分析なのですが，この作業を通して産業革命の所産としての原経済圏の輪郭を探る手がかりをつかめないものかと，悪戦苦闘しております。

　⑤資本類型論は，実証分析を行うための理論的作業仮説の構築を目的としています。これについては，学生時代以来，まるで「公案」のごとく頭を離れなかった松田さんの「流通の優位」論の批判的継受を目指して，1996（平成8）年に『経済論叢』（157巻1号）に発表した「資本循環と資本類型—経済政策類型論の構築のために—」がそれまでの考究の中仕切りと言うべきものです。

この論考により，資本制経済の類型設定に際して不可欠の方法手続きを欠き，そのため種 species と類 genus を区別できない内外の俗論を批判する見地に立つことができるようになったと同時に，西ヨーロッパおよび北アメリカと同位の類としての日本経済の特性を，把握できる手がかりを得たと考えております。西ヨーロッパ経済を「販売の優位」，北アメリカ経済を「投資の優位」，日本経済を「生産の優位」と類型規定し，しかも三類型間の「三体関係」がそれぞれの類型特性を再生産しているとの認識に立っています。

ちなみに，私を長年ヨーロッパに向きあわせてきたものは何だったのかと，最近あらためて考えるようになりました。私自身が近代日本社会に生を受けた一人として，「生産の優位」という類型規定を免れない「工場人」たらざるをえないことを，また，ヨーロッパに向きあおうとするきわめて個人的な志向自体が，実は「工場人」の属性であるかもしれないと，思い始めております。ヨーロッパに向きあうことは，最終的に己自身に向きあうための「方法的迂回」と言えるのかもしれないということです。

経営史学会との関わり

● 黒澤　入会されてからの経営史学会との関係についてもお聞かせ下さい。
● 渡辺　第一は，富士コンファレンスとの関わりです。私は第 1 期の第 2 回，1975（昭和 50）年にコッカ（Jürgen Kocka）が参加したのを機に参加するようになり，1979-83 年までの第 2 期では運営委員を務めました。

富士コンの開催には，脇村（義太郎）さんに非常に熱心に支援していただきました。もともと谷口財団が力を入れてくれたというのは，脇村さんのおかげですからね。毎日夕食後，一室に集まって夜遅くまで皆でわいわいがやがや飲んだり食べたりしますね。みんな脇村さん持ちなんです。しかも脇村さんは運転手附きの自家用車で直接会場までお越しになって，メセナそのものでしたね。

もうひとつ忘れられないのは，第 2 期の出席者である小林袈裟治さんの活躍ぶりです。日本人として初めてアメリカで経営史学の本格的修業をしてこられた小林さんが，流暢な英語で国際会議の議論を主導するさまに圧倒されたこと

です。これが直接の機縁となって，生粋の「経営史家」である小林さんが経済史家から脱皮できない私になぜか眼をかけてくださり，いまなお親しくつきあってくださっていることに，深く感謝しております。

　社会科学分野，特に歴史関係の分野でも，経営史学会は日本で国際会議を開くというのは最初のほうですよね。ですから失敗や恥ずかしい思いを，みんながそれぞれ重ねながらやってきたという，そういうほろ苦い思い出が初期にはいろいろあるんです。私もドイツ語が出てきちゃって，なかなか英語でうまく表現できないという苦い経験もしました。ですが，考えてみるとそういう時期を経ないことには成長はないのであって，日本の社会科学分野のなかで経営史学会は先端を切っているほうだと思うんです。それを脇村さん，谷口さんがよく支えてくださったものだと，いまにして「親心」がよく解ります。

　富士コンの1977（昭和52）年の第1期第4回に，ベルリン自由大学のフィッシャー（Wolfram Fischer）が参加したのを機に，日独経営史会議が西ベルリンと東京で開かれることになり，私に実務交渉が任されました。このことについては，「日独経営史会議に出席して」『経営史学』14巻2号，および『経営史学の二十年―回顧と展望―』（東京大学出版会，1985年）に書いてありますので，それをご覧ください。

　フィッシャーと親しくなったお陰で，1986年12月から87年1月の2ヶ月間，彼の研究所に滞在してお世話になりました。その折り知りあったシュレーター（Harm Schröter），キーゼベター（Hubert Kiesewetter）との親交はまだ続いています。残念なことにブロックシュテット（Jürgen Brockstedt）は，富士コン参加後しばらくして亡くなりましたが。

　日独経営史会議は，西ベルリンではジーメンスがいろいろと支援をしてくれて，ジーメンスシュタット（Siemensstadt）の会議場を使いました。そこに200〜300人は入ったんじゃないでしょうか。それから東京では，六本木の国際文化会館でやりました。こちらは，参加者は50人くらいだったと思います。

　経営史学会との関わりの第2は，経営史学会関西部会の思い出です。私は1975年に京大に移りましたが，着任して間もなく，京大経済学部の歴史グループがなぜか関西の他大学との交流に不熱心であることに気づきました。そこで私は，経営史学会関西部会と社会経済史学会近畿部会の例会に積極的に参加す

ることにしました。それは関西文化の多様性に触れることができるなんとも楽しい機会でもありました。特に宮本又次先生が眼をかけてくださったお陰で、作道洋太郎さん、安岡重明さん、宇田正さん、竹岡敬温さん、藤田貞一郎さんほか多くの宮本学派の方々と親しくおつきあいできるようになり、本当にありがたいことでした。このほか、龍谷大の小林袈裟治さん、神戸大の高橋秀行さん、甲南大の三島康雄さん等、他大学の先学方との交流にも恵まれました。

京大在職中、経営史学会、社会経済史学会の大会をそれぞれ1回引き受けただけで、十分なお返しをできませんでしたが、京大とご近所の大学との交流を多少とも活発にできたのではないかと思っております。

最後に、脇村義太郎先生の思い出話です。私の学生時代、脇村先生は雲上人であり、私は先生の「経営発達史」の講義を聴いただけで、個人的関係はまったくありませんでした。しかし、脇村先生がご尽力くださった富士コンの第2期委員を務めたことがきっかけで、脇村先生に眼をかけていただくようになりました。晩年、先生はよくわが家に電話を入れてくださり、長話をなさったものです。ひとつには話し相手が欲しかったのでしょう。しかしそれ以上に、京大の前身である三高から東大に進み、東大教授を務めたご自身の経歴と交差するように、東大を出て京大の教壇に立つ私に興味を覚えられたのでしょう。社会科学分野でも東大と京大の均衡が大事であり、それを軸にした東京と関西の均衡を図ることが肝要だと、繰り返しおっしゃったことが忘れられません。学士院院長のお立場だけでなく、ご自身の経歴がこのような見方を生んだのでしょう。経営史学会では会長職を東京と関西が交互に務めるというよき慣行は、脇村先生の主導でできたものだと思います。

ドイツにおける経営史研究

●黒澤　経営史の方法論・経営史教育についてお聞きします。北海道大学に赴任された際にすでに経営史が講座としてあったということでしょうか。

●渡辺　北大での所属講座は、「経営学講座」でした。この講座の主任教授が「経営学総論」を担当しており、真野脩先生といって、神戸大学を出られた企

業年金制度の権威でした。そこでの助教授ポストが「経営史」担当だったのです。私は経営学講座の助教授ポストで採用され，経営史を担当することになりました。

あのころは，全国的に経済学部のなかの商業学科が経営学科に，「商業史」と呼ばれてきた科目が「経営史」に切り替わる制度的移行の時期でした。北大にそれまで商業史もしくは経営史の前身となる科目があったのか，残念ながら思い出せません。ただ，北海道の経済学部系では北大に先行した小樽商科大学にも経営史の専任教員がおらず，私は小樽にも非常勤で行っておりました。

●**黒澤** ドイツでは「経営史」と通常訳される Unternehmesngeschichte（直訳的には「企業史」）という分野は，当時どういう状況だったのでしょうか。

●**渡辺** 私がケルン大学に留学していたのは 1966（昭和 41）年から 69 年です。その時に Unternehmensgeschichte という科目は，どこの大学にもなかったと思います。トロイエ（Wilhelm Treue）がゲッティンゲン大学で，それに相当する内容の講義をしていました。ただ彼は一匹狼的な存在で，ドイツの社会経済史分野の学会として最も歴史と権威がある Gesellschaft für Sozial- und Wirtschaftsgeschichte の会員たちは，彼のことを高く評価していなかったと思います。

ドイツの経済史学界でも，関心がマクロな，社会全体に向かっていく風潮が幅を利かせている状況だったと思います。富士コンでも呼んだユエーガー（Hans Jäger）が亡くなるまで，『新経済人名事典』 Neue Wirtschaftsbiographie の編纂を手がけていたのですが，以前からある『ドイツ人名大事典』 Allgemeine Deutsche Biographie に載っているのは，政治家や軍人，宗教家ばかりで経済関係の人名はほとんど載っていない，その欠落を補うために新しいシリーズを出すんだと，彼は言っていました。

●**今久保** 当時の Tradition 誌は後に Zeitschrift für Unternehmensgeschichte になるわけですが，そこに載っているものは，郷土史や地場産業の足跡を辿るようなものがほとんどで，アメリカからの経営史の影響を窺わせるようなものはほとんどなかったように思いますが，いかがでしょうか。

●**渡辺** ドイツは 19 世紀の歴史学以来の伝統があって，いわゆる Sozial- und Wirtschaftsgeschichte（社会経済史）もそのドイツ的伝統史学の一分野としてあっ

たんですね。技術史，経営史，企業家史，郷土史はそこから外れていたんです。地域史が独自な分野とみられるようになったのは，比較的最近のことであるように思います。
●黒澤　富士コンに参加されて，アメリカからの参加者とヨーロッパからの参加者の間でギャップのようなものを感じられたことはありませんでしたか。
●渡辺　それはありませんでした。富士コンに呼ばれて参加するドイツの学者たちは，ドイツのなかでもアメリカ的な手法に対して開かれた態度をもっていた人たちが多かったと思います。だから議論を聞いて，アメリカとヨーロッパは違うなというような印象を持った記憶はありません。自分自身について言えば，方法は対象に従うという意味で違和感は感じなかったということです。

富士電機成立史研究

●今久保　富士電機の研究のきっかけはどういったものだったのですか。
●渡辺　ドイツを研究している以上，ドイツと日本の間の合弁の事例をやってみてもいいかなと思っていたからです。

　偶然の要素もありますね。富士コンにフォン・バイアー（Sigfrid von Weiher）さんが来られたことです。ケレンベンツがケルン大からエアランゲン・ニュルンベルク大に移ると，フォン・バイアーさんがケレンベンツに呼ばれて，非常勤講師として企業史を教えることになったようです。当時ケレンベンツの許に留学していた山田徹雄さんも，フォン・バイアーさんの講義を聴いています。フォン・バイアーさんはミュンヘンに住み，ニュルンベルクに通っていました。あの世代のドイツ人らしく親日的でした。ジーメンス資料館 Siemensarchiv という企業資料館としてはドイツ最大級の資料館をバイアーさんが館長としてとりしきっていたので，資料収集になにかと便宜を図ってもらえそうだという期待感が出てきました。ジーメンスと日本との関係なら富士電機だなということで，それでやることになったということです。

　富士電機は親切に対応してくれたものの，残っているのは初期の株主総会の記録ぐらいのもので，ほとんど記録が残っていないんですよ。しかしジーメン

ス側には，古河との交渉過程についてちゃんと記録が残っていますからね。それでジーメンスの資料収集へ向かうようになり，ドイツへ行くたびにジーメンス資料館に立ち寄ることにしました。

ただ，いっぺんにはまとめきれないので，長期計画で段階を追ってやっていました。フォン・バイアーさんの跡を継いだシェーン（Lothar Schoen）さんも好意的だったのですが，その後のフェルデンキルヘン（Wilfried Feldenkirchen）氏以降，資料利用について厳しい制約がかけられてしまい，それまでのように自由に使えなくなり，結局，中途半端に終わりました。富士電機は1923（大正12）年9月の関東大震災直後に最初の工場が稼働し始めたんです。その時までをやるつもりだったのに，最後の段階をやれずじまいなんです。

富士電機成立史については，まず「富士電機成立過程の試論的分析」を土屋守章・森川英正編『企業者活動の史的研究―中川敬一郎先生還暦記念―』（日本経済新聞社，1981年）に寄稿し，それを要約した英語論文"A History of the Process Leading to the Formation of Fuji Electric"が，*Japanese Yearbook on Business History* の創刊号（1984年）に載りました。その続編が，中川敬一郎編『企業経営の歴史的研究―脇村義太郎先生卒寿記念―』（岩波書店，1990年）に寄せた「富士電機の創立過程―第二・三段階を中心に―」です。全部で3本です。

地域史研究・類型論としての経営史研究

●**今久保**　先生の企業史・経営史研究は，「原経済圏」を析出するための方法的な手続きのように思われるのですが。

●**渡辺**　挑発めいたご質問にあえて乗るかたちでお答えすれば，やはり地域史研究の一環として企業史研究をしてきた，というほかありません。企業自体を明らかにするためではなく，地域を構成する経済主体として企業に焦点を当てる。その点では商工会議所も同じです。多数の企業を組織した中間組織ですから，個別の企業とは次元が違いますが，国家，行政機構と個別企業の間にあって，個別企業よりも地域の動向を反映しやすい組織であり，それゆえに商工会議所史にも関心を持ってやってきました。だから，私にとって企業史をやるの

も商工会議史をやるのもまったく同じなんです。

●黒澤　アメリカ帰りの研究者は，チャンドラー流の企業理解を経営史のメインストリームと位置づけてきたかと思います。一方でドイツ研究者の方から，日本の経営史もドイツから多くのものを入れながら発展してきたとご指摘を受けた記憶があります。この点についてはどのようにお考えでしょうか。

●渡辺　チャンドラー的な手法というのは，アメリカ経済を理解するために，あるいはアメリカ的な企業を理解するためには，大きな意味を持っていると思います。したがって，アメリカという企業社会が生み出した理論装置のひとつが，チャンドラー的な方法であることは確かですが，それがヨーロッパあるいは日本の企業を理解するために適合的かと言うと，それはまた別の問題でしょう。

　逆に言うと，ヨーロッパ企業を理解するための手法をもってアメリカ企業を理解しようとすると，それがどこまで有効かがまた問われます。私が「類型」というものにこだわるのはそのためです。学問的な手法自体が，類型によって規定されている。だから，チャンドラーに意味があるか否かではなく，アメリカを理解するために，チャンドラーの方法がどれほど意味を持っているのかを問うことのほうが，生産的であると思います。

●今久保　ドイツ発の何かが日本の経営史にとって参考になる，そういうことはなかったでしょうか。

●渡辺　アメリカと違うヨーロッパを理解するためには，ヨーロッパ独自の方法があってしかるべきであり，日本についても同じことが言えますね。その場合，日本の経営風土や日本的経営を理解するために，どういう手法が適合的なのか，これはいまなお試行錯誤の段階だろうと思います。またそうした学問的・方法論的な苦闘のなかで，アメリカやヨーロッパから影響を受けたり，参考にしたりということはあって当然だと思います。

　アメリカやヨーロッパを理解する時に，それぞれ独自の方法が必要であるのと同じ次元で，日本の理解のためには独自な方法が必要だと思います。私自身は日本について直接研究してきたわけではなく，ヨーロッパ研究をしてきた立場ですので，日本についてもそうであるはずだと思っています。

社会科学・歴史学の方法と経営史学

●黒澤　経営史研究者の場合，自身を歴史家としてではなく，むしろ経営学の研究者と自己規定されているほうが多いのではないかと思います。先生は経営学と経営史の関係について，どういうお考えをお持ちでしょうか。

●渡辺　私自身は，あくまで広い意味での経済学の枠組みの中で経済史をやってきたし，その一環として経営史をやってきたと思っていますので，経営学そのものに対して何か言える資格はないと，自分では思っています。

あくまで経営学の門外漢としての発言になりますが，経営学の基本的な用語に，少なからぬ数の軍事用語がありますね。大小を問わず，ひとつの組織をいかに効率的に機能させるかが最も問題なのは，軍事組織だと思います。軍事組織の発想や問題を，最も積極的に取り入れた社会科学は，経営学かもしれませんね。それがアメリカで生まれたこと，いわば「軍事学」と経営学とが学問的に適合的な関係を持つということ，それがアメリカという経営風土に独自な類型特性の表れかもしれません。

近代経営学が本格的にアメリカで発展し確立し，しかもそれが経営史学の誕生と軌を一にしている。いうなれば，アメリカ社会がその類型特性を確立する過程で，アメリカ的な学問分野として経営学，経営史学，さらにはケース・スタディといった方法論を生み出してきました。そういう意味で，私は経営学そのものより，むしろ経営学を通して「アメリカ的なるもの」を理解することのほうに，方法論的関心があります。

●黒澤　経営史の「歴史学」としての側面，歴史的なアプローチをとることの意味については，どのようにお考えでしょうか。

●渡辺　歴史学というものをまず考え，その近隣に経済学，法学，政治学，社会学といった学問があると捉える。また歴史学とそれら隣接分野との学際的な領域として，経済史，法制史，政治史，社会史がある，といった一般的な理解があります。

ですが私は，歴史学というのは，固有の分野というよりもむしろ方法論だと思います。そういう意味では統計学と似ているかもしれません。もちろん統計

学も固有の統計学という学問分野がありますが，統計学は方法論としてあらゆる分野に適用可能です。いずれも学問的な「手法」なのです。逆に言えば，歴史学的な手法が，社会科学においては非常に重要だと思います。その場合に，純粋理論的なものとの関連が問題になりますが，歴史学的な手法を駆使するためには，最小限度の理論的な立場が必要になります。

そういう意味では，理論と歴史はあれかこれかではなく，相互補完的な関係にあると思います。対象が政治であれ経済であれ，社会科学はある意味で歴史科学だと私は考えています。したがって，歴史学と経済学を同列に並べ，両者の中間領域として経済史を位置づけるのは，必ずしも妥当ではないと感じます。

「大塚史学」と原経済圏・資本主義類型論・ヨーロッパ理解

●黒澤　ご研究の軌跡に関して，大塚史学への批判は，先生の学問大系の出発点でもあり，またその後のライフワーク的なご研究の核にもなると思います。

●渡辺　そうですね。大塚（久雄）さんの近代社会論は，彼の共同体論と裏腹のものと思います。そもそも私が経済史をやろうと思ったのは，高校生の時に大塚さんの『共同体の基礎理論』をたまたま下校途中の本屋で買って，解りもしないのに感動して関心が向かったから，という因縁があります（笑）。それではなぜ大塚ゼミに入らずに，松田智雄ゼミに入ったのかというのも，それはそれで話がありますが，ともあれ私を経済史の世界に誘ったのが大塚さんであることは間違いありません。

ドイツに留学するまでは，私は大塚さんの方法論にどっぷりと浸かっていた。はっきり言えば，それまでは疑いもなく私は大塚史学の徒でした。ところが，ヨーロッパで生活体験をして，「何か違うぞ」という疑念が生まれ，それがだんだん強くなってきたのです。

例えばゲマインデ Gemeinde，これは「共同体」と訳されていますが，大塚さんのゲマインデの理解では，共同所有，いまで言えば公共財ですよね。大塚さんの場合には，近代化すればするほどそれが小さくなっていくと考える。しかし，ドイツで生活をしてみると，共有地がいかに大きな役割を果たしている

か，Marktplatz（市場広場）というものが日常生活でどれほど重要かを実感します。家を建てる時に，私有地だからといって自由に建てていいわけではない。家の前で雪が積もって通行人が転倒したら，その家の責任になる。雪が降ったら家の前の道路の雪かきをしなければならないという厳しい条例が，どの自治体にもあります。日本人が考えもしないような厳しい共同体規制が日常生活のなかに張りめぐらされています。それこそがまさに，ドイツの近代社会としての安定性と秩序 Ordnung を支えている要件なのだということを実感させられます。

このような共同体規制を日常生活のなかで体験すると，大塚さんの描いた近代ヨーロッパ社会というものが実態とあまりにかけ離れている感じが強まる一方でした。これは，方法論的に詰めたものというより，日常体験を通しての直感的な違和感です。

ネイションの考え方もそうです。これもドイツで生活していると，ドイツという概念はあるけれども，どうもドイツ国民経済という実体はないのではないか，少なくともドイツに関するかぎり，ナショナル・エコノミーという観念は，虚構もしくはイデオロギーではないのかという気がしてきました。それではいったい何がまとまった社会の単位，自立的な空間単位なのかを考えて，結局，「原経済圏」という考えにいたったわけです。

「批判的継受」の「継受」という点からすると，原経済圏は，それ自体がひとつの「ナショナル・エコノミー」なんです。大塚さんは三段階，「局地的市場圏」「地域的市場圏」「国民経済」ですから，その中間段階の「地域的市場圏」を読み替えたと言ってよいかもしれません。とはいえ，「地域」といっても「局地」に近い小さなものもありますし，国家規模の大きいものもあります。実はネイションもひとつの地域の単位です。だから EU もひとつの「地域」になりうるわけです。そうすると，「地域」をネイションの下位の単位とするわけにはいかなくなるので，むしろネイションをも含むような多次元的な概念として「地域」というものを考え直したらどうかと，思い至りました。

ここで，F. リストが，normalmäßige Nation と書き，小林昇さんが「正常な国民」と訳した概念がひとつの論点になります。この「正常な」という訳は，あの小林さんにしておそらく唯一の誤訳，しかし決定的な誤訳だと思います。私はこ

れを「標準的な」と訳すのが妥当だと思っていますが，結果的に，あのリストによって小林さんは大塚さんの国民経済論を補強してしまったんです。小林さんは私が私淑した先生ですが，この一点については批判的です。

ドイツの場合，神聖ローマ帝国が1806（文化3）年に解体して以来，1990（平成2）年にいわゆる「再統一」された現ドイツが生まれるまで，ひとつの国家体制が平均して50年も保ちません。ところが「地域」のレベルで言えば，19世紀の初頭以来，一貫して経済成長を遂げてきたことは否みようがありません。それをどう考えたらよいのか。

大塚さんはいわば理念型的に「国民経済」というものを考え，これを近代資本制社会に最も適合的な単位としたわけですが，ネイションという言葉を脇におくならば，所与の歴史・地理的条件の下で，資本制社会に適合的な大きさをもった社会の空間単位が産業革命の過程で形成されるということがあるのではないか，そう考えて「原経済圏」という発想に至りました。

他方，マーシャルに産業集積，ポーターにクラスターという概念があります。これらは外部経済性によるひとつのまとまった経済地域の形成ではありますが，それ自体の内部性の深度がどれほどのものか疑問です。私はむしろ，そうした諸産地がいくつも相互に結びつき，それによって自律的経済空間としての内部性（歴史空間的安定性）を具えるにいたる，このようなものとして原経済圏を考えています。

●黒澤　ドイツからご帰国後，大塚久雄氏ご本人や松田先生との間で議論などはあったのでしょうか。

●渡辺　大塚さんからはありません。ただ私は，大塚史学のなかで育ったわけですから，大塚さんに対する批判は，大塚さんが存命のうちにしなければならない，という思いがありました。何が自分なりの独自な立場を打ち出した最初のものになるかははっきり言えませんが，自分なりの観点を大塚さんの存命中に公刊しえたということは，私にとって意味のあることです。

松田さんからも直接にそれについて言われたことはありません。これは『評論』（日本経済評論社）に連載した，「旅するヨーロッパ経済史家・松田智雄」(1)・(2)（2007年）に書いたことですが，松田さんは60年安保の直後に，初めてヨーロッパに赴きました。わずか半年の滞独でしたが，戻ってきた松田さ

んは新しい理論を打ち出しました。ドイツでいわゆる「奇跡の復興」が末期を迎える一方で，日本がいよいよ高度成長期を迎える時期でした。そういう状況下のドイツを自身の眼でみて，新鮮な驚きをもって日本の従来のドイツ理解を一新しようという試みが，「流通の優位」論でした。これは K・マルクス著『資本論』第二巻の資本循環論を理論的基礎にしているのですが，大学院生になったばかりの私には，松田さんの言っていることが何かもうひとつ解りませんでした。

後年，私もドイツに留学して，きわめて明快な大塚さんの理論がどこか現実ばなれをしているなという実感を持ち始めると同時に，あのなにやら自己韜晦をしているような松田さんの「流通の優位」論がよく解らずとも，彼が必死になってドイツの独自性を理解しようと方法的な苦闘をしていることに対して，共感のようなものを持つようになった次第です。

ドイツから戻ってきた私は，『資本論』第二巻の資本循環論を繰り返し読み，『経済論叢』に「資本循環と資本類型」（1996年）を書きました。資本循環論を自分なりに整理して，これは松田さんの批判的継受ですが，「流通の優位」でなくて「販売の優位」という類型規定を打ち出してみたものです。流通には販売と購買の二つの側面があり，購買のほうは「投資の優位」の属性ですので，より厳密な「販売の優位」という表現をもって誤解なきを期したのです。そうしたかたちで，ドイツを通じてアメリカとは違うヨーロッパの類型特性を規定してみたのです。

●黒澤　先生の著書に『現代ヨーロッパ経営史』がありますが，どういう経緯で出されたものですか。まさしく「地域」の視点で書かれていますよね。

●渡辺　有斐閣編集長だった伊東（晋）さんから，『現代ヨーロッパ経済史』と『現代ヨーロッパ経営史』を出したいと打診されたことから始まりました。経済史のほうは工藤（章）さんと原（輝史）さんがやるので，私に経営史をと。あの時，「作道（潤）さんと組ませてください」と言ったのは，私のほうからでした。結果的にこれが彼にとって遺著になってしまったので，彼との共編で出してよかったと思っています。出版社からの提案でしたのが，それを逆手にとって，地域史としての経営史の披露の場に使わせてもらいました。

この本では，私はダイムラーのことをやりましたが，これが南ドイツに直接

かかわった唯一の例かもしれません。いまではダイムラーも国外で乗用車をつくるようになりましたが、長いことシュトゥットガルトでしかつくりませんでした。大衆車的な性格をもつ新車種のTモデル（ワゴン）を出す時に、ブレーメン工場でつくるかつくらないかが問題になりました。つまりドイツ製が大事なのではなく、シュバーベン製であることが大事で、これがブランド維持の鍵なんです。

「実学」としての歴史学と歴史家の役割

●**黒澤** 近年、歴史家に与えられる位置が狭くなってきていると思います。こうした状況について、どうご覧になりますか。

●**渡辺** いわゆる「史」がつくものが、だんだん社会的に地位が低下していくというのは、いわば長期の景気循環のようなもので、いまは下降局面にありますが、いつか底をうつだろうと思っています。ですが循環のあり方は、地域によって違うと思います。下降局面でも学問分野としてヒストリーが最も大事にされるのはヨーロッパだと思います。それに対して、学問的な人員整理ということになった時に、真っ先にヒストリアンを解雇したがるのが日本だと思います。

ところが奇妙なことに、歴史小説は大流行りです。歴史の好事家というのもけっこういるものです。古墳か何か発掘されたと言えば、素人考古学者がすぐ集まりますね。そうした「歴史関心」は底流としてあるのですが、しかし制度化されない。他方で制度化された高等教育機関での歴史研究というのは、最初に犠牲になる分野ですね。歴史は実学ではないという発想があるからです。

私は歴史学というのは「分野」ではなく、方法だろうと思っています。社会科学が社会科学としての本来の機能を持つことができるか否かは、歴史的方法がどれだけ自覚的に取り入れられているかによって決まるのであって、その意味で、歴史学は実学にほかなりません。

●**今久保** 歴史的な事実を記録する、残す、そういう感覚が非常に弱いですね。

●**渡辺** 公文書館制度がもっとも未熟で、発展途上国的な状況にあるのが日本

です。記録し，記録を残し，その記録に基づいて行動し，批判し，自己を弁護し，正当化する，そういう発想がアメリカやヨーロッパに比べて非常に弱い。

●**黒澤** 経営史も実学であるとすると，経営史学のアイデンティティの明確化が必要だと思うんです。歴史家でなければできないというのは，どのあたりにあるとお考えでしょうか。

●**渡辺** 「実学」と言うといわゆる「ハウツーもの」と混同して，拒否反応を示す人が多いんですね。学問とは真理の追究であり，抽象的一般的なもので個々具体的なものに煩わされるものではないという思い込みがあります。「ハウツーもの」としての実学ではなく，いうなれば長期戦略を練るためにこそ歴史的視点が必要であるはず，そういう意味での「実学」です。だから，歴史家がそれを自覚することが必要であるということを，私は繰り返し言ってきました。東京経済大学の最終講義も，「歴史学は実学なんだ」という言葉で結びました。

歴史家が分析する場合には，どこまで意識的にするかはともかく，「比較」という作業があると思います。比較と言っても，「通時的」比較と「共時的」比較の別があるだけでなく，ひとつの比較を絶対化しないために「比較の比較」も欠かせません。このような方法論的自覚をもって比較作業を行うのが，歴史家の仕事の特徴かもしれません。

湯沢威先生インタビュー

日時：2013 年 3 月 27 日
場所：東京神田錦町の学士会館
聞き手：阿部武司（大阪大学）・久保文克（中央大学）・平井岳哉（獨協大学）

湯沢威先生略歴

【氏名】	湯沢威（ゆざわ・たけし）

【氏名】　湯沢威（ゆざわ・たけし）
【生年】　1940 年
【主要学歴】　一橋大学大学院
【主要職歴】　学習院大学
【経営史学会での代表的役職】　会長，常任理事
【主要業績】
『大企業経済の興隆』東洋経済新報社，1987 年（共訳）
『イギリス鉄道経営史』日本経済評論社，1988 年
Foreign Business in Japan before World War II, University of Tokyo Press, 1990（共編著）
『イギリス経済史―盛衰のプロセス―』有斐閣，1996 年（編著）
Finance in the Age of the Corporate Economy, Ashgate, 1997（共編著）
『鉄道の誕生―イギリスから世界へ―』創元社，2014 年

経営史との出会い

●**阿部** 湯沢先生はイギリス経営史・経済史の実証研究を鉄道業を中心に進めてこられましたが，そうした研究の展開についてお話しいただきたく思います。

●**湯沢** 私は1961（昭和36）年に京大の文学部に入り，3〜4回生の時の専攻は西洋史です。普通，文学部の西洋史というと文化史とか政治史をやるのですが，私はたまたま生活協同組合のことをやっていて，経済学部の先生といろいろな接点が出てきて，経済史に関心を持つようになりました。

卒業論文は産業革命をテーマにしました。指導教授は越智武臣先生でしたが，飯沼二郎先生からは人文研（京都大学人文科学研究所）の研究会に誘っていただきました。そこで河野健二先生ほか有名な先生方が出席されておられ，和歌山大学の角山栄先生からもいろいろ教えを請う機会がありました。

1960年代の学問状況は，近代化論や講座派・労農派をめぐる論議がまだ盛んでした。ただ，京都は独特な学問的雰囲気があって，権力の中枢の東京に対する対抗意識は強くあった。とにかく独自の研究の視点をつくろうということで，越智先生のグループは，例えば，ジェントルマン・イデアール（ジェントルマン理想主義）というようなことを研究していました。この議論は，30〜40年たってから世界的にジェントルマン・キャピタリズム（gentlemanly capitalism）の議論とつながってくるので，ある意味でびっくりしました。要するに，大塚史学のフレームワークに拘束されない立場で行われた研究が再評価されているわけです。

私ははじめ研究者になるつもりはまったくなかったのですが，ただ京都で4年間自由な学生時代を過ごしてしまうと，もうサラリーマンになる自信がなかったのです。川崎の定時制高校に2年勤めて，それから一橋の大学院に行き始めたんです。

一橋はご存じのように単科大学で，あまり学部のバリアーがないところで，歴史系の先生がまとまって，自由な雰囲気で研究指導をされていた。指導教授は山田欣吾というドイツ中世史の先生でヴェーバーを読みましたが，しばらくしてイギリスをやっている院生が何人かいたものだから，東大社会科学研究所

の岡田与好先生が,非常勤で来られました。その後はイギリス近代史の専任として浜林正夫先生が小樽商科大から移ってこられました。それぞれイギリス経済史の大家ですが,お二人とも経営史とはまったく関係なかった。大学院の所属は経済学研究科でしたが,実際には商学研究科の米川伸一先生の指導を受けて,次第に経営史という研究分野に入っていきました。

このように大学院時代の実質的な指導教授は商学研究科の米川伸一先生でしたが,私以外にも,鈴木良隆,坂本倬志,和田一夫,安部悦生,済藤友明さんなどもおられました。この中で済藤さんだけが商学研究科で,あとは経済学研究科の院生でした。さらに,米川先生のところには一橋の枠を超えて,他の大学からも後藤伸,鈴木俊夫さんなどもこられていました。大学の枠にとらわれずに研究活動をするという米川先生のキャラクターが,このように開放的な研究の場をつくっていったのだと思います。

米川先生の指導は,各院生にそれぞれ産業ごとのテーマを選ばせていました。まだ経営史的な研究とは言えるものではありませんでしたが,とりあえずそれぞれ産業に焦点をあわせ,さらにそこの主要な企業を研究対象にしていくというものです。基本は産業です。先生のバックグラウンドは,ヨーロッパ中世史の増田四郎先生のもとで,イギリス中世の土地制度や農業問題を研究されていたのですから,すぐに経営学と連動した経営史研究にたどり着くのには時間がかかったと思います。

1960年代は,まだ経営史学の独自の学問領域は何かがはっきりしていなかった。その中で,米川先生が「経営史の生誕と展開」(一)(二)(『商学研究』8巻,9巻,1964年,65年)を書かれました。私はそのゲラを渡され,拝見しましたが,そこではアメリカ経営史の足取りをたどる中で,ご自身の経営史研究者としてのアイデンティティを探し求めようとする気迫を感じました(この論文はその後『経営史学―生誕・現状・展望―』東洋経済新報社,1973年に収録)。

●久保　米川先生に出会われて,経営史という学問と出合うわけですが,経営史に対して何かを感じられたことはありますか。

●湯沢　京都の学生時代,天下国家の議論をやっていましたから,最初はこんな議論をやって何が面白いのかという印象もありました。普遍的な経済や社会の法則性に関心を持っていたので,企業とか企業者の歴史研究から何が言える

のか，疑問を持っていました。また経営史は，「ブルジョアの学問だ」というような雰囲気が当時はありました。私の院生仲間でも経営史に入れようとしても，なかなか入ってこなかった。

　そもそも日本で経営史学会ができたのは，アメリカから帰国された中川敬一郎先生の存在が大きいわけですが，しかし他方では，土地制度史学会での論争に嫌気をさした人たちとか，社会経済史学会でのマクロ的な議論に限界を感じた人たちが集まったのが大きかった。それはいまから思えば，ちょうど高度成長にさしかかっていた時代状況を反映していたのでしょう。

　その中で，どうして特に鉄道を選んだのかということになるのですが，米川先生が紹介された，早稲田大学の小松芳喬先生の「イギリス経済史の一盲点─鉄道史研究の現状─」（『史学雑誌』71巻2号，1962年）という論文の中で，鉄道史が非常に大事だと強調されていました。私自身も，鉄道史はどういう研究のバックグラウンドがあるのか調べてみると，ハイディ（Ralph W. Hidy）とか，チャンドラー（Alfred D. Chandler, Jr.）の初期の研究とかがまさに鉄道史なんです。

　当時の日本でもイギリスの鉄道に関する研究はありましたが，好事家的なものが多くて，アカデミックな研究はあまりない。イギリスにはそれが結構あるが，日本では全然なされていないという意味での盲点でした。そんなことから，鉄道史を学問的な対象としてきちんとやってみようと思い，修士論文，博士課程の単位修得論文を書きました。

欧州の研究者との交流

●**阿部**　湯沢先生の学問の特長は，イギリスをはじめ欧米の研究者との親密な交流を活用されて，単なる机上の輸入学問の域を打破されたことだと思われます。この点について，いつごろからどのように実践されて，いかなる成果を上げられたのかをお教えいただきたいと思います。

●**湯沢**　私の学問の特長は何かというと，一言で説明するのは困難ですが，なにか新しい論争点に積極的にコミットするというよりも，実証的な方法で歴史

事実を明らかにすることに関心を持っていました。それは講座派的なイデオロギーを軸に歴史を裁断する方法に嫌悪感を持っていたことの反動であるかもしれません。実証的な学問研究は，学界動向を踏まえての歴史事実の発見や解釈が重要であり，そこにはイデオロギー論争は絡ませない，という立場です。そもそもイギリスの歴史研究の基本が実証主義的ですが，一橋の西洋史の歴史研究にもそのような伝統がありました。この点は米川先生からも強く影響を受けた，と思います。とにかく資料，しかも一次資料にあたれ，ということで，できるだけ機会をつかまえてイギリスに出掛けました。最初にイギリスに出掛けたのは1972（昭和47）年です。この時はリヴァプール・マンチェスター鉄道関連の資料を探すために，リヴァプールやマンチェスターの図書館，アーカイブズなどに行きました。

　一橋ではマスターとドクターで5年，プラス2年の助手時代でトータル7年いて，それから福島大学に5年おりました。福島大学の時は鉄道，運河，道路輸送など産業革命期の交通問題の研究を主にしていました。福島大学時代は海外に行く機会もなかったのですが，学習院に来ると，海外から来る人との接点が多くなりました。これは米川先生が開拓した人間関係に負うところが多く，特に印象に残っているのはLSE (London School of Economics and Political Science)のセオ・バーカー (Theo Barker) 教授でした。バーカー教授は大の親日家で，多くの日本人がお世話になりましたが，私も教授のお蔭で，LSEを拠点に研究をすることが出来ました。しかも，バーカー教授の専門は交通史です。私は大変幸運でした。

　私の海外との接点で重要なのは，富士コンファレンスですが，しかしイギリスとの関係では，富士コンファレンスよりも，米川先生がつくられたイギリス研究者との人脈によるものです。私がイギリスに最初に留学したのは1985年から86年の2年間で，LSEにおりましたが，これもバーカー教授のお蔭です。バーカー教授がつくられたビジネス・ヒストリー・ユニット (Business History Unit：BHU) に所属しましたが，その時の所長がレスリー・ハンナ (Leslie Hannah) でした。またジェフリー・ジョーンズ (Geoffrey Jones) やデーヴィッド・ジェレミー (David Jeremy) などがおり，イギリスの経営史研究の中心として活気にあふれていました。

BHUには，和田一夫さんとか鈴木俊夫さんとか，若干時期がずれたりしたことはありますが，一緒にいることが多く，協力して研究所ですき焼きパーティをしたこともありました。私はこの時に，レスリー・ハンナの *The Rise of the Corporate Economy*（『大企業経済の興隆』）の翻訳を後藤伸さんと行っていました。ハンナさんとは原書の疑問点をぶつけて，ある意味ではオリジナルバージョンよりもバージョンアップされた日本語訳が出来たのではないかと思っています。

BHUでの交流の中で，例えば，ダヴェンポート・ハインズ（Davenport-Hines）とジョーンズが，*British Business in Asia since 1860*（1988）という本を出していますが，彼らがこの本を書くにあたって，私もいろいろ議論をして，日本のバックグラウンドをきちんと説明しました。それから，デーヴィット・ジェレミーが *International Technology Transfer Europa, Japan and the USA*（1991）を出しましたが，そこにJapanが含まれたのもわれわれがBHUにいたことが影響していると思っています。普通は面識がないと，「おまえ，1章書け」という話にはなかなかならないのですが，直接会って話をしていると「まあ一つ書け」とかという話になる。

また，ジェレミーは，*An International Directory of Business Historians*（1994）を編集していますが，私が日本の部分を担当して日本の経営史家を紹介しました。こういう流れの中で，ジョーンズのサポートで，*Japan Business Success*（1994）——これは米川さんの還暦記念の本ですが——をRoutledgeから刊行しました。当時の日本のわれわれの研究状況を英文で発信することが出来ました。もちろん，時代状況がそれを可能にしたということはあると思います。

1970〜80年代は，日本のことに関心が持たれていて，いろいろな意味で日本が注目された時期だったのですね。私が特にイギリスに出掛けるようになった1970〜80年代は，いま思えば，日本はいまの中国みたいな感じで，日本がいろんな意味で注目されていた。新聞を開いて日本に関する記事が載っていない日はないぐらい，日本が話題になった。

BHUでの人的な交流はいまでも続いているわけで，これはある意味で研究の財産でもあると思っています。

●**阿部** 外国人との付き合いの中で，相手の研究をきちんと読んで，それを吸

収していくことも大事ですが，先生の場合は，それに加えて書かれた人物とも直接交流を深めて，イギリスなどの学問の現状を把握されている。そして，それをもとにサーベイ論文等で伝えることをされてきたと思います。つまり，外国の一流の研究者の考えを湯沢先生が咀嚼（そしゃく）されて，それを全体的な動向の把握へとまとめあげられて日本人に伝えてくれる。これは非常に意味があったのではないかと思います。また，そうしたことが最近，非常に弱くなっているのではないかという印象もございます。

●湯沢　たしかに最近はそういう傾向がありますね。それぞれの研究領域が細分化し，生の資料に接して研究する人は増えていますが，それがどのような意味を持つのか，全体的な研究動向の把握が弱くなっていると思います。海外のアーカイブなどへ資料収集に行っても，時間が限られているので，人間的な交流などをしている余裕などないよ，という人が多いかもしれませんね。しかし，人的な交流は大変重要なことだと思います。本や論文でその人の研究が頭に入っていることと，じかにその本人と会って得られる情報との両方が必要だと思います。

●阿部　先生は毎年イギリスに行かれていて，夏休みなどは2カ月ぐらいずっと現地で過ごされていますね。相当な投資をされていて，1週間ぐらいちょっと行ってというのとは，だいぶレベルが違うのかなと思います（笑）。

●湯沢　ええ，毎年。1990（平成2）年ぐらいからです。私はいまでもイギリス発の one year return ticket を買っていて，また今年も行こうか，どうか悩む時がありますが，半券があるから，これを使わないと損だというので，やはり行くんです。ただ，その話をイギリス人にすると，「最後は，おまえ，どこで骨をうずめるんだ」なんて言われる（笑）。あと，私の親しい友人がロンドンに住んでいるものだから，そこを定宿にして，いつも居候をさせてもらっているという事情もあるのです。

　私の問題関心としては鉄道史以外に，イギリスの経済的衰退というテーマがありました。これには特にオイルショック以降，イギリスと日本の経済力が逆転して，主要なイギリスの製造企業は日本企業に席巻されるという事態が生まれていましたが，これを実際に自分の目で確かめてみようという意図もありました。

● 久保　人的な交流をやり始めたきっかけは何だったのですか。

● 湯沢　きっかけは，やはり米川先生ですね。あと，セオ・バーカー先生が日本に何回か来られて，私が車で案内した。先生がイギリスで私を紹介する時には，「これは日本での私のショーファー（chauffeur）だ」なんて紹介したりするんですが（笑），これは私への親密さの現れと思っていました。私はイギリスに行くと必ず彼の家に招かれましたが，あれは日本人以上に親密な関係ですね。

富士コンファレンス

● 阿部　3番目にうかがいますのは，経営史学会との関わりでして，時系列的に経営史学会との関係を回顧していただきたいと思います。特に経営史学会の国際化，そしてその柱とも言うべき富士コンファレンスについて，詳しくお話していただければ幸いです。

● 湯沢　私の経営史学会への入会は1967（昭和42年）年か68年で，マスターの2年あたりではなかったかと思います。富士コンが始まったのは，それからしばらくしてから（1974年）です。欧米の第一線級の先生方が日本に来て，こういう会議に参加されたことには大変感銘を受けました。最初は，会員の一人として端っこで聞いていたに過ぎませんでしたが，その後学習院に来て，学会の事務局にも出入りするようになると，「では，今度はおまえが，富士コンそのものを手伝え」という話になって，合計15年間ぐらいお手伝いし，その他の機会も含めて富士コンには合計で20回近く顔を出しました。

　私はどちらかというと事務畑で，全体のまとめ役に徹し，会議ではコメンテーターをやるぐらいの貢献しかしていませんが，海外の先生とは直接手紙でやりとりして人柄など学ぶよい機会を持ちました。第2シリーズで大河内暁男さんが委員長で渡辺尚さんと私が副委員長でした。第3シリーズでは私が委員長になりました。具体的なメンバー等々は，プロシーディングスを見ていただきたく存じます。

　富士コンは毎年やっていましたが，その準備にはそれぞれ1年間かかったと

いうことですね。特に谷口財団（財団法人谷口工業奨励会四十五周年記念財団）との交渉をいろいろしなければいけませんでした。予算も最初は800万円では少し多すぎるかなというようなことを議論していたら，「いや，1,200万円出してもいいよ」とか，となりました。参加者の接待に関しても，京都の高級料亭「一力」に毎年連れていくというようなことをやっていました。まさにバブル時代の経済を反映していました。

「富士山のふもとで会議をやって，京都で芸者を呼ぶから，フジヤマ，ゲイシャ，そのままじゃないか」という皮肉を言われたりしたこともありました。しかし，外国人はこのような接待は非常に評判は良かったですね。海外の学会で富士コンに参加した人たちの間で，富士コンに招待されたことを誇りに思っているような印象を受けました。日本の経営史学会の国際的な地位を確立する上で，何といっても富士コンの位置付けは非常に大きかったと思うんです。

私の知る限り，経営史の国際化というのを最初に始めたのが富士コンではないかと思います。もちろん，小規模な国際的な研究集会などは行われていたかもしれませんが，学会が主催して，これだけの資金的な裏付けと組織をもって行った経営史関係の国際会議では富士コンは先駆的な役割を担ったのではないかと思います。特に比較経営史という視点，イギリス人でもアメリカ人でも自分の国を他の国と比較するという研究視角はそれまで少なかったと思います。経済史の分野では，ハバカック（John Habakkuk）の，*American and British Technology in the Nineteenth Century*（1962）がありましたが。いわんや，アジアの新興国の日本と欧米とを比較するという視点など持ち合わせていませんでした。欧米の一流の研究者が，富士コンに参加して比較の視点を持ってもらい，さらに高度成長期の日本の経済を目の当たりに見てもらって，日本の経済経営に良い機会をもってもらったのではないかと思います。下川（浩一）先生がプロジェクト・リーダーの時には，トヨタの工場見学も行いました。

富士コンに参加した外国人の研究者が，その後の研究でどのようにそれを反映させているのか，詳しくは分かりませんが，例えば，チャンドラー自身がやはり日本をかなり意識して，トヨタ生産方式などを研究の視野の中に入れてくるとか，ハンナ，ジョーンズなどの研究でも日本が意識されているように思います。もちろんこれが直接富士コン効果かどうかはご本人に聞くしかありませ

んが。

　言うまでもないことですが，富士コンのもたらした成果は，外国人の学者に与えた影響よりも，日本人の研究者に与えた影響のほうがはるかに大きかったわけです。それは研究上に限らず，その後の国際交流を深めていくきっかけになりました。チャンドラーの研究手法は日本の財閥史や大企業の形成の分析に導入するなど，日本経営史研究の進展にも大きく貢献したと思います。また，富士コンに参加された先生方を通じて，人的交流を深め，留学に結び付けたケースもあります。

　富士コンのプロシーディングスについては，最初は東京大学出版会で15巻まで出したんですが，その後，出版会が継続を断ることになったところ，工藤章さんのご尽力でオックスフォードUP（Oxford University Press）から出版されるようになりました。これは結果的には，富士コンの研究成果が国際的にも非常に知れ渡る良い機会となりました。

　先ほど富士コンを通じた人間関係と言いましたけれども，実を言うと，それが財団の会長の谷口豊三郎さんの狙いだったんですね。谷口さんがどうしてこのようなことを始めたかというと，ご承知だと思うのですが，日米繊維交渉の時に両国間のコミュニケーションに非常に苦労をされて，結局は国が違っても人間関係を築くことが大事だということを認識されました。そのために，こういう学会活動への支援をしていただくことになったわけです。だから，富士コンでは，出席者の人数も15人とか20人に絞るとか，富士山のふもとにある帝人の研修所に缶詰になって寝食を共にして議論をし，そこでつちかった人間関係が，その後の学問的な交流に非常に重要な役割を果たすことを見ぬいておられた。

　谷口財団が発行している年史がありますが，この経営史学会への援助はone of themで，全部で20まではいかなかったかな，結構な数の分野の学会に支援しています。それぞれに富士コンと同じぐらいの金額を出していたのだから，ちょっと信じがたい金額です。

　それで，谷口さんは「こういう援助をする際には，だらだら長くやるんではなく，短期的に集中的に資金を投入することのほうが効果は上がるんだ」と盛んにおっしゃっていました。だから，最初は5年とか10年とかの単位だった

ですが，財団所有の土地の値上がりで，結局 20 年以上続きましたね。

　富士コンの歴史の中でも，1970 年代はやはり偉い先生に教えを請うという感じだったんですが，それ以降，私はよく運営委員会の時に，「この富士コンでわれわれが誰を選ぶかというのは，世界の経営史の研究者にとっては，次は俺かというふうに思わせるようになる。ある意味では経営史のノーベル賞だ」というようなことまで言って，富士コンに呼ばれることが非常に名誉だと外国人が思っていた時期があったと思うんです。だから，おそらくこの富士コンの存在意義は，日本の経営史学会の発展の上でも非常に大きな意味を持っていたと私は思うんですね。

　あと波及効果として，日独，日英，日仏という個別の国際会議がバイプロダクトとして出てきたのも非常に重要だと思っています。

　私が言うと過大評価と言われる部分があるかもしれませんが，私が会長になってからも，とにかく「国際化」というのを盛んに言っていたのは，この富士コンの経験を踏まえて，本当はこの富士コン時代以上に，国際化を進めなければいけない任務をいまやわれわれは負っていると感じていたからです。ただ，谷口財団が解散したあとお金がなくなってきていることがあって，言い換えれば，分かっているけど，実際にはできない，という現実があるのでしょうが，そこを何とかクリアしていくことが必要ではないかと思います。

経営史学会の国際交流

●**阿部**　湯沢先生は経営史学会の会長をお務めになりましたけれども，その当時のご活動についてお話しいただきたいと思います。先ほどのお話の続きになりますが，特に谷口財団が解散して，昔のように毎年大掛かりな国際会議をやるのが難しくなってまいりました。その流れがしぼんできたところで，湯沢先生の会長時代に状況が大きく変わって国際化が再開されたと見られます。こうした経緯と，さらに今後の経営史学会の国際化への展望をお聞かせいただきたく思います。

●**湯沢**　会長時代は 2005（平成 17）年から 2008 年ですね。私は，いろいろや

りたかったんですが，それらがなかなか進まなかったことがありました。会長になる前に森川会長の時代に総務担当理事をしていた時に，例えば，学会賞なんていうのを提案しました。森川さんが結構いろいろな人を口説いてくれて，脇村義太郎先生に話を持って行きました。脇村先生のご寄付で経営史の学会賞が発足しました。このような流れは，社会経済史学会でもフォローすることになりました。こういう学問分野では一つの先鞭をつけたかなと思います。

私の会長時代には，若い人をできるだけ活性化させるために，地方部会を充実させることをやりました。これもなかなか実際にはうまくいかなかったことですが，私としては，会長の時には部会にはとにかく毎回出ることを通じて，若い人たちの意見を聞き，議論をすることに努力したつもりです。

情報化は自然の流れでどんどん進んでいると思いますが，国際化はいろいろ事情があってむずかしいのが実状です。国際化の話は結構事務局に飛び込んできて，こういうことをやりたいんだがどうかとか，相談事があったりします。そのために富士コンとは別に国際交流担当の理事を新設して，川辺信雄さんにお願いしました。

国際交流では，日韓経営史会議ができて，これをアジア経営史ということまで広げたい，と私は前から思っていたのですが，現実にはなかなか難しい面があります。これからの学会の方向として，アジアの研究者が集まるような組織ができればと思っていますが，ただ日韓会議の場合，韓国側には経営史ではなくて，経営学の人が多いとか，ちょっとボタンがうまくかみ合わないところがあったりします。しかし，人脈はできつつあります。日韓経営史会議をやり出したことの意義はあったと思います。

それから，これは私の個人プレーですが，オーストラリアとニュージーランドでアジア経済・経営史会議（アジア・パシフィック経済史・経営史コンファレンス：APEBH Conference）があります。これは毎年やっていて，有名な先生が参加して，日本からも何人も参加して，それなりに良い成果を出していると思います。2009（平成21）年には，学習院大でもやりました。日韓会議を広げるよりも，むしろこのAPEBHを母体にしながら，アジア経営史学会という方向に行くこともあり得ると思います。

最後に世界経営史会議については，アメリカがビジネス・ヒストリーの発祥

の地ですし，いろいろな意味でリーダーシップを持っているわけなので，やはりアメリカが軸になって世界経営史会議を開いていかないといけない，と思う。もう一つの軸は，ヨーロッパですが，ここではどこが主導権を取るのかわからず，コアになる国がないのが問題です。アジアは日本が中心になってまとめるべきだと思うのですが，日韓経営史会議とか，先ほどのAPEBHがもっとコアになればと思っています。アメリカ，ヨーロッパ，アジアの三つがうまく連携すれば，世界経営史会議は成功すると思うのですが。実際には，いまの世界の厳しい経済状況から見ると，アジア経済のダイナミズムをどう理解するのかという話を抜きにして経営史学は成り立たないと思います。

歴史学に携わる若手研究者へ

●阿部　最後の質問なのですが，最近，欧米経営史を志望する大学院生がめっきり減ってきております。この現象がどうして生じたのか，それを改善するにはどうしたらよろしいのか，経営史教育のあり方も含めてお教えいただければと思います。

●湯沢　これは逆に私が聞きたいところで，推測でしかものを言えませんが，一つは社会現象ですかね。最近の若者は，外国に関心を持たないという雰囲気があり，なかなか海外に出たがらなくて，内向き思考の人が多い。もちろん中には積極的に海外に出る人もいますが，それは少数派でしょう。なぜ内向きになったのかというと，成熟社会の中で満足感を持ってしまって，いわゆるハングリー精神がなくなったからだと思います。自己満足，あるいは保守的思考があるのだと思います。

　私は，こういう若者が増えることは，日本の将来にとって非常に暗いものを感じます。かつては，例えばハーバード大学に留学生が中国から3人，韓国から1人とかという時代に，日本からは10人は行っていた。いまはまったく逆転していますからね。そういう意味でも，国際的なスタンダードから見ても，日本の若者の内向き思考が増えている。それが結局は学問的にも反映して，海外を研究する人の数が相対的に減少している。

もう一つは，1970-80 年代の日本の状況です。日本全体が海外に非常に関心を持っていた。日本の近代化について，欧米先進国との違いが詰まるところどこにあるのかとか，あるいは日本の遅れがどこにあるのかというようなことを絶えず気にしながら，われわれは議論をしてきたわけだし。それから，日本的経営論が頭をもたげて，例えばトヨタ生産方式を含めて，外国から学ぶべきものがあまりなくなったのではないかという意識が，若者の間に広がっているのではないかな。
　院生たちが外国経営史に関心を持たなくなったことの一番大きな原因は，要するに，私も含めて既存の研究者が，興味深い研究成果を出していないことにあるのではないかと思っています。
　現在のような国際化の中では，ますます海外との比較研究の必要性は高まっています。一つには，日本の現在のこの成熟した経済環境の中で，果たして日本の先を行っている国はいったいどうなっているかを知らなければいけない。そういう意味で，比較研究の必要性はますます深まってきていると思うし，特にアジアの中で日本がどんどん取り残されていくというようなことを考えていくと，発展しつつある韓国・台湾・中国の企業経営あるいは経営者についての比較研究も，日本のこれからの発展を考えていく上でもぜひ必要だと思うんです。アジアの中での日本を考えていく上で，アジアの他の国との関係を抜きにして日本の研究はあり得ないのではないかと思っています。
　先ほどからアジアにおける経営史とかいうことを盛んに言っているのは，特に歴史認識とかいう言葉が一人歩きをして，歴史がなにか政治的な手段に使われてしまっているからです。言い換えれば，歴史の一部を切り取って，それを政治問題化することが現実に起きている。しかし，実証的な研究の積み重ねで，本来の歴史的なものの見方が定着すれば，政治的なコンフリクトもなくなっていくのではないでしょうか。
　私は，ロンドンのインペリアル・ウォー・ミュージアム（Imperial War Museum），パリの戦争博物館，ポーランドのアウシュビッツ，タイの死の鉄道博物館（JEAH 戦争博物館），韓国ソウルの元刑務所の博物館などいろいろなところを見て回りました。言うまでもなく博物館は社会教育の場であり，その国の姿勢が如実に表れます。歴史教育は，これからますます大事になってくる

し，歴史の見方が，国民の将来の方向性を決めることにもなりかねない。こういう混沌とした時代状況だからこそ，歴史への回帰とか，あるいは座標軸となる価値観の合意とかが必要になってくるのではないでしょうか。そのような意味で，経営史学会の皆さんにも学生にできるだけ歴史の面白さ，重要性を教えていただきたい。大学院生に「経営史をやれ」と押し付けるわけにはいかないでしょうから，学部学生に歴史の重要さ，経営史の魅力を教えていただくことが一番大事だと思います。そういう意味で，私は前から学部学生の論文やゼミ活動に経営史学会がなにかコミットして経営史に関心をもってもらったら良いのではないかと，提案しているのですが。

●**平井**　学習院大でお持ちの授業は欧米経営史だったのですか，それともいわゆる一般経営史だったのですか。

●**湯沢**　私は二つやっていて，一つは，1年生向けの一般経営史で概論ですよね。しばらくはずっと橘川武郎さんが日本のことをやって，私が外国のことをやるという分担を続けていました。あと，私は西洋経営史という講義をやりました。それ以外に，日本経営史は鈴木恒夫さんが担当していました。このほか，特殊講義では，佐々木聡さんなどに企業者論などをお願いしていました。

●**久保**　学習院は，経営史学の科目として，一般・欧米・日本の三つがあるのですか。

●**湯沢**　そうです。一般経営史，西洋経営史，日本経営史。特殊講義は経営学科会で承認してもらって随時設けてもらいました。経営史は人によってアプローチが違うので，角度を変えれば，学生には同じ対象であっても複数回聞いてもかまわない，と思うんです。とにかく歴史的な勉強に興味を持ってもらうことが大事だと思います。

●**平井**　そうは言いましても，経営史の講義の種類が少なくなってきているのが現状だと思うのですが。

●**湯沢**　縄張りがいろいろあって難しいところがあるのかもしれないけど，私は経営学科会では，理論，歴史，現状が学問体系の三本柱ということで，了解を取り付けていました。

●**久保**　うちの大学（中央大学）では，研究者の養成が課題になっています。学生の将来を考えたら，どう考えても企業に就職したほうがいいかなと思えて

きて，少なくとも，こちらから「大学院に残っては」とは言いにくいですね。本人が研究の面白みを分かって，取りあえず修士課程に行ってみたいと思ってほしいのですが。修士だったら，民間就職の可能性もまだありますから。大学院で研究の本当の面白みを知った学生が，そのまま大学に残るような流れがあったらいいと思うのですが。

●**阿部** 日本経営史はともかく，いまは特に欧米経営史を専攻したいという学生が本当に減っていると思います。アメリカやヨーロッパのことをあまり面白いと思ってくれないんですね。悪く言うと，知ろうともしない。これは，たぶん湯沢先生がおっしゃった成熟した社会になったことなのかなと思います。

●**湯沢** 可能性としては，海外でPh.Dを取ってきたような人を呼び戻すこともありますね。まあリスクはあるかもしれないけども。また，いまの若い人たちは，問題意識が希薄なような気がする。研究が細分化したせいか，たまたま資料を見つけたから，これでやってみようとか，これで勝負しようとかでとどまっている。「それがどういう意味があるのか」と聞くと，「いや，資料があったからですが」というようなことがある。問題意識が鮮明になると，海外にも目が向くと思うんですが。もちろん，新しい資料で勝負することは重要だが，その資料の研究上の位置づけがまず前提で，それがないと研究としての価値は失われてしまう。

残された課題

●**阿部** そのほか残された課題がありましたら，お聞かせいただきたく思います。

●**湯沢** 経営史の研究領域では，まだまだ議論を詰めなくてはいけないことがたくさんある。先ほど問題意識の話をしましたが，今回インタビューを受けるにあたって，『経営史学』のバックナンバーをインターネットで見ていたら，例えば，チャンドラーをどう捉えるかという議論を延々とわれわれはやっている。現状をどう分析するかとか，いまの第三次産業革命をどう位置付けるかとか，それからチャンドラーの時代の第二次産業革命と第三次産業革命との違い

は何かとか，についても取り上げている。

　感覚的に情報化とかコンピュータとかインターネットとかというのは分かるが，では市場はどう変わったのか，あるいは，第三次産業革命の時代の大企業と第二次産業革命期の大企業とはどう違うのかなど，そのへんを結局あいまいにしているから，チャンドラーをどう評価するとか，チャンドラーはもう駄目だとか，という議論になってしまうのではないだろうか。基本的なところが，われわれもまだ全然分かっていないのではないか。

　それで，大企業がもう駄目だから今度は中小企業だとか，あるいは産業集積だとか，という先走った論議になりがちです。けれども，そもそも大企業とは何なのでしょうか。あらためて，こういう基本的な事柄について経営史としてきちんと詰めておかなければいけない問題がいくらでもあるのではないかと思っています。最近，ビッグイシューを取り上げてみんなで議論するとか，「回顧と展望」できちんと研究動向を総括するとかの機会が少なくなっていると思う。

　それから，現代の大企業が直面している問題として，多角化とか選択と集中の問題がある。かつて多角化と組織が話題になったが，1990年代以降，チャンドラー的に言えば，金融資本という，かのファンド企業が大企業に投資をし始めて，企業は非常に短期的な意思決定をしなければいけないから，選択と集中が進むことになった。企業の戦略が，時代と共に変わるのはいいのだが，われわれとして歴史的にそれをどのように位置づけ，評価するのか，普遍的なものはあるのかどうかを見極めなければならない。こうしたところが分かっていない中で，雲をつかむような論争が続いているという感じがある。

●平井　ヨーロッパでは，チャンドラーに相並ぶような理論とかフレームワークは出てこなかったのですか。

●湯沢　ないですね。チャンドラーのようなグランドデザインは，経営史の分野では少なくとも出ていない。例えば，レスリー・ハンナなどもチャンドラー批判をいろいろやっています。しかし，チャンドラーは金融のとらえ方が弱いとか，マーケティングや労務管理が抜けているというレベルの批判でしかなくて，チャンドラーに対抗して，もっと新しいグランドデザインを出すとかといったことはできてないですね。チャンドラーを乗り越えるようなものが出て

いない。

●阿部　ヨーロッパを見ていますと，経験主義あるいは実証主義が非常に強いという印象があります。グランドデザインを振りかざすのではなくて，きちんといろいろなファクターを明らかにしていくほうが多いのかなという気がしますね。アメリカ人は，確かにグランドデザインを出すという点ですごい力があると思います。ただアメリカでは，国際比較を行う人はあまりいないのではないですか。その中で，チャンドラーが，*Scale and Scope* 以降，国際比較に向かったのは，富士コンの影響もあるのではないでしょうか。

●湯沢　私はそう思う。私は曳野孝さんにはチャンドラーが日本をどのように見ていたのか，そのあたりを聞いてみたいと思っています。

●阿部　それから，チャンドラーの家族資本主義という主張に対して，イギリスではそんなものはないとか，過大評価だとかいう批判が多いと聞きます。私は，同じ英語圏の人たちの間でも，そうした理解の差が出てくる。そこが，また経営史の面白さなのかなと思ったりするのですが。

●湯沢　ヨーロッパでは家族経営じゃないケースはもちろん幾らでもありますが，あくまでもアメリカの企業と比較すると，そういう家族的経営の傾向があるという意味で言っているわけで，それを個別事例で批判してもあまり説得力はないのではないだろうか。

宮本又郎先生インタビュー

日時：2013 年 2 月 7 日
場所：大阪大学経済学研究科の経済史経営史資料室
聞き手：沢井実（大阪大学）・廣田誠（大阪大学）

宮本又郎先生略歴

【氏名】	宮本又郎（みやもと・またお）
【生年】	1943 年
【主要学歴】	神戸大学大学院
【主要職歴】	大阪大学，関西学院大学
【経営史学会での代表的役職】	会長，常任理事

【主要業績】
『近世日本の市場経済―大阪米市場分析』有斐閣，1988 年
『経済社会の成立』日本経済史 1，岩波書店，1988 年（共編著）
『経営革新と工業化』日本経営史 2，岩波書店，1995 年（共編著）
『日本の近代 11・企業家たちの挑戦』中央公論新社，1999 年
『経営史・江戸の経験』講座・日本経営史 1，ミネルヴァ書房，2009 年（編者）
『日本企業経営史研究』有斐閣，2010 年
『企業家たちの幕末維新』メディアファクトリ，2012 年

経済史と経営史

●沢井　今日は，お時間を取っていただきましてありがとうございます。まず最初にこれまでのご研究の歩みについて伺いたいと思います。特に代表的なご著作の話と併せて伺えれば結構だと思います。

　1988年に有斐閣から『近世日本の市場経済』，1999年に中央公論新社から『企業家たちの挑戦』，2010年に有斐閣から『日本企業経営史研究』という大作を出されておられます。また，最近では『企業家たちの幕末維新』という新書も出されておられます。先生の近世史研究のあたりから伺えればと思うのですがいかがでしょうか。

●宮本　私は，基本的に経営史研究者というよりも経済史研究者かもしれません。

　経済と経営，あるいは経済学と経営学をどのように区別するかという点についてですが，研究対象によって分ける人が多いと思います。マクロを対象とするのが経済史で，ミクロの企業や企業人を対象とするのが経営史だという分け方です。しかし，私は対象によって分けるよりも，研究目的によって分けるべきではないかと考えています。つまり国民経済，マクロ経済のウェルフェア（welfare）や，社会全体としていかに効率的に資源配分を行うかという研究をやるのが経済学とか経済史であって，企業経営のあり方に関心があるのが経営学とか経営史だと思うのです。ですから，企業を研究対象としていても，マクロ経済の観点から研究しているのなら経済学，経済史ということになります。

　数年前，ある経営学者と話をしていたら，その人は次のように言いました「自分はマクロや国民経済にまったく関心がない。企業にとって何がよいことかが研究目的である。国民経済的観点から見れば悪いことであっても，企業にとって良いことであればそれで良い。経営学とはそのような学問であると学生にも講義している」と。

　私はそういう立場には立ちません。企業にとって良いことでも，国民経済にとって悪いことだったら，善とは言えない。マクロを構成しているのはミクロなので，ミクロの話が分からないとマクロも分からない，だから研究対象とし

てはミクロ，個別企業を取り上げるが，それはマクロの理解のためであるということになります。

　もちろん，多くの場合はマクロとミクロは一致すると思うのですが，時にはミクロでいいことでもマクロでは悪いこともあるという，いわゆる「合成の誤謬」がありますね。例えば，長期相対取引というのは，企業間取引としてはいいかもしれないけれども，それがマクロでも本当にいいかどうかは分からない。

　このような意味で，私は基本的には経済史のために経営史を研究しているということになります。もちろんこれは，企業経営の効率性という観点からの経営史を否定するものではありませんが，そのような立場の経営史研究者からするとちょっと違和感があるかもしれません。沢井さんたちと一緒に書いた有斐閣の『日本経営史』という教科書についても，「これはやはり経済史の教科書ですね」と言う批評を聞いたことがあります。私もそれは否定しないわけで，経済史の立場からの経営史というのがあってよいのではないかと思っているのです。それが私の「経営史」に対する基本的なスタンスです。

『近世日本の市場経済』をめぐって

●宮本　前置きはこれくらいにして，個別の業績についてですが，まず『近世日本の市場経済』，これは，もうまったく経済史の研究です。私が大学院に入ったのは 1967（昭和 42）年で，ちょうど「明治維新百年」が論壇で賑やかに議論されていたころでした。経済史学界の状況としては，よく言われるように 60 年安保以後，研究関心は近世から徐々に近現代に移るようになりましたが，「明治維新百年」ということで，このころには明治維新前後というのがまた注目を浴びるようになりました。

　近世から近代への移行という問題が非常に関心を集めて，神戸大学大学院で私の指導教官となっていただいた新保博先生をはじめ，後（1971 年）に，数量経済史研究会（QEH 研究会）を結成されることになった梅村又次先生（一橋大学），速水融先生（慶應義塾大学），西川俊作先生（慶應義塾大学）たちが江戸時代の再評価という視点から，数量経済史的研究を始められたのもそのこ

ろでした。江戸時代を研究したいという動機はこのような時代背景のもとで生まれたと思います。

では，なぜ米市場を主たる研究対象としたかということですが，これは単純なことで，江戸時代においては米が最も重要な生産物であるばかりか，「米遣いの経済」「石高制社会」と呼ばれるように，米をめぐる経済循環が江戸時代の経済社会の基礎をなしている。したがって，米市場を研究することは近世経済の根幹に接近することにつながるのではないかという非常に単純な発想からです。

もう一つの理由として，戦後，昭和20年代から30年代までは農業史，農村史，地主制史が盛んでしたが，30年代終わりごろから商品流通史という視角の重要性が唱えられるようになったという事情があります。つまり，それまでの研究では対象が一村，一地方，あるいは一藩というミクロに限定されがちであった。確かに幕藩制の基礎構造はこういうミクロの生産単位であるとしても，それらが相互にあるいは他産業，他地方とどのような経済関係を取り結んでいるかを解明しなければ，総体的な経済循環のメカニズムは明らかにならない。したがって，諸生産過程を現実に結びつけているものとしての流通過程を解明しなければならない。こういう立場から中井信彦先生（慶應義塾大学）や脇田修先生（大阪大学）らによって商品流通史研究が提唱されるようになったのです。

私が大阪米市場の研究をしようと思ったのはこういう商品流通史研究の潮流と関係していたと言えます。ただ，当時の商品流通史研究では，歴史を動かすものはあくまで「生産」であって，商業や金融は主導的役割を果たさない。したがって，商品流通史は生産との関連で研究しなければならない。その点で商業や金融の制度などを研究対象としてきた戦前の商業史や金融史と一線を画さなければならないという考え方が強かったと思います。かつての商業史や金融史は「救うべからざる流通主義だ」という批判ですね。しかし，私は生産過程が基礎構造で，流通過程はその上部構造であるという考え方には違和感がありました。生産過程が一方的に流通過程を規定するのではなく，流通過程が独自の運動法則を持ち，そこにおける制度的イノベーションや変化が市場というチャネルを通じて生産過程に影響を及ぼすという側面も重視すべきではないか

と考えました。このように考えて，私は戦前以来の商業史研究の流れを引き継いで，商業や市場に関わる制度や仕組みを研究したいと思ったのです。

　1970（昭和45）～71年にアメリカのコロンビア大学に留学したことも私の研究に影響を与えました。そのころのアメリカ経済史学界では，数量経済史（cliometrics）とともに，「制度の経済史」が注目を浴びつつありました。制度の経済史のなかで，私が一番面白いなと思ったのはダグラス・ノース（Douglass Cecil North）の本です。経済発展における制度の重要性を主張していたノースに感化されて，大阪米市場の制度分析をきっちりやるべきだと考えたわけです。同時に，制度の静態的研究だけではだめで，それが具体的にどのようにワークしていたか，市場のパフォーマンスはどうであったかを分析しなければならないと考えました。その点で，数量経済史的手法を取り入れて，大阪の米市場の機能分析をすることをもう一つの課題としました。以上が『近世日本の市場経済』でやろうとしたことです。

　付け足し的に申しますと，修士論文のテーマを決める時，父（宮本又次）に，「近現代史をやるなら，やはり東京のほうが有利だ，大阪の地の利を活かすなら，江戸時代史のほうがよい」と言われたことも影響していますね。これは資料へのアクセス利便性からだけでなく，江戸時代ならば大阪が経済の中心だからという意味も込められていたと思います。

●沢井　すみません。いまの近世史のお話に少し割り込ませていただきます。ノースの話が出てきました。もう少しさかのぼると，1960年代にアメリカからいわゆる近代化論がやってきました。それについて同時代に先生はどう思われていましたか。

●宮本　それは，やはり非常に影響を受けていると思います。ライシャワー（Edwin Oldfather Reischauer）とかロストウ（Walt Whitman Rostow）とか，ホール（John W. Hall）たちが，日本の江戸時代を再評価し，江戸時代は「前近代（pre-modern）」ではなく「初期近代（early-modern）」であり，それが明治以降の日本の急速な近代化の前提となっていると唱えたのですね。このようないわゆる「近代化論」に対しては，日本の歴史学界の主流では批判が強かったので，私の本では近代化論との関係をあまり前面には書いていません。しかし，江戸時代の再検討という点で，近代化論と軌を一にしていたことは事実です。

江戸時代において，都市商業や金融ビジネスが非常に発達していたことは古くから指摘されてきたことですが，これらはあくまで封建都市下での現象であり，資本主義的発展にダイレクトにはつながらないという考え方が支配的でした。私が研究しようとした堂島米市場や蔵屋敷が商業機関として高度なものであったにしても，これらはあくまで年貢米という非商品，「領主的商品」についてのものであり，本来の商品，「農民的商品」についてのものではなかったから，そこからは資本主義的市場経済は生まれない，近代化とは無縁のものという考え方ですね。いわゆる大塚史学もそういう見方だったと思います。

　そういう議論に対して，大阪米市場は確かに「領主的商品流通」の場として成立したのだけれども，そこで発達した制度，仕組み，商業慣行などはやがて「農民的商品流通」に波及したのではないか，したがって，領主的商品流通と農民的商品流通を截然と分ける必要はないのではないか，いわゆる「前期的」と呼ばれるものの「近代的要素」を認めるべきではないか，というのがこの本で主張したかったことです。

企業者史研究

●宮本　次に，『企業家たちの挑戦』は，『日本の近代』という中央公論新社のシリーズの一巻として刊行されたもので，このシリーズの編集委員の一人が阪大の同僚だった猪木武徳さんだったので，その縁で執筆依頼を受けたものと思います。ただ，私は企業家の歴史に関しては，それまでにもいろいろ書いてきました。

　企業者史を手がけたのは，経済主体の意思決定に関心をもったからです。経済史では，よく「日本資本主義は」とか「産業資本は」とか，「紡績資本は」などという言い方をしますね。経済活動というのは，様々のベクトルをもつミクロの経済主体の行動の集合であるので，簡単に抽象化された一つの「資本の論理」で語るのは面白くないのではないかと思ったのです。それぞれの企業家たちがどういう背景，条件の下で，いかなる考え方，理念に基づいて，何をしようとしたのか，そういうミクロの経済主体の行動を明らかにすることを通じ

て，その「集合」がどのようなものであるのかを析出できるのではないか，これが企業者史の視点ではないかと思います。

そのように考えて，企業家のことはいろいろ書いていたのですが，一番まとまって書いたのは，大阪工業会の機関誌『工業』（月刊）で大阪の企業家について1年ぐらい連載で書いた記事でした。そういうものを土台にして，『企業家たちの挑戦』を書きました。この本では，「プロローグ」で，企業家論に関する学説史を自分なりに整理できたこと，若いころから関心をもってきた日本の株式会社制度の展開やコーポレート・ガバナンスと企業家との関連を論じたこと，比較的多くの企業家について書くことができたことが収穫でしたが，短期間に執筆したため，議論の整理が不十分だったという反省があります。

『日本企業経営史研究』と『企業家たちの幕末維新』

●宮本　3番目の『日本企業経営史研究』は，もっぱら有斐閣編集部伊東晋さんのおかげで，出来上がった本です。経営史関係の論文はかなりたくさん書いてきましたが，論文相互間の関係が弱く，一つの書物にまとめるのは難しかったのですが，18本のオリジナル論文を16章に組み直し，「鴻池善右衛門家の研究」「会社制度とコーポレート・ガバナンス」「企業家論」「企業成長と戦略」「市場秩序と経済団体」という5部編成のなかに収めました。

鴻池研究は父・又次や作道洋太郎先生，安岡重明先生，森泰博先生，藤田貞一郎先生など以来，阪大経済史・経営史研究室のお家芸となっているものですが，ささやかながらその学灯を受け継ぐことができたことを嬉しく思っています。2つ目の会社制度については，比較的若いころから関心をもってきたテーマで，これをコーポレート・ガバナンスと関連づけて論じました。3つ目の企業家論は，個々の企業家についてのものではなく，企業家研究の学説史的整理と，企業家についての統計的観察を試みた論文を収めています。

4つ目の「企業成長と戦略」は社史編纂事業の副産物として書いた論文が主です。私はいくつかの社史編纂事業に参加してきましたが，社史執筆だけに終わらず，それを研究に結び付けたいと思って取り組みました。最近は，社史編

纂過程で得た資料や情報を研究に用いるのにはかなり制約が課されるようになりましたが，昔は割合おおらかだったというか，企業のほうでもむしろ研究対象となることを歓迎する雰囲気があったので，社史編纂事業終了後，いくつかの論文を書きました。本書では，東洋紡社史関連で大阪紡績の経営戦略に関する論文，日本生命社史関連で，同社のマーケティングに関する論文，それにサントリーの100年史関連で，「酒の数量経済史」という論文などを収めました。

最後の「市場秩序と経済団体」は，山崎広明先生と一緒にプロジェクトリーダーを勤めた第14回富士コンファレンスで報告した日本の総合経済団体についての論稿と，江戸時代の株仲間から商業会議所への歴史的流れを追究した論稿を収めています。

このように本書は論文集のため，まとまりが悪い本ですが，経営史としてまとめることができて自分としては大変嬉しく思っています。

4番目の『企業家たちの幕末維新』は学術書ではなく，啓蒙書です。中公の『企業家たちの挑戦』と重複するところ少なくありませんが，明治期の企業家を5つのタイプに分類して書きました。

1番目は，明治維新期に旧商家の再生を図った三野村利左衛門と広瀬宰平。2番目は，明治期のいわゆるベンチャー企業家で，岩崎弥太郎，安田善次郎，藤田伝三郎，松本重太郎，大倉喜八郎，岩下清周など，3番目は技術者型で，山辺丈夫と菊池恭三を取り上げています。4番目に，社会的企業家として波多野鶴吉のことを書き，最後に財界リーダーとして渋沢栄一と五代友厚について言及しました。

●沢井　『企業家たちの幕末維新』では，例えば，殖産興業論とか，明治期論とか，先生のお考えが非常に平易に直截に出ている感じがいたしました。

●宮本　一般読者向けの新書本ということで，簡潔に，ストレートに書きましたので。研究者からは異論があるかもしれませんね。

●沢井　そういう意味で，いま少し伺っただけでも，近世史の生産主体，あるいは流通の独自性に対する評価の弱さとか，上からの資本主義化とか，経済主体の不在というか，そういうことに対する，少し遠慮されて「違和感」とおっしゃったと思うのですが，もう少し言うと，違うオルタナティブ（alternative），研究のオルタナティブを一貫して目指されてきたのではないかというふうにも

思うのですが．
●**宮本** そう言っていただけると，有り難いです．

岩波『日本経済史』

●**沢井** では，次に行きたいと思います．
　今度はいくつかのシリーズについて伺います．具体的には，岩波から出ている『日本経済史』全部で 8 巻．これは 1988（昭和 63）年から 1989 年にかけての刊行物です．続いて岩波の『日本経営史』．これは全部で 5 巻ですけれども，1995 年に出ています．そして，最近ではミネルヴァの『日本経営史』全 6 巻．これは 2009 年，2010 年にわたっています．
●**宮本** 岩波の『日本経済史』は，私がリーダーではなくて，もともとこれは中村隆英先生が岩波から持ってこられた話なんです．中村先生をはじめ，梅村又次，新保博，速水融，安場保吉，西川俊作という QEH（数量経済史）の第一世代の先生方がリーダーで，尾高煌之助，山本有造，斉藤修，猪木武徳，阿部武司，それに私がフォロワーとなって編集したシリーズと言えます．
　この全 8 巻のライトモチーフは非常にはっきりしていて，日本近代の経済発展のプロセスはどのようなものだったのか，その要因は何だったのかということです．一口で言えば高度経済成長時代の最後に出た高度経済成長の長期分析というのが，この本の性格です．
　現在の若い世代からすると，不思議がられるかもしれませんが，このシリーズには高度経済成長を善とする思想があふれていると思います．高度経済成長そのものについて疑いはあまり書かれていない．そういう意味では，一本芯が通っていたシリーズだったと思います．速水融先生などは，このシリーズには「仮想敵」がいるとおっしゃっていました（笑）．マルクス主義的経済史，特に講座派が仮想敵というわけです．そういう点でも，狙いが非常にはっきりしていたと思います．
　数量経済史研究会の編集でしたが，特に高度な数量分析が行われたわけではありませんね．そこに，エコノメトリックス的手法に著しく傾斜したアメリカ

のニュー・エコノミックヒストリーと違って，定性的分析の補完として数量分析を用いるという日本の QEH の特徴が出ていると思います。

　この当時の数量経済史研究会はものすごく活気があり，コンファレンスや研究会は非常に緊張感がありました。報告するとだいたい怒られたというか，鋭いコメントをもらって，意気消沈することが多かったですが，後から考えると非常に多くのことを教えられたと思っています。梅村先生などは，夜の酒の席でも研究の話しかされなかったと記憶しています。私はそっと，新保先生や速水先生などとポーカーなどをしておりましたが（笑）。私の『近世日本の市場経済』も，この研究会と付き合ったおかげだったと思います。

　担当巻について申しますと，まず速水先生とジョイントの第 1 巻の「概説」があります。ジョイントと言っても，二人が別々に書いたものを合わせただけで，私は「江戸期経済発展の数量的概観」という節を書きました。ここで明確に書いたのは，江戸時代の時代区分です。17 世紀から 18 世紀の初めぐらいまでは，本源的生産要素のすべてが増えて経済が発展するという「エクステンシブ・グロース（extensive growth）＝外延的成長」の時代，18 世紀の初頭ぐらいから 19 世紀の初めぐらいまでは，耕地も人口も増えないけれども，一人当たり所得の成長がみられるという「インテンシブ・グロース（intensive growth）＝内包的成長」の時代，そして，1820（文政 3）年ごろ以降は，人口の増大を伴いつつ，一人当たり所得の持続的成長が生じる，クズネッツ（Simon Smith Kuznets）流の「モダン・エコノミック・グロース（modern economic growth）」の時代，という 3 区分ができるのではないかと書きました。江戸中・後期＝停滞経済社会論の立場からは批判があるのかと思いましたが，大きな反論はなかったように思います。

　第 1 巻では，このほかに「徳川経済の循環構造」という章を上村雅洋さんと一緒に書いています。ここでは，資本主義経済と比べて，江戸時代の経済循環の特徴を示すために，モノとカネの循環の模式図を書いてみました。もう一つは，江戸時代の地域間の流通構造についてで，江戸前期の，大阪がコアで，地方領国がサテライトとなっている「コア・サテライト構造」から，江戸後期には諸地方領国が「ネットワーク構造」で結ばれるようになるとこれも模式図で描きました。これは随分，粗っぽい議論だと思ったのですが，こういう大胆な

ことを書けたのがこのシリーズの面白いところでした。

　岩波の『日本経済史』では，第2巻で「物価とマクロ経済の変動」という章も書きました。物価史からの江戸後期のマクロ経済の変動と産業構造の変化を追究しようとしたもので，新保先生や山崎隆三先生がずっとやっておられたテーマでしたが，物価史研究が盛んになったお陰で，利用できる物価データが豊富になったので，私なりに一般物価指数系列を作成し，先行研究とは少し異なる知見を得られたのではないかと思っています。ただ，非常に複雑な議論をしていて，もっとすっきり書いたら良かったなという反省はあります。

　岩波『日本経済史』では第4巻（上）に「産業化と会社制度の発展」という章も執筆しました。江戸時代の商家における共同事業の事例から戦前日本における会社制度の展開過程の特質とそれがもたらした会社統治上の影響，財閥と株式会社制度の関係などについて論じたものです。

岩波『日本経営史』

●**宮本**　次に，岩波の『日本経営史』のほうですが，これは『日本経済史』の編集担当者であった岩波の杉田忠史さんと親しくなって，杉田さんから「次に何か，もう一つ企画はありませんかね」と言われたので，「そうしたら日本経営史をやりませんか」と提案した結果，日の目をみたシリーズです。経営史学会では，1970年代に『日本経営史講座』という全6巻の講座が日本経済新聞社から出ました。私はそれには参加していませんが，「20年近く経ち，新しい研究成果がたくさん出ているので，新経営史講座というのはどうでしょうか」と提案したわけです。岩波書店は経営学関係の本はあまり出していなかったのですが，杉田さんのお陰で出版を引き受けてくれたのです。

　安岡重明，森川英正，由井常彦，山崎広明の諸先生と，大東英祐，橘川武郎，阿部武司，天野雅敏，米倉誠一郎，それに私の10人が編集委員となって全5巻の企画を練りました。

　私は，阿部さんと第2巻の編集をしたほか，第2巻の「概説」と，「明治の資産家と会社制度」を阿部さんと一緒に書きました。「明治の資産家と会社制

度」の論文では，会社定款を利用しての株式会社発生過程の分析と，株主総会議事録を利用してのコーポレート・ガバナンスの議論は割合面白いと思うのですが，資産家についてはかなり苦労して作成した資産家のデータベースを一生懸命利用しようとしたのですが，あまりうまく使いこなせなかったなという反省があります。

　第2巻は阿部さんと私が編者ですが，いまから考えて良かったなと思うのは，杉原薫さんと尾高煌之助さんを執筆者に加えたことです。お二人とも経営史学会とは必ずしも縁が深かったとは言えませんが，杉原さんには，政府や民間団体によって提供された「情報のインフラストラクチャー」の役割について書いてもらい非常に面白かったですし，尾高さんの「工場制度の定着と労務管理」も経営史研究者と一味違う論文でさすがという感じでした。

　また，第1巻では「経営組織と経営管理」を上村雅洋さんと一緒に書きました。これは上村さんに依存するところ大きく，彼のお陰で，近江商人をはじめ，多くの商家の事例をうまく取り入れることができたと思います。

ミネルヴァ『講座日本経営史』

●宮本　次に，ミネルヴァ書房の『講座日本経営史』。これは，湯沢威さんと阿部さんのリーダーシップでできたシリーズです。岩波の『日本経営史』は，岩波の『日本経済史』の続きなので，高度経済成長をもたらした「日本的経営システムの源流」を追究するという共通目標があったように思うのですが，ミネルヴァの『講座日本経営史』では，やはり時代が表れていて，全体を通じるライトモチーフはなかったというか，分からなかったように思います。いわゆる「失われた10年」の時代で，「日本の企業システム」というものに対する批判，反省が出ていた一方で，日本的経営擁護論も根強くありましたから，編者，書き手の意思統一は難しかったと思います。

　粕谷誠さんと私が編集を担当した第1巻は，『経営史・江戸の経験』という書名にしましたが，「近世」という時間枠に閉じ込めず，江戸時代の経営上の諸経験が近代あるいは今日の日本の企業経営に対してどのような意味を持って

いるかという問題意識をもって執筆していただくよう執筆者に依頼しました。対象期間も江戸時代から1882（明治15）年ごろまでとし，近世と近代の「連続」「断絶」を意識してもらうようにいたしました。「マーケティング」とか「企業と市場」とか「金融ビジネス」という現代用語をあえて各章のタイトルに使ったのもその意図を込めてのことでした。

近世と近代が「連続」するか「断絶」するか，長年にわたって議論されてきましたが，両者が完全に「連続」あるいは「断絶」と考える研究者はいないでしょう。それゆえ，いずれか旗幟鮮明にすることではなく，執筆者に申し上げたことは，江戸時代のビジネスの到達点はどのようなものであり，どのようなことが近代への遺産となって，近代への継承という点では何が欠けていたのか，実証的に明らかにして欲しいということでした。

いわば「writing history backward（後ろから歴史を書く）」という観点からの編集で，歴史書としては邪道かもしれませんが，大学などでの教科書，一般向け啓蒙書としてはこういうスタイルが有効性があるのではないかと考えた次第です。

●沢井　最初の岩波の『日本経済史』，『日本経営史』というのは，ある種のまとまりが確かにあって，それを先生は「高度成長」あるいは「日本的経営」というキーワードを掲げて攻めていったからまとまりがあった。それに対して，21世紀に入って，みんなが何をフォーカルポイントにしていいのかが，なかなか難しい時代に入ってきたということが，ミネルヴァの場合，少し統一性に欠けるかもしれないというふうにおっしゃられたのですが。

●宮本　そうですね。ミネルヴァの『講座日本経営史』でも，経営史学会として，いま何をフォーカルポイントにすべきかということを，もう少し明示的に出しても良かったのかなという気がします。「経済成長」の次の課題は何か，ということですね。問題関心が拡散している現状では難しかったかもしれませんが。ミネルヴァの『講座日本経営史』で面白い試みとしては，「関説」という項目を設けたことでしょうか。本論は日本経営史に関する章ばかりなので，これに関連する外国の事例などを紹介して貰おうというのが「関説」の狙いで，第1巻では米山高生さんに会社制度について，寺地孝之さんに金融について書いていただきました。「関説」により，国際比較の観点を多少とも盛り込めた

のは良かったと思います。

経営史学会との関わり，および会長時代の思い出

●沢井　続いて少し角度が変わるのですが，今度は研究そのものというより，経営史学会との先生の関わりについてお伺いしたいと思います。2001（平成13）年から4年間，先生は経営史学会の会長を務められました。

●宮本　経営史学会との最初の関わりは，私が神戸大学4年生の時に経営史学会の第2回全国大会が神戸大学で開かれた時です。その時，私も大学院に進学するのが決まっていたのですが，主催者の井上忠勝先生と桂芳男先生から，お手伝いを命じられたのです。何をやったかというと，司会者の横にいて，時間係でチンと鳴らす役です。「時間が来たらベルを鳴らせ」と言われたのですが，全然事情を知らないものだから，報告時間が超過したら，私はジリジリジリと10秒とか20秒ぐらいベルを押し続けたんです（笑）。「君，ベルは1回チンだけでいい」と怒られた記憶があります。これが経営史学会での私のデビューです。

『経営史学』に最初に載ったのは，1970（昭和45）年の「明治初期の企業と企業家―蓬莱社の場合―」という論文です。鴻池家が明治初年につくった株式会社形態の企業についてです。あまり出来の良い論文ではありませんでしたが，丁度，大学紛争真っ只中の時で，大学の先生方の論文投稿が少なかったので採択されたのだと思います。

経営史学会の会長時代は，ちょうど40周年にあたるころで，山崎広明先生と湯沢威先生に代表編集者となって貰って『日本経営史の基礎知識』と『外国経営史の基礎知識』を刊行することができました。

比較的大きかった問題は財政問題でしょうか。資金的援助を受けていた谷口財団が解散することになったので，富士コンファレンスを続けることができるかどうかというのが一つの問題。富士コンは20年ぐらいやってきて，経営史関係の国際会議として有名になっているので，是非とも続けたいが，財源をどうするかということでした。いろいろ議論して，結局，谷口財団の解散残余資

金としていただいたお金や，過去の蓄積資金と学会の一般会計から捻出し，2年に1回ぐらいのペースで続けようということになりました。ただし，これまでのように費用全額を学会が負担することは出来ないので，プロジェクト・リーダーにも資金調達をお願いしたり，他の団体との共催も図っていこうということになりました。

　財政問題については，会計処理の問題もありました。経営史学会では，年次大会の開催，富士コン，そのプロシーディングスの刊行，イヤーブックの刊行，その他国際学会の開催など様々な事業をやってきましたので，一般会計とは別に蓄積資金がありました。それぞれの資金の由来については会長間で引き継がれてきましたが，時が経つと段々不明瞭になりますので，これらを一括して「特別会計」を設定しました。

　それから，イヤーブックの財源問題。日本の経済史関係の学会で英文の本を出しているところは経営史学会しかないわけですし，経営史学会は国際活動に非常に熱心だったので，これも何とか続けたいと思ったのですが，何しろお金がないし，売価がかなり高いこともあって余り売れていないので，独立採算にもできない。私は，毎年4号出している『経営史学』の第5号として刊行すること，つまり一般会計で費用を捻出することを提案しました。これは必然的に会費の値上げを伴うことになりますし，会員に受け容れて貰えるかどうか不安があったのですが，由井常彦先生が助け船を出して下さって，先生の斡旋のお陰で渋沢栄一記念財団から出版助成金を出して貰えることになりました。これによって，イヤーブックは，2005（平成17）年から *Japanese Research in Business History* (*JRBH*) と書名を変更し，装丁もハードカバー化し，会員全員に配布されることになりました。国際化が進行するなかで，英文の機関誌をもつことは本学会の一つのアドバンテージになると思います。由井先生と渋沢雅英（渋沢栄一記念財団）理事長に感謝したいと思います。

　会長の任期があと数ヶ月となった2004年秋に，機関誌『経営史学』の出版・流通が危ぶまれるという事態が発生しました。同年夏に，いろいろな学会の事務を預かっている日本学会事務センターという団体が破綻し，これに付属する企業で，『経営史学』の制作会社であった（株）UP制作センターの経営もおかしくなったのです。そのため，新たな制作元，販売会社を探さないといけない

ということになり，いろいろな出版社にあたってみましたが，学会誌の制作というのはあまり旨味のないビジネスらしく，難航しました。湯沢威次期会長の奔走で，40巻1号（2005年6月）から（株）雄松堂出版が引き継いでくれることが決まり，出版の中断が避けられたのは幸いなことでした。雄松堂出版にシフトするにあたっては，UP制作センターとの契約を解除し，同社が保有していた『経営史学』のバックナンバーを引き渡して貰う交渉もしなければなりませんでしたが，引き取り価格をめぐって，次期編集委員長の曳野孝さんとともに，先方とやりあった事を懐かしく思い出します。

実は，この問題が起こる前に，学会活性化（学会活性化委員長は塩見治人氏）の一方策として『経営史学』の判型をA5判から，B5判に大判化することを検討していました。大判化により掲載論文数の増加，欧文表記や図表掲載の容易化が図れると考えられたからです。制作会社の変更と，B5判への移行が共に40巻1号からとなったのは偶然といえますが，『経営史学』の再スタートを象徴しているようで，良かったのではないでしょうか。

学会会則については，「会長は現理事の中から互選する」という規定を「会長は現理事および理事経験者の中から現理事が選ぶ」と改めました。会長選考の自由度を増すための改革でした。

富士コンファレンス

●**宮本**　富士コンファレンスについては，私が関係したのは運営委員となったセカンドシリーズ（1979-83年）とサードシリーズ（1984-88年）です。セカンドシリーズは大河内暁男先生が委員長で，他の委員は渡辺尚，湯沢威，石川健次郎，北政巳，大東英祐，原輝史，宇田川勝の諸先生でほとんどが昭和10年代後半生まれで，ファーストシリーズに比べ随分若返りました。スポンサー・谷口豊三郎氏の意向で，毎回，日本側は少数の固定メンバーが出席すべしということになり，全5回出席し，報告，司会，コメンテーターのいずれかを務めました。専門外のテーマの時もあって苦労しましたが，大変勉強になりました。報告としては，安岡重明先生がプロジェクトリーダーをされた第10

回「Family Business in the Era of Industrial Growth」(1983 年)で報告しています。

　サードシリーズの運営委員会は，米川伸一先生を委員長とし，福應健，小林袈裟治，大河内暁男，山崎広明，由井常彦の諸先生と私が委員でした。このシリーズでは，5 回のうち少なくとも 1 回は運営委員がプロジェクトリーダーを務めることとなり，私は山崎広明先生とともに，第 14 回「Trade Associations in Business History」(1987 年)を担当しました。

　富士コンファレンスは毎年 1 月 5 〜 8 日ごろに開かれたので，この 10 年間はお屠蘇気分にひたる間もなく仕事が始まったという印象でしたが，大変良い経験をさせていただきました。これだけ長期間にわたって助成していただいた谷口工業奨励会四十五周年記念財団に深く感謝しなければならないと思います。

大阪企業家ミュージアムと企業家研究フォーラム

●沢井　では，次に行きたいのですが，先生は，昨年創立 10 周年を迎えた企業家研究フォーラムの会長を，創立以来，務められておられます。それから，2008（平成 20）年からは大阪企業家ミュージアムの館長も務められておられます。この新しい研究団体，企業家研究フォーラム，それからミュージアムについてのいままでの簡単な経緯やいまの思いをお聞かせいただきたいと思います。

●宮本　大阪企業家ミュージアムは大阪商工会議所の創立 120 周年記念として 2001 年 6 月に設立されたものです。大阪はこれまでたくさんのすぐれた企業家を輩出してきました。何がエネルギッシュな企業家活動をもたらしたのか。旺盛な企業家精神を発揮した人はどのような人たちだったのか。このような企業家と企業家精神をテーマとしたユニークなミュージアムを建設する，これが大阪企業家ミュージアムのコンセプトでした。私は 1990 年代半ばごろからこの構想委員会に参加し，沢井さん，阿部武司さん，小川功さん，廣田さん，上村雅洋さん，上川芳実さんなど関西の経営史学会会員や経営学の加護野忠男教授（当時，神戸大学）にも協力いただいて，ミュージアムのコンテンツの検討を行いました。主展示の対象となる近代大阪の代表的企業家として五代友厚か

ら佐治敬三に至るまで105人を選び，その事績を調査したこと，中内㓛氏や石橋信夫氏をはじめ現に活躍している関西の代表的企業家21氏について，インタビュービデオ（「関西企業家映像ライブラリー」）を制作したこと，企業家の生い立ちから活躍に至る事績を写真も交えパソコンで紹介するデータベース（「企業家デジタルアーカイブ」）を作成したこと，などが主な仕事でした。私たちにはミュージアム造りの経験がありませんでしたので，国内とともに，アメリカ，フランス，ベルギー，中国などの関連ミュージアムを視察したことも楽しい思い出です。

　2001（平成13）年6月に開館となり，三洋電機の井植敏会長が初代館長に就任されましたが，2008年11月から私が館長を勤めています。一昨年（2011年）6月に開館10周年を迎えましたが，来館者は累計15万人を超えています。中国・韓国をはじめ外国からの来館者も少なくありません。大阪企業家ミュージアムにはお宝物や重要な文化遺産はなく，その意味でソフト中心のミュージアムですが，多数の企業家に関するミュージアムとしては日本で唯一のものでありますので，地味ながらも評価されているのではないかと思います。私たちとしては，経営史研究の一つの実践の場となったのではないかと思っています。

　企業家研究フォーラムは，このミュージアムと密接な関連をもって2002年12月に設立された学会組織です。ミュージアムというものは，展示機能と人材育成機能だけではなく，研究機能も必要なのではないかと，加護野忠男教授が提案し，大阪商工会議所の賛同を得て生まれることになりました。学会設立にあたり，大阪商工会議所は大西正文第22代会頭顕彰事業として「企業家研究基金」2,000万円を設定してくれました。現在，一般会員約470名，法人会員30社が参加しています。一般会員は経営史研究者，経営学研究者が中心ですが，実務家も相当数おられます。年5回，研究集会を開き，年刊の機関誌『企業家研究』を発行しています。

経営史を学ぶ意義

●沢井　次は，特に若い人たちのことが念頭にあるのですが，いま経営史を学

び，教えることの意義を，先生がどのように考えておられるかお聞きしたいと思います。

いままでもいろいろな講義やセミナーとか，もちろん執筆活動を通して，経営史の面白さを伝えてこられたと思いますが，その経営史の効用についてどのようにお考えですか。

●**宮本** 私の講義は決して面白いとは思わないのですが（笑）。阪大にいた時には経済史や経営史を講義するさい，「なぜ歴史を学ぶのか」などについて，あまり講釈を言わなかったのですが，2006（平成18）年4月に関西学院大学ビジネス・スクールで教えるようになってからは，受講生が全員ビジネスパーソンになりましたので，その種のことを講義の冒頭でしゃべるようになりました。「現在のことに関心があるのに，昔のことを学んで何になる」と考えている受講者が少なくないのではないかと思ったからです。

私は，歴史を学ぶことの意義は三つぐらいあると申しています。第一は，教訓史としての歴史です。「歴史は繰り返す」というように，現在起こっている事象のなかには過去にも生じているものも多いはずである。したがって，過去の事例を学べば，現在への教訓を得られる，という考え方ですね。通俗的には，歴史を学ぶ意義をそこに置く人が多いと思うのですが，必ずしもプロの歴史家好みの考え方ではないと思います。

第二は，プロの歴史家ではこれが一番本流だと思うのですが，歴史の流れから見て，現在はどのような位置にあるか，言い換えれば，現在起こっている事実は歴史的に見ると，なぜこういうことになっているのか探る，このような関心から歴史を学ぶという考え方です。

第三もこれと似たことですが，パス・ディペンデンス（path dependence）の考え方ですね。「ある一定の条件の下では，均衡解は唯一である」というニュートン力学系や新古典派経済学系の考え方に対して，「世の中がどのようにしてそうなったのかを理解することなしに，その論理または非論理を明らかにすることはできない」（技術史家ポール・デイヴィッド（Paul A. David））という考え方があります。つまり，同じ諸条件下でも，経路が異なれば，複数の均衡解があるということですね。現在だけをみていると一見，非論理に見えることでも，歴史的に考えると論理性がある場合があるということです。

というわけで，確かに歴史は学んでもすぐに役に立たないかもしれないけれども，物事を複眼的に見る能力を養うには不可欠なのではないかと言っているのです。

　これとは別に歴史小説などの効用ももちろんあると思います。司馬遼太郎などの歴史小説を好んで読んでいる人は，歴史上の人物や歴史の世界に自分の身を置いて，自分ならばどうしているのだろうと，小説からヒントを得る，あるいは歴史小説の登場人物と自己を同一化して，満足感を覚えるというようなことです。ヒストリーは「お話」でもありますから，この種の効用はもちろんあると思うのですが，読者にこういう満足感を与えるには達意の文章でなければならない。経済史家や経営史家にはそれは難しいことですが，無視できないことと思いますので，いささかなりとも一般の人々の想像力を高め，共感を呼び覚ますような講義や著作を心懸けないといけないのではないかと思います。

経営史研究に期待するもの

●沢井　最後の質問ですが，これからの経営史研究，あるいは経営史学会に対して，先生の期待，ご意見を伺わせてください。

●宮本　あまり偉そうなことは言いたくないのですが（笑）。やはり基本的には，地道な実証研究が歴史に関する学問では最も大事なことだと思います。そのスキルを磨く，新しい史料，史実を発掘する，新しいテーマを追究するということですね。しかし同時に，自分の学界だけでポジションを確保する，つまり研究者仲間だけで評価されるのではなく，現実感覚を持っておくことが非常に大切だと思います。個人の研究者としては，目先のテーマに没頭しなければならないとしても，学会（学界）全体としては，現実とのレリバンシーを絶えず考えておかなければならないのではないでしょうか。

　同じ学会の人たちだけと話していたら，学会スペシフィックな議論，自己満足的な議論になってしまう恐れがある。異なる学問分野の人，あるいは非アカデミッシャンなどとの交流を断ち切ってしまうと，特に歴史研究というのは，自分の殻の中に閉じこもってしまう危険性があるのではないかと思います。

自分の専門分野の研究史オリエンティドでテーマを考えると，どうしてもそういう傾向になってしまうのではないでしょうか。もちろん，あまり通俗的に現実感覚だけでのテーマ選択では，流行を追った浅薄な研究になってしまう危険性がありますが，頭の片隅で現実とのフィードバックを意識しておかないと，自己満足の研究に終わってしまうのではないかと思うのですが，いかがでしょうか。

　個人個人はあまり現実の問題とか意識しなくてもいいと思うのですが，学会（学界）全体として「世の中と全然関係ありません」と言ってしまうと，まずいと思うのです。やはり我々は大学への補助金や，科研費（科学研究費）などを使っているわけですから，「われわれは真理を追究しているだけです」とか，「基礎研究です」と言うだけでは弁明にならないのではないか，世間の負託に応えるという意識を持っていなければならないのではないでしょうか。

経営史学会第47回全国大会パネルⅡ

「我が国における経営史学の軌跡―学会創立50年を前にして―」

日時：2011年10月16日
場所：九州大学
報告者：湯沢　威（元学習院大学）
由井常彦（元 明 治 大 学）
森川英正（元慶應義塾大学）
山崎広明（元 東 京 大 学）

●**宇田川**　おはようございます。時間になりましたので始めます。
　今日の午前中は四つの会場でパネルが行われます。ここのパネルⅡのテーマは「我が国における経営史学の軌跡―学会創立50周年を前にして―」です。
　学会は1964（昭和39）年にスタートしております。ですから，あと3年で50周年を迎えます。この50年間に経営史がどういうかたちで発展してきたのか，あるいは，どういう問題点が取り残されたのか，今後の課題としてどういうものがあるかということについて，討議したいと思います。
　問題提起者は，前会長の湯沢威先生です。湯沢先生の問題提起を受けまして，報告が4本あります。いずれも学会顧問で長老の先生方です。その四つの報告を受けまして，現在の学会の役員である三人の先生方からコメントをいただいて議論をする手順で進めたいと思います。
　司会は法政大学の宇田川と，獨協大学の平井さんが務めます。よろしくお願いします。
　それでは早速ですが，時間厳守ということで，問題提起者の湯沢先生に報告をお願いいたします。

問題提起

湯沢　威（元学習院大学）

　ただいまご紹介にあずかりました湯沢でございます。このパネルは，実は6月18日に関東部会を開いた時，同じテーマで開催しており，その時には70名ほどの参加者がおられました。今日は，その二番煎じで，もう関東部会で聞いたからいいよという方がかなりおられるのではないかと思っておりましたが，今日，こういうかたちで大勢の方にお集まりいただきまして感謝申し上げます。

　いま宇田川先生のご紹介にありましたように，われわれは学会創立50年を前にして，経営史学会はどのようにして生まれたのかを振り返り，またどのような研究がなされてきたのか，さらにこれから何をなすべきか，を考える一つの大きなきっかけになるだろうと思っております。

　そういう意図でこのパネルを組織しました。この会場には，創立時に関わった先生，あるいは歴代の会長の先生方には，無理をお願いして，ご出席いただいております。ただ，元会長の宮本又郎先生は公務の関係で大会には不参加であり，また現会長の阿部先生は隣のパネルに参加されているため，残念ながらこの会場にはおられません。

　4本の報告を予定しており，かなり限られた時間ですが，それぞれの立場から経営史学会を振り返ってみることをお願いしております。このようなテーマでは，なにか結論を出すというようなものではなくて，皆さまから活発にいろいろなアイデアを出していただいて，とにかく，これからの経営史学会の発展に何らかのかたちで貢献する場になれば，と思っております。各報告者には何を話していただくかというと，一つはそれぞれのお立場から経営史学会そのものの歩みについてのお話をしていただくということと，ご自身がどのようなことをされてきたかということです。

　ご承知のように経営史という学問は，学際的です。隣接学問との交流を重視していますが，ただ最近では，経営学とか経済学などの専門家が歴史的な研究を出しています。これは同じ歴史ではあるが，私たちのやる歴史研究とはかなり異なっています。私たちの過去へのアプローチと，経営学とか経済学の先生

方が行う過去へのアプローチとは，おのずから違ってきます。例えば，ジェフリー・ジョーンズ（Jeffrey Jones）というハーバード大学の経営史の教授は，盛んにそれを心配しております。要するに，歴史を専門としない人たちの歴史研究が大手を振るようになり，それに基づいていろいろな理論的な組み立てが行われているとすれば，それは由々しい事態だというようなことを言っています。

私は，まさにそうだと思います。われわれが厳格な実証分析に基づく歴史研究の成果が，経済学や経営学の理論に反映されるのであれば問題はないが，こう言っては何ですが，歴史に素人の方が歴史研究の手順を踏まずに，過去の事例を取り上げ，それを元にして理論的なフレームワーク等々を組み立てられるということは重大問題であると思います。

実を言うと，最近，パス・ディペンデンス（path dependence）というコンセプトで歴史研究が行われています。私も若干かじっているのですが，こういう歴史家以外の方の歴史研究は，中には非常に立派なものもありますが，アプローチが違う。歴史家のアプローチはあくまでも考証に基づく資料の分析，客観的事実の立証，そこから抽出される歴史的ロジックの構築であり，恣意的な事実の寄せ集めや偶然性を排除する必要性があります。歴史家以外の研究では，そのような厳密な歴史的研究手法が採られていない場合があります。

もし歴史家以外の研究者の歴史研究が大手を振って，それらが社会的に影響力を持つようになると，これは大変なことになるわけです。歴史研究の危機というと大げさですが，われわれ歴史家が頑張らなければいけないという時代になっているとも思います。そういうことも含めて，今日は各先生方にご登壇いただいて，いろいろな角度から経営史研究の過去，現在，未来を議論していただこうと思っております。

以上でございます。

●**宇田川**　湯沢先生，ありがとうございました。

いまの湯沢先生の問題提起を受けまして，これから4本の報告を先生方に行っていただきます。

第1報告は，由井常彦先生でございまして，テーマは「学会創立のころの経営史」ということでお話をいただきます。

由井先生，よろしくお願いいたします。

報告1「学会創立のころの経営史」

由井常彦（元明治大学）

　おはようございます。今日のテーマに則して，限られた時間の中でお話し申し上げたいと思います。

　私の今日の報告時間は，たった20分ですし，与えられたテーマが学会創立当時の話，つまり学会のできる昭和30年代後半の，私の感じでは，その数年間のことをお話し申し上げて，経営史という学問がどんなメンバーによってでき，また，その当時，どんなことがアプローチで問題になっていたかということのみについてお話しします。その後の経営史学会の発展とか今後の展望とか，先ほど湯沢先生がおっしゃったような問題点はすべて後にして，一種禁欲的に，昭和30年代に限っての経営史学会に集まってきたような幾つかの動きについてお話ししたいと思います。

　それは案外，現在に通じるところもあるなと率直に思っている次第です。その点は皆さんにご了解いただいて，最初の話だけを申し上げます。後のことは，森川先生が十分にお話になるし，森川先生や湯沢先生のお話について，私は多少コメントがありますが，それはすべて後に譲って，最初は昭和30年代の数年間の状態のみを率直にお話ししたい。それは私の経験に基づいてお話ししたいと思います。

　私は大学院の修士課程を1957（昭和32）年に終わったわけですが，ちょうどそのころ，経営史についての関心がとても高くなってきて，私は経済史の出身でしたし，大学院の時には通産省の『商工政策史』の編纂に従事していて，私は中小企業と電力という二つの産業の『商工政策史』の編纂が主な仕事でした。ですから，その時，私は経営史の横にいたわけで，また経営史という講義自体があったわけではありませんから，多大な興味を持って，早く自分の産業史の勉強をおしまいにして経営史に移りたいなんて思っていた時です。

　経営史については，皆さんもご承知のとおり，初代会長の脇村義太郎先生が経営発達史という授業をなさっていました。これは私が大学院の時に，もうなさっていて，私は経営発達史の授業を聞いたことがあるし，脇村先生のことは

大変尊敬申し上げて，個人的にお話ししたこともございました。
　そのころの脇村先生の講義は，その時その時で内容がかなり違っていました。つまり経営発達史で毎年同じ講義をしたのではありません。私にこういうことを言われたのを覚えています。経営発達史の内容としては，やはりロバート・オーウェン（Robert Owen）を，ぜひ最初にみんなに勉強してもらいたい，それを講義したい，と。
　それからイギリスの綿業の発展について話をし，さらに造船業に触れてみたり，その後は日本に目を転じて，土屋（喬雄）先生の本は渋沢をやっているので，私は住友の話をしてみたいということをおっしゃっていました。また，浙江財閥など中国も触れてみたいとか，とても関心が広い。
　脇村先生の講義は独特のシステムで，常に速記者を隣に置いておりまして，毎年の講義を速記させていました。それで，あと経営史学会もでき，1967（昭和42）年かな，脇村先生の著作集をつくる時に脇村先生とお話しして，第1回の経営発達史として，その時の講義を中心にまとめました。ですから，脇村先生の講義の内容は，日本経営史研究所から発行している『脇村義太郎著作集』の第1巻にだいたい入っています。しかし，それ以外のことも話されていて，それ全体がすべてではありません。そういう立場でした。
　脇村先生のお話は，ひと言で言って非常に面白かったです。非常に面白くて，実に楽しく，その講義を聴いて私たちの視野はとても広くなった。その点で私は非常に有益な講義だなと思いました。
　脇村先生は学会の会長になられた後も，経営者伝記はものすごく重要だから，経営者伝記をまとめることを一つのテーマとして考えたらどうだ，と。それで，ハンナ（Leslie Hannah）さんが運営するビジネス・ヒストリー・ユニット（Business History Unit）が編纂していたイギリスのビジネス・リーダーの本 David J. Jenemy ed., *Dictionary of Business Biography*（Butterworths, 5 volumes, 1984-86）が出た時，非常にあれを高く評価して，ぜひこういうものを日本でやりたい，君はぜひこれをやることを考えてくれないかというふうにお話をいただきました。
　それはいままで実行できず，その前提として日本工業倶楽部から『日本の実業家』という，これは入門ですが，いずれ，そういうイギリスに負けないもの

ができるための準備として，皆さま方にお願いしてやった次第です。

その次に，ほぼ同時に経営史について非常に興味を持っていたのは，土屋先生がちょうどその時に東大を定年になって，明治大学の経営学部に移るのですが，最初から経営史を担当し，経営史の講義をするということで，1957（昭和32）年に『日本資本主義の経営史的研究』という本を書いて，これはそのまま，そのとおりに講義をされるようなことがありました。

そういう動きがある時に，中川（敬一郎）先生がアメリカに行かれました。アメリカに行かれる直前，授業は産業革命史で，私が1954年に取った時の中川先生の授業は，イギリスの産業革命史でした。それからアメリカへ行かれて，かなり長くゆっくり勉強されました。

中川先生は，行く前に非常に周到に準備されまして，英語をものすごくよく勉強されて，イギリスに行ったら，すぐ弁論部に入ったそうです。それぐらい英語を鍛えられてハーバード大学に行かれたので，その実りは非常に多かったと思います。用意周到に準備して，ハーバード大学に行くなり，すぐこの経営史の勉強に取りかかる。その点で，中川先生はとても偉い方だと思いますね。

非常に英語に長けていらっしゃったので，向こうでも，すぐいろいろな方と論争したり，勉強を積極的にされたと。中川先生の本に必ず書いてありますが，ちょうどアメリカのハーバード大学で企業者史研究（entrepreneurial history）について関心がすごく高まったところで，国際的にもガーシェンクロン（Alexander Gerschenkron）をはじめ，ランデス（David S. Landes）さんとか，ソロウ（Robert Merton Solow）さんとか，いろいろな方が集まっていて，そのアントルプルヌーリアル・ヒストリーの研究も非常に関心が高まった，そういうチャンスだったのですね。

そこで中川先生は非常に大きな感銘を受けて，日本に帰ってきた時には，帰ってくるなり，アメリカで勉強した企業者史研究を中心にビジネス・ヒストリーの研究はあるべきであるということを，非常に熱っぽく議論されました。

その時の中川先生の話は二つか三つあります。一つは，企業者史研究をすごく積極的にやりたい。それから，企業者史研究はインターディシプリナリィ（interdisciplinary：学際的）な研究であって，特定の方法やアプローチに限定されず，むしろ隣接科学の経済学なり，経営学なり，社会学なり，私はもっと広

く考えて，技術史とか産業史というものも関連しているのではないかと勝手に思っていましたが，そんなことをすごく話されて，非常にいい論文を次々に書かれました。その論文はいまでも皆さんがご覧になることができますから，特に内容を詳しくご紹介することは省略します。

中川先生は，そのように企業者史研究をしている時，同時に個々の企業とか産業の研究にもとても興味を持っていらっしゃって，間もなくハイディ（Ralph W. Hidy）さんをお招きになって，東大で講演をしていただきました。私の記憶では，最初に日本に来た外国人のきちんとした先生だと思います。奥さまと二人で来られて，そのころはまだ飛行機で何日も時間がかかるころでしたから，最初に来られた時には2日ぐらいお休みになって，それから東大に来て講義をされました。

その時に，私がカルチャーショックを受けたのは，私はお迎えに行けということで時間どおりに行ったのですが，先生は何か機嫌が悪いような顔をしているんです。それで何か間違えたかな，時間どおりだけどと思っていたら，そうではないんですね。君は早く来すぎたと言うわけです。30分遅く来るべきだということなんですね。いま奥さんが支度していて大変忙しいんだと言うわけです。それは私の最初のカルチャーショックで，なるほど，そういうものかと思いました。それで自動車に乗ったら，ミセスハイディにも講演させてくれと，自分の時間をカットしてもやってくれというお話がありました。そんなことは冗談ですけれども。

それから，これは一つ申し上げておきたいと思います。中川先生は，たしか東京工大での経営学会の大会の部会で，この企業者史研究の話を最初にされたのですね。それは帰ってこられた時で，すごく単純，率直な話だったもので，私は大変感銘を受けると同時に即座に質問したのです。「いま先生の言う企業者史というのは，企業家個人の研究をするのですか」，それからもう一つの質問は「いまトップマネジメントは，ある程度組織化されているし，特定の人の研究だけするのはいかがなものでしょうか」と。

それに対して，中川先生はすごく明快にお答えになったんです。それは企業家個人もあるけれども，トップマネジメントが組織化していることだって多いし，あるいはチームとしてのトップマネジメントを企業家という類型の中の一

つとして考えてもいいし，ひと言で言うと経営主体みたいなことを考えているんだ，というようなお話でした。

それで，だんだん私は中川先生のおっしゃっていることはもっともだと思って，中川先生の門をたたくと言いますか，たびたび先生の授業なり何なりに接触させていただいて，経営史学に対して大変興味を持ちました。

土屋先生のほうは，脇村先生と違って，多少，経営史の方法みたいなことも議論されていて，土屋先生もやはり経営者個人と会社自身の研究，経営者個人の研究をするのも大きな経営史の領域で，経済史と少し違うのだ，と。

土屋先生自身は，ちょうど『渋沢栄一伝記資料』が終わった時で，次々やりたいのだということで，差し当たり東の渋沢栄一，西の五代友厚だから『五代友厚伝記資料』をやりたいと言われ，関西の学会の皆さんや関西財界の人と協力して，幸い『五代友厚伝記資料』全4巻の計画ができた。そして，田付茉莉子さんが，ずっとその仕事を5年間集中されて本ができます。

ですから，その時，ちょうど経営史研究所も同時にスタートした土屋先生は，「そのように伝記資料を一つやるべきだ。大いに資料をたくさん集めよう。単なる伝記はいまのところレベルがすごく低い」と率直に言われました。いま伝記と言われているものはレベルが低くて，一度集め出したけど，伝記を集めたらきりがない，すごくいいものと悪いものの差がひどいので，伝記を集めることはやめたとおっしゃいました。

ただ，その反面，代表的な人については，まず伝記資料をつくるべきだということで，『五代友厚伝記資料』をつくる。そして，続いて中上川彦次郎伝記資料を私も直接担当してやりました。

あと，三菱の代表者の伝記はまだ出ていないので，荘田平五郎を三菱の代表としてぜひやりたいと，これは脇村先生が積極的におっしゃって，この点では土屋・脇村両氏の意見が一致して，脇村先生が非常に努力してくださったのですが，三菱側でそれぞれの人の伝記の執筆が始まっているから自分たちがやりたいということでした。荘田平五郎の伝記資料は，こちらとしてはあまり協力できない，資料もあまりないということで，それは実現しませんでした。だいぶ先になって，森川先生から『牧田環伝記資料』をやりたいというお話があって，その間，時間的には空いていましたが，森川先生には非常にいいお仕事を

やっていただいた。それが，私が感じるところの一つのラインでした。

それから，いよいよ経営史学会をつくるという話になってきた時に，ちょうど『五代友厚伝記資料』を出した関係から関西にたびたび行っており，宮本又次先生が代表格で私も尊敬しておりましたので，お目にかかりました。そして，「経営史の勉強もこんなふうに進んできて，経営史学会というような声も出てきたけれどもどうでしょうか」とうかがいました。

そうすると，宮本先生は二つ返事で「それはいいですね」と。「私は前から経営史学会のようなものはいると思っていました」ということで，社経史（社会経済史）のメンバーでもあるけれども，経営史学会という学会もぜひ欲しいと思うと言われて，宮本又次先生は大変にご熱心でした。

ところが一つ面白い話は，そのすぐ後に，東京で脇村先生を中心として経営史の勉強会というのが始まりました。それは，大河内（暁男）君と山下（幸夫）さんが，ちょうどそのころにアメリカから帰ってきた。お二人とも同時に向こうで勉強して，同時に帰ってきて，山下先生も経営史について大変積極的で，山下先生は自分のいる中央大学のとてもいい部屋を提供して，そこで勉強会を開くということになり，十数人の方が集まっていました。

そして，だんだん山下先生の中央大学での勉強会のメンバーも増えてきたし，学会をつくるような雰囲気もできてきたしということで，大阪に行った時ですか，最初に関東の人と関西の人の経営史学会をつくろうというような人の集まりが一度，大阪でありました。

その時，山下先生は，「まず最初に経営史の課題と方法というのを徹底的にやりましょう」と言われたんです。そうしたら，宮本先生は，課題と方法というようなものはなかなかうまくまとまるものではない，とはおっしゃらなかったけれども，あまり乗り気ではなくて，脇村先生は，「なにより僕の中では，みんながたくさん論文を書いて業績を積むことが先だ」というようなことをおっしゃった。

課題と方法を最初に徹底的に議論しようということを，何となく山下先生は提案したのですが，宮本先生がそうおっしゃったから，学会の前にそんなことをあまり議論しなくても，関心を持った人が皆集まれば，それで学会はできるんだなというような感じを受けました。

それから，中川先生がハーバード大学の企業者史研究のことをほうぼうで話され，企業者史関係の雑誌も日本で買えるようになりましたので，向こうの情勢もかなり分かってきたのですね。それで，いろいろな方が集まってきました。
　私が後で一緒に仕事をしたヒルシュマイヤー（Johannes Hirschmeier）先生も，その一人でした。ヒルシュマイヤー先生は，ガーシェンクロンの影響がものすごく強くて，ガーシェンクロン的な立場の，経済発展論と併せて，経済発展論の主体のようなことを考えるということで博士論文を書いていました。
　その博士論文は，私が翻訳した『日本における企業者精神の生成』ではなくて，あの一つ前の論文で，それは紡績中心でした。紡績中心に日本のアントルプルヌーリアル・ヒストリーを研究するというのが博士論文で，その論文は本にはなりませんでした。その中の多くは，次のオリジンズ（The Origins of Entrepreneurship in Meiji Japan）に入っているからいいや，ということになって，前の本は出ませんでしたが，内容的にはそんなに違ったものではありません。
　そういう動きがあって，私はひと言で言って，まず学際的な研究というものにすごく魅力を感じました。たわいもないぐらい，私はその学際的研究というのが面白いような気がしました。というのは，われわれのジェネレーションは皆そうですが，東大の経済史のほうの労農派，講座派の論争がすごく激しくて，どの論文を書いても，どちらかというような議論をまずされるような雰囲気がありました。
　経営学を勉強するなんていうと，私どもの先輩は『資本論』の第3巻を徹底的に読み尽くすことだと言いましたよね。歴史を研究するというと，レーニンの『ロシアにおける資本主義の発達』を徹底的に読むことだと言われました。そして，経営史は『ロシアにおける資本主義の発達』を読まなくて何が分かるかというような雰囲気がありました。それで本を読んだのですが，何のことやら分からない。あれは翻訳がひどかったのですね。あと十数年たって，いい訳が出ましたが，私どもの時は翻訳が悪くて何のことやらまったく分からない。
　そういう状態でしたので，私としては経営史という科目で自由に勉強できるというのは，非常にうれしさがありました。
　それからもう一つ，やはり社史や伝記というものは，当時かなり低く見られていた。それが脇村先生や土屋先生の情熱によって，社史や伝記の研究が相当

学問的な領域になってくる。そして，脇村先生も土屋先生も非常に社史と伝記には凝っておられて，土屋先生はたくさんの会社の監修をされて，脇村先生も非常に進めておられました。

　脇村先生は，成功しなかったけれども三菱化成の社史とか，幾つもの社史，それからいまの日窒の研究とか，そういうことにとても熱心でした。かたちとしてはあまりまとまらなかったのですが，その方面でも非常に努力されて，三菱の先ほど言いましたリーダーたちの伝記も，「うん」というものをつくるべきだとしょっちゅうおっしゃっていました。

　そんなことで，脇村先生と土屋先生は，その点ではかなり似ていました。ですから私としては，こういう権威がある方も経営史について，今後の大きな分野として，もちろん経済史と密接に関わるのですが，非常に重要な領域だとされている。そこで，私などは非常に自由にやったと言いますか，ひと言でいうとインターディシプリナリィな研究で，ともかく内容が充実していて，ある程度，実証的で説得的なものができれば，まずそれが最初だなというふうに感じました。それから，非常にうれしい気がして，経営史の勉強をしようと思いました。

　ただ，私はそのころ，通産省の中小企業政策史を書いていたので，むしろ産業史の勉強を早くして，すぐ経営史に移りたいなという気持ちもありましたが，後から見ると，通産省で産業政策史を勉強したことは私の一つの勉強の基礎になっていて，あの時分，産業政策史に力を置いたことは決して悪くなかったと思っています。

　私はそのように，土屋先生のところで『渋沢栄一伝記資料』の研究もやりたいなと思いましたが，土屋先生は，これはちょうど終わったから君は要らないというわけですね。君はそういうのではなくて，『商工政策史』のほうをやってもらいたいと思っているんだというようなお話で，私もそれはそうですねというようなことでした。

　『渋沢栄一伝記資料』の研究は恵まれた条件でやっていましたし，『第一銀行史』も素晴らしく恵まれた設備でやっているのに，当時の『商工政策史』というのは，部屋の隅っこか，廊下の隅っこか何かに小さい机があって，お昼になると，職員がその机の上でピンポンをやっているんです。それは，すごく嫌な

気がしましたね。こんなところで勉強するのかと思った。しかし，当時は予算がなくて，土屋先生の言うように部屋は取れないというわけです。ですから，廊下の隅に机を並べて，『商工政策史』をやれということで，そこでしこしこやっていたようなことがありました。

それからもう一つ，ランダムですが，同時に私は大塚（久雄）先生の意見がすごく聞きたかったんです。大塚先生の授業も私は聞いていたし，そのころ大塚先生のゼミは 3 人か 4 人で，皆さんの知っているわれわれの仲間は 4 人しかいませんでしたから，大塚先生の授業にいつも出ていました。

そして，中川先生と大塚先生と 3，4 人で話しているところに行くと，大塚先生が中川先生に「企業者史研究というのはゾンバルト（Werner Sombart）の復活だ」と言っている。「ゾンバルトが復活しましたね」と，盛んににこにこ笑いながら，非難めいてはいないんです。にこにこおっしゃっている。

そして，私はさらにゾンバルトの *Der Moderne Kapitalismus* をよく読んだら，やはりゾンバルトは経営主体についてずいぶん議論しているし，経営主体の見方について，制度と精神と技術と三つの要素からなっているという言葉があって，それを大塚先生はそのまま使っているんですね。大塚先生の『株式会社発生史論』の第 1 章の企業の定義は，ほとんどゾンバルトに載っています。ですから，あの時，そうかと思った。

そうしたら中川先生は，アメリカでみんなゾンバルトのことを「ソンバー」と言うから，長い間，何のことか分からなかったというんです。ソンバーって何のことかと思った，と。だいぶたってから，ああ，ゾンバルトのことかと思ったそうです。そんなことを中川先生はおっしゃって，大塚先生もとてもにこにこしていました。

それが，1958（昭和 33），59 年から 62，63 年の私が置かれていた状況です。そういうことで，私が明治大学で講師になった時も，授業は土屋先生がやっていましたから，私は産業概論という授業を 5 年ぐらいやりました。そして土屋先生がリタイアして，山口（和雄）先生がおいでになった時は，山口先生が日本経営史で，私はむしろ経済史と経営史を混ぜたような，一般的に経営史の話をしようというようなことで，二人で分業して。

ですから，私が日本経営史をもったのは，ずっと後です。私は最初から日本

経営史の授業をしたわけではない。その点は森川先生も山崎先生もみんな同じで，最初から日本経営史の授業をきちんともったわけではないんです。できる状態は，そんなところです。

では，もう時間がきたようですので結論を申し上げますと，一つはそういうふうに学際的研究というのは非常に有意義である，と私はいまでもそう思っています。それから，もう一つは，非常にエンカレッジする面があったということですね。学問について開かれた態度がある。これについては，角山（栄）先生などは自分の本で書いています。角山先生は大塚批判でしたが，経営史については非常に柔軟な立場で，勉強するところについては大変寛容でもおられたし，インターディシプリナリィな検証について非常に興味を持っておられた。そして，もうしばらくたちまして，学会ができて20年近くなった時に，私は大学設置審議会の特別委員になりました。そこで，皆さんに今日お渡ししたものをぜひ見ていただきたいのですが，その審議会で一度，経営史と経営学部の構成はどうしたらいいかということが議論になりまして，その時に，いまお渡ししたような科目構成でだいたいいいのではないかということにはなりました。

皆さんにお渡しした，これが1985（昭和60）年の時に，京都大学の降旗（武彦）先生が経営学原理，慶應の清水龍瑩先生が経営管理論，私が明治大学で経営史，名古屋大学の小川（英次）先生が経営工学，この4人が委員になって，だいたいの科目はどうだろうという時にできたのが，この表なんです。このように経営学は構成されるべきだと。

それまでは，大昔の矢部先生たちがつくったのがあって，それを岡本先生と宮川先生が私どもの前で使われていたんですが，岡本先生と宮川先生の時は，もう少し漠然としていた。それをもう少し明確にしたということで，経営学原理，総論，学史，経営思想，こういうものから経営学部の場合には二つを必修にしたらどうかと。

それから経営史は日本経営史と西洋経営史。西洋経営史は経営史一般のかたちでもいい。内容的には，イギリスでもアメリカでもいっこうに構わないというようなことで，そのうち1科目必修。

また，経営史の内容は何だということが議論されたので，それは経営史の内容，特に経済史のほうができて，これは速水（融）先生のほうが経済史の科目

構成をつくられていましたね．それにこちらは適応して，経営史の内容としては企業家と企業者，要するにアントルプルヌーリアルの研究．それから組織と管理の，オーガニゼーションとマネジメントの実証をやる．それによって経済史とは密接に関係するけれども，一応，対象自身はやや異なるところもある．そしてアプローチとしては，ケース・スタディのようなものも取り入れる．

ということで，だいたい経営史の科目はこういうものでやるということに決まるといいますか，一応のメモ書きができたわけですね．

ですから，私どもはこれを使って，新設大学の時に，大変僭越ですが，かなりこれを守れというふうに申し上げました．それは結果的に，経営史の講義が各大学で設けられるのに多少役に立ったのではないかと思います．

それは今度，山崎さんの，私の後任のころから，また自由化論議が起こって，こういうものをあまり厳しくしないで緩やかにしようというふうに，だんだん動いてきて，いまのようにまったく緩やかになってしまったと思いますが，よく考えてみると，これはそんなにおかしくないなという気が，私はいまでもしています．

湯沢先生からお聞きした，最近の欧米の皆さんの本を見ても，やはり企業形態があって，社会と企業があって，本当の構成はそんなに違っていないなという率直な印象を受けました．

いずれにしても，その後の議論はこの後に譲ることにしまして，今回，私は昭和30年代における学会をつくる動き，そういうものが集まって経営史学会ができたということの指摘にとどめさせていただきたいと思います．

ご清聴，ありがとうございました．

●**宇田川**　由井先生，ありがとうございました．

続きまして，第2報告を森川英正先生から「高度成長期の経営史」というテーマでお願いします．

では，森川先生，よろしくお願いいたします．

報告2「高度成長期の経営史」

森川英正（元慶應義塾大学）

　森川です。私はかねてから，事前に配布された要旨集を，もう1回，ここで読んだり説明したりするのは，実に無駄な手間暇だと思っております。みんな読んできた上で，報告者は，それを基にして自分の意見を具体的に展開したり，あるいは補足・修正したりするというのが学会の報告だと思っております。

　ただ，中川先生が三つの分野（経済学，経営学，社会学）の研究方法を三位一体的に取り入れて，経営史という体系をつくろうとなさったということ，それで経済発展論，工業化論というのを最初から経済学の面で打ち出し，経営学について言えば，偶然にもチャンドラー（Alfred D. Chandler, Jr.）さんの研究が，脂が乗って三部作ができてくる，それがちょうど経営史学会のスタートと時期的に一致して，チャンドラーの影響を大変受けたということ。

　それから，社会学（文化論）では，結局50年近くたって結果が出せなかったこと。これを頭に置いてください。

　経営史学会の国際化というところでは，何といっても，これは黄金の25年の富士コンファレンスの話になるのですが，若い先生方はそのチャンスに遭遇できなかった。大変残念に思われるでしょうが，これは私たちの課題として，今後もまたこういう経営史の国際会議を再建していくという努力をあらためて確認するということで終わりたいと思います。

　さて，今日私は，要旨集に書いてあることの前提となる事柄について，幾つか申し上げるのと，この3の「高度成長期の経営史研究の問題点」という中の一部についてお話ししたいと思います。

　まず前提となることで，ご注意いただきたいのですが，高度成長期の経営史学というのは，高度成長期を対象とする経営史学という意味ではないのだ，と。高度成長期に発表された経営史研究。対象は何であれ，明治時代を研究するのであれ，戦前であり，戦後であれ，高度成長期特有の経済成長観というのが研究者の中にあって，それに導かれて行われた経営史研究という意味ですね。

　もう一つは，経済の実態と研究者の意識というのは，どうしてもずれてくる

のですね。そこのところを，またわきまえておかないと失敗してしまう。例えば，日本の高度成長というのは，いつから始まったのか。これは常識的に1955（昭和30）年ですよね。まさに成長の曲線を見ていくとそういうことになるし，象徴的な出来事ですが，経済白書に当時の企画庁のお役人だった後藤誉之助さんが「もはや戦後ではない」というキャッチフレーズを打ち出した，1955年であります。

　しかし，研究者の頭の中では，1955年からしばらくの間というのは，日本は経済成長なんてとんでもないという人たちが多数を占めていた。ドミナントな潮流を形成していた。森川は経済成長なんて言葉を使っている。しかし，経済成長とは資本蓄積のことだ。資本蓄積というのは，同時に階級矛盾の激化なんだ。そういうことを知らない森川は駄目であるという批判を受けた記憶がございます。

　それから，日本だけについて言えば，「後進国の日本は成長できない。成長なんかあり得ないのだ。特に軽工業ならともかく，重工業は日本で発展するわけがない」と言われていました。それも1955年以前だけではなく，私はいまでも忘れないのですが，1965年，私がある研究会で，日本のトヨタや日産の自動車は国内だけではなく，海外にどんどん売れていくと言った時，研究会は爆笑の渦で，みんな笑って相手にしてくれない。中に一人，まじめな顔をして，「おまえは経済学を勉強していないから，そういうナンセンスなことを言うんだ」と，指で私を指して攻撃する人まで出てきた。非常に悔しい思いをいたしました。

　そして，その年に経営史学会ができた。私にとっては大変な宿命的というか，研究環境というものが大きく転換したという感じを受けました。ですから，1955年に高度成長が始まったというのが実態ですが，研究者の意識では1965年ごろというのが，むしろ当たっているのではないかという気がします。

　では，高度成長はいつ終わったのかということになると，1985年とか1990年とかいろいろおっしゃる方がありますが，私はバブルというのも，日本経済に限らず，資本主義経済の病気と思っておりますから，バブルも高度成長の終わりを意味するのではないかと。

　1985年，プラザ合意のあった年ですね。あれがきっかけでバブルが始まる

ので，1985年というのが高度成長の終焉ではないかと思うのですが，学者の多くの人たちは，バブルになっても高度成長はまだまだ続くと，実際，数字的に成長率が上がっているのだ，としたのですね。

ある先生は，私の前で，1994（平成6）年だったか，「森川さん，日本はこれからもう一回り大きい高度成長が来るんだ。IT産業を基礎に，日本はもっと大きな成長を遂げるんだよ。あなたは悲観論だよ」と言われたことがありますが，いくらなんでも1995年ぐらいになると，これはおかしいぞ，ということになってきた。ですから，高度成長の終焉期というのは1985（昭和60）年以後というのが実態ですが，研究者の頭の中には1995年ごろが念頭にあったように思います。

その段階になってくると，経済成長は限界に達したし，低成長もしくは成長にこだわらない経済運営というのがまっとうな生き方であると。日本に関して言えば，それまでの身の丈を超えた成長努力，あるいは成長活動というものが反省されてくる。そして高成長の陰の部分に目がいくようになったと思います。

これは後でも申しますが，バブル，あるいはバブルの終息の過程で，バブルがはじけた後の経済不況において，日本の企業や官僚や政治家があまりにも見苦しい行動をとったものですから，これはおかしいぞ，もう少し陰の部分を見なければいけないのではないか，という意識に移っていったというふうに考えております。

高度成長期においては，経済成長は自然現象のようなものだと，そういう目で明治から今日までの歴史を振り返っていくということになるし，世界水準から見ても，高速度の成長を遂げた日本には，日本独特の経営的，文化的な何か要因があるのではないかということで，日本的経営研究というのが進んでまいります。そういったことが高度成長期では行われました。

この二つが前提に関する私見です。

それからもう一つ，私が今日の報告で申し上げたいのは，日本経営史研究において，どうも日本の企業経営の陰の部分を見ようとする努力が欠落していたということを，私たちはこのへんで自覚する必要があるのではないかということです。

日本経営史研究の欠点ということで，大企業中心とか国際的視野の狭さとか

ということがあります。大企業中心というのは仕方がない面があって，中小企業には企業資料の保管能力がありませんから，どうしても大企業中心になってしまう。国際的視野の狭さというのは，後で久保さんのコメントなどもいただいて議論したいと思います。

　陰の部分の研究の欠落というのは，しっかりと私たちが目を向けなければいけないことだろうと思います。ここに私は「失敗，不祥事，企業犯罪」と書いています。失敗は分かりますよね。だけど不祥事と企業犯罪はどう違うのか。私個人は，不祥事というのは企業内における個人の犯罪，企業犯罪というのは企業の犯罪であると，そういう単純な分け方をしております。こういったことについて，あまりわれわれは目を向けないできたことを反省する必要があるのではないか。

　それについては，資料を企業が公開してくれないから研究しようがないのではないかと言う人がいます。しかし，私は，それだけでは済まされないと。資料は最近，裁判資料などがだいぶ公開されるようになってきました。ですが，そういう企業資料の公開の状況だけで，陰の部分の研究の欠落を説明してはいけないと思います。私たちの側にもたくさん問題が存在している。

　一つは，ここに書いてある「『社史』への依存」。「社史」とかぎを付けておりますのは，単に大きな何とか会社50年史とか，ああいうのだけではなくて，会社が出した社史的な書き物も全部含めて言っておりますが，会社が自分で出した社史が，会社の陰の部分をあからさまに書くということはほとんどあり得ないし，それによって企業経営の陰の部分を歴史的に探ろうというのは無理だと思います。にもかかわらず，その社史に私たちが頼った，頼りすぎたのではないか，と。これは頼った一人である私の反省です。

　ただ，どうして社史に頼ったかと私なりに考えてみますと，とにかく早く日本経営史のフレームワークをつくりたかった。何でも資料を利用して，日本経営史のフレームワークをつくって，後のほうで原資料が発掘されたら修正すればいいではないか，と捨て石を置くような気持ちが私にあったことが一つ。

　それからもう一つは，もちろん私を含めて研究者の甘さがあった。企業に対して，資料に基づいて社史を書いてください，と企業を叱咤激励，あるいは企業に対して要請すれば，きちんとした社史をつくってくれるのだ，と楽観する

ような甘さがあったわけです。

　実例を申しますと，日本経営史研究所で2年に1回「優秀会社史賞」というのを出しておられる。2年間でできた社史をたくさん審査して，その中で優れた社史に賞を授与する。いまもやっておられるそうです。

　その授与式で，私は第8回から第11回の4回にわたって，年でいえば，1992（平成4）年，1994年，1996年，1998年と授与式で総評を行ったのですが，いつも後で資料を読み返してみると，同じことばかり言っているのですね。

　とにかく十年一昔といって，10年間のことは隠していいよ，と。都合の悪いことは書かなくてもいいよ，と。しかし，10年から前ぐらいのことはオープンにしてくれないか，と。それは，私たち社会の人間だけではなく，会社の人たち，特に若い社員に企業の失敗や不祥事，犯罪まではどうか知りませんが，そういうことを教えることで，いい社員教育になるのではないか，と。

　私は，ある年の講評の中で，企業の恥部を公開する度胸がなくて，この厳しい国際競争に勝てるわけがないだろうなんて偉そうなことを言っていますが，そういうことを言っておけば，いずれは企業が反省して，都合の悪いことも公開するような社史をつくってくれるだろうという甘い期待を持っておりました。これは，まったく無駄な努力だったといまになって思います。

　その点から言うと，石井寛治さんは，研究者は一切社史にタッチしてはいけないという厳しいストイックな態度を持っておられましたし，いまでもそうだと思います。それから，大東英祐さんは，「企業に対して『公開しろ』と言うことはない。どうせ社史は真実を伝えるはずがない。そこは心得て社史を手伝えばいいではないか。その代わり，会社の書庫に潜り込んで，われわれの研究に役に立つ客観的な資料を探り出し，それを使えばいいではないか」という極めて割りきった考え方。そちらのほうが正しかったのかなと，いまになって反省しております。

　ただ，その一面，弁解させてもらいたいのは，企業側で会社の歴史において真実を公開すべきだ，という意見を持っているトップの方に，私は二人，お目にかかっています。一人は，今度の自由論題で東燃（東亜燃料工業）の中原伸之さんのことがテーマになっていましたが，伸之さんのお父さん，中原延平さんという方です。この方は，私の目の前ではっきりと「企業というのは社会

の公器なんだ。その公器は自分たちの歴史を隠さずに発表すべきだと思う」とおっしゃった。

そして、私が東燃の社史をお手伝いした時、戦後、東燃という会社がエッソとモービルという二つの会社と共同出資で再編成されるわけですが、東燃に原油を供給したり、東燃でつくった製品を販売したりするのに、エッソ、モービルと東燃の間に、仕切り値の決め方の協定がありました。プライス・フォーミュラ（price formula）と言うのですが、それを私が「社史に書いていいんですか」と言ったところ、「いいよ」とおっしゃる。

それで、私がそれを載せたら、まさにその息子の中原伸之さんが、経理担当の常務だったのですが、「誰がこんなのを載せろと言ったんだ」と怒ってきました。「あなたのお父さんです」と言ったら、もがもが言っておりましたけれども。その後、親子でどういう話があったかは知りませんし、結局100％オープンにはなりませんでしたが、あるところまで、研究者の役に立つところを残して公開されました。こういう人を見ています。

もう一人は、ブリヂストンの石橋幹一郎さん。創業者である正二郎さんの息子さんですね。その方が、やはりブリヂストンの史実を教えてくださった。これも最後の段階になって、やはり会社の中からクレームが付いて、仮に10ぐらい教わったとしたら、そのうちの一つか二つが公開拒否になった。

ただ、その時に石橋会長さんは、私をあるところに招いて、私を上座に据えて、丁重に頭を下げて「どうか許してください」と謝られた。その姿を見て、会社にはこういう人もいるんだなと、胸のつかえが少し下りましたけれども、一面では私のものの見方が企業に対して甘くなった面があると思います。

この「『社史』への依存」というのは、期待すべきではないものに期待したという失敗ですが、最後に書いております「政府官僚の役割、官民一体、日本株式会社の負の役割の見落とし」というのは、単に期待すべきではないものに期待したというのではなく、私たち自身がやるべきでないことをしたと、そういう意味での反省になります。

しかも、これはかなり公開された事実に基づいて、日本の官僚指導、官民一体、日本株式会社、こういったものを結構ポジティブな意味で評価したのですね。ところが、これがバブルがはじけて、今日のような事態になり、振り返っ

た時に，結局，企業と政府，あるいは官僚と企業の一体関係というのが，日本の企業の体質，あるいは競争力というものをもろいものにしていた，とだんだん分かってきた。そういう段階に立ってみると，過去の私たちの研究には問題があったなと痛感せざるを得ない。

私はこのことについて，中川先生の喜寿のお祝いの論文集を出しました時に，そこで反省の弁を述べております。そこでも私は書いているのですが，大蔵省，運輸省，建設省等の官庁は，行政指導とか許認可制度とかを見ても分かるように，非常にろくでもないことをしてきた。問題は通産省ですね。通産省と企業の関係というのに研究のメスを入れた方は多いと思いますし，外国の学者というのは，すぐ通産省のことを言いますよね。MITIは日本の企業を助けて，今日のような日本の産業力をつくり上げたんだ，と。

しかし，どうもそうではないですよね。通産省というのは，そうしようと思ったけれども，それだけの力がない。通産省というのは戦争中の軍需省ですから，戦争に主に関係したということで，占領軍によってかなり痛めつけられて力をそがれていく。だからこそ，佐橋（滋）通産次官が先頭に立って，通産行政を強権的なものに切り替えようとして失敗してしまうわけですが，そういうことがあって，日本の企業というのは通産省の言いなりにはなっていない。

例えば，鉄だったら住友金属，石油だったら出光というふうに必ず反逆児が現れて，通産省の一元的指導というものを拒否し続けてきた。その通産省も含めて，日本の官庁，もっと広く言えば政治が，日本の企業の体質改善，競争力の向上に負の役割を果たしたというのを，私たちはもっと研究しなければならないのではないか。

「過ちて改むるに憚ることなかれ」と，私は中川先生のその論文集に書いています。もういまさら遅いよ，と言われたらそれっきりですが，そういう気持ちを持ち続けたいと思っております。

以上が私の報告です。後ほどの討論の時間に，多くのご批判，ご叱正をいただきたいと思います。

●宇田川　森川先生，ありがとうございました。

それでは，山崎広明先生から，「産業史から経営史の歩み」というテーマで第3報告をお願いいたします。

報告3「産業史から経営史への歩み」

山崎広明（東海学園大学）

　山崎です。今日，お話しする内容は，だいたいレジュメに書いております。森川先生によると，これと違うことを話すのが本来であるということになるのですが，そういう芸当はとてもできそうにありませんので，このレジュメに沿ってお話をさせていただきます。

　お読みになった方はお気付きかと思いますが，結局，自分史的な物語として，このテーマについてお話をするというふうに構成しております。これについては二つ理由があります。私自身の研究者・教育者としての歩みが，最初は大学院時代の農業問題からスタートしているのです。そして大学に職を得てからは，中小企業論，それから産業史，経営史というかたちで遍歴をしておりまして，最後に経営史にたどり着いたわけです。従って，私がこのテーマについて語るとなると，自分の研究者としての歩みを語るしかないので，こういうことになりました。それが一点です。

　それからもう一点は，最近，20年ぐらいの私の行動の原点に，ある出来事がありました。どういうことかと申しますと，私は東京大学社会科学研究所に22年半在籍し，60歳定年で辞めて，ほかの大学に移ったのですが，社会科学研究所にいる最後の2年間は，所長に選ばれて管理職をやっておりました。そしてその直前の2年間は，その準備段階というのでしょうか，所長の補佐的な仕事をやっておりました。その時，皆さんよくご存じの大学院重点化への動きが起こり，その現場に私は居合わせました。それについては後にお話ししますが，それが，それ以後の私の行動の出発点となりました。その後，経営史学会の会長に選ばれたりして，会長として何をやるかという時に，後にお話ししますが，若干のことをさせていただきました。

　それから，最近15年ぐらいは，東海学園大学という名古屋市の郊外，豊田市に近いのですが，そこにある新設の，いまは中規模大学になれたかと思いますが，中規模大学に職を得ております。

　そこで，何をやったかという話も，実はこの大学院重点化で私が抱いた心の

痛みと関係しますので，いわば自分史的な物語として，私の軌跡を語らせていただかざるを得ないということをご了解いただければと思います。

　レジュメに沿ってまいりますが，私が研究者として職場で職を得て飯が食えるようになりましたのは，1963（昭和38）年がスタートです。大学院を終わって，最初は神奈川大学に専任講師として4年間在籍しておりました。その後，法政大学の経営学部に呼んでいただいて，4年半，これは助教授でしたが在籍しておりました。

　この時代は，年代を見ればお気付きのとおり，大学紛争華やかなりしころで，法政大学はご存知のとおり中核派の拠点大学でありまして，私は若手の助教授でしたが，学生委員に選ばれ，自治会代表との交渉に当たりました。

　4年半，法政大学にそういう状況の中で在籍しておりまして，授業担当は神奈川大学の時代から中小企業論でした。日本の中小企業研究，これもご存知の方はいらっしゃると思いますが，当時は二重構造論，いわゆる格差論が中心です。規模別の賃金格差とか，付加価値生産性の格差が非常に大きい，なぜこうなったのかというのが主要なテーマでした。私はもちろん，その問題が一つの焦点だろうと思っておりましたが，問題は，なぜそうなったのかというのを，事実に即してきちんと説明することです。

　ところが，当時の議論は工業統計表を使って数量的な計算をして，全体として格差は欧米よりはるかに大きい，どういう産業で，どう大きいかというのを示すことが中心で議論されていて，そういう大きな格差が，どこでいつ，どのようにして出てきたのかというのが，きちんと分析されていませんでした。

　そういうことに対して，私は非常に不満を持っていたので，それを一つ解決しなければいけない。それをするためには，基軸になっている産業の分析をきちんとやってみなければいけないのではないかというところから，担当が中小企業論でしたので，産地の織物業を調べようと思いました。

　戦前の日本の中心産業であった繊維産業，特に綿工業の中小企業セクターといえば，綿織りということになります。そして，日本には大きな幾つかの産地が点在しておりますので，その中で代表的な産地を取り上げて，そこの歴史を調べてみようというところから，神奈川大学の時代に，遠州と知多の織物業について調査をして資料を集めました。そして，執筆したのは法政大学に移って

からでした。

　それで，法政大学の『経営志林』に成果を発表させていただいて，二つの論文を書きました。その論文がきっかけで，その次に書いている日本化学繊維協会が編纂をした『日本化学繊維産業史』の執筆陣に加えていただくことになりました。

　化繊協会（日本化学繊維協会）は，この産業史をつくる時に，基本方針として，業界にはたくさんエコノミストがいらっしゃるので，業界のエコノミスト，それから社内の書き手も調査マンを中心におられますので，2，30人だったでしょうか，その人たちに目次をつくって割り当てることにしました。その人たちに原稿を書いてもらって，それを集めて編纂すればできるだろうというようなことでスタートしました。

　しかし，戦前の部分はそういうわけにはいきません。業界エコノミスト，あるいは社内の調査マンには，戦前の歴史を詳しく調べるのは手間がかかって，そんな時間のかかる仕事をやっている余裕はありません。たまたま私が二つの論文を書いていて，その編纂委員のメンバーの中に，経営史学会の有力メンバーである内田星美さんがいらっしゃって，私の論文が目に留まり，やらないかと声を掛けていただきました。それはいい機会なので，喜んでお引き受けしました。

　それでそれまでの研究史を調べた結果，一つ欠けているのは，外国から技術を入れるのですが，その外国からの技術がどのように導入されてきて，どのように国内で消化されていったのかというところ，それからつくった糸を売っていくわけですが，その糸の流通過程，これらがほとんど空白になっていることが分かりましたので，私は編集委員会に提案しました。せっかく協会でおやりになるのなら，この空白部分を埋めたほうがいいのではないか，と。いまだったら，まだ経験している方のお話が聞ける。化学繊維産業は，戦前のレーヨンから始まっていて，レーヨン工業というのは大正の末期ぐらいからだんだん大きくなってくるので，この時点なら，まだスタートの時に現場におられた方が70歳代ぐらいで，ご健在の方が多いのですね。ですから，いまだったらチャンスだから，ぜひヒアリングをおやりになったらどうですか，という提案をしましたら，それはいいだろう，ということになりました。

それで，私の思うとおりにヒアリングをさせていただきました。協会の事務局に手伝ってもらいますので，リストは全部協会の方がつくってくれて，その中から適当な人を選んで，手紙を書いてもらって，OK を取り，協会の事務局の人と 2 人でテープレコーダーを持って出掛けていきました。そして，約 40 人の方にそれぞれ 2 時間ぐらいインタビューをいたしました。これは大変面白い，貴重な経験でした。

その後その「産業史」を書き終わって，書いた「産業史」を基にして，私は単著を書きました。それまで私は単著がなく，職場の中でも，単著がない人間は研究者として一人前に見てもらえないものですから，東大出版会にお願いをして本にしてもらいました。それが『日本化繊産業発達史論』で，私の最初の単著です。

ところが，これが幸いにして，『エコノミスト』の 1976（昭和 56）年 1 月 6 日号の書評で過分のお褒めをいただきました。そこにおられる森川先生が書評をしてくださったのですが，非常にいい本，力作であるという評価をしていただきました。そして最後に，きちんとやっているけれども，企業主体の分析が抜けているのではないか，経営史的な観点が必要なのではないか，と注文をつけられました。

それは，私もこの本を書く中で気が付いてはいました。ある程度は書いているのですが，そこが経営史家から見ると不十分だというご指摘だったのですね。

だけど他方で経営史学者にとっては，ここで提起されている問題というのは非常に重要だとも言われました。産業史的視点，こういう産業史分析も必要だと。だから今後，産業史と経営史の研究者が協力してやることが必要なのではないかというエールを送ってもらったのです。私にとっては，非常にありがたい書評でした。

森川先生とは，大学院の先輩後輩の関係で，学年は 4 年ほど離れておりましたが，それ以後もお付き合いがありましたし，当時は法政大学経営学部の同僚でした。そういうことから，その後，森川さんが担当しておられた『三井物産株式会社 100 年史』に私も加わらせていただきました。

これは，山口先生とか栂井（義雄）先生とかそういう方々とご一緒に，森川さんが戦前部分を担当しておられたのですが，量が多すぎて，締め切りが迫っ

てきて大変だということで，私に「もし良かったら，君やってくれないか」と言われたのです。こちらはありがたいチャンスですから，喜んでお引き受けします，ということで一部分を私が分担しました。

それが，『三井物産株式会社100年史（上）』の1920（大正9）年から1931（昭和6）年の10年間の時代です。上巻の第5章です。「不況と波乱の時代」というタイトルになっていますが，その部分の原稿の執筆をいたしました。

そして，この『三井物産株式会社100年史』を編集したのは，由井さんが主催しておられる日本経営史研究所でしたので，日本経営史研究所の編集者との関係等も生じまして，それ以後，日本経営史研究所が引き受けてこられた社史のかなりの部分で，私にやらないかと声を掛けていただいて，いろいろと書かせていただきました。

一部をそこに書いておりますが，東京海上，住友海上，東レ，小野田セメント，それから関東・関西・中部・北陸地方の電気事業史です。この電気事業史は全部，橘川（武郎）氏と私が共通して，一応，中心メンバーのような格好になり，その時その時で経営史学会のメンバーの先生方にも，ご協力をいただきながら書きました。

そういうことで，経営史の研究，あるいはそういった社史の執筆の世界に私は足を踏み入れたということになるわけです。

それで，教育研究者として何をやったかという話ですが，1971年10月に，東京大学の社会科学研究所に「本邦工業」という部門が新設されて，私はそこの担当者として呼ばれて，社会科学研究所に移りました。

この時，まだ東大の大学院は紛争中です。東大全体の紛争は終息しておりましたが，大学院は無期限ストライキに入り，バリケードを築いて授業ができないという状況でした。そこで，また私は学生運動対策に駆り出されて，交渉委員として，院生自治会の代表と厳しい交渉を重ねるということになったわけです。

そういうことをやりながら，授業はやるわけです。研究所ですから学部の授業はありませんが，大学院は，経済の場合は経済学部の教員たちと一緒に「イクオール・フッティング」の条件で担当していたのです。ところが，この紛争により，院生から言えば戦果ですが，指導教官制を粉砕され，修士論文も廃止

されるという状況になっていました。

　指導教官制が廃止されたのは，私にとっては非常にラッキーでした。指導教官制がありますと，大学院生は主として学部から進学してきますから，私もそうであったように，だいたい学部時代の先生が大学院に行っても指導教官になるのが普通なのですね。社研の先生を指導教官にするなんていうのは極めてまれで，広い意味での経済史は経済学部に三人ぐらい先生がいらっしゃいますので，社研の先生を指導教官にするなんていうことはほとんどあり得ない。しかし，その指導教官制がなくなっているという状況で，院生は自由にどこにでも行けるようになっていました。

　それから，日本経済史研究の流れも，先ほどの由井さんのお話にも少しありましたが，それまでの日本資本主義論争の諸論点を中心にやるという研究から，日本経済あるいは産業の実証的な研究をやらなければならないという方向に大きく流れが変わってきており，とりわけ産業史研究についての関心が非常に高まっていたという状況もありました。これは私にとって非常にラッキーだったと思います。

　それから，これは紛争との関係ですが，それまで，社研の経済系の実証分析をやっている人たちは，みんなだいたい応用経済学専攻の担当なのですが，いろいろな関係から応用経済学の教員が多すぎて，院生の希望とのミスマッチが起こっているので，第二次大戦前を主たる研究対象にしている教員は一部経済史の担当に移れということになりました。それで，私は応用経済学専攻から経済史専攻の担当に替わりました。

　東大に移りましてから，私のゼミにはたくさん非常に優秀な院生諸君が集まってくれました。その一部を，そこにずらっと書いています。一番頭に橋本と書いてあります，これは橋本寿朗君です。ただし，ここに括弧が付いているのは，正式には彼はすでに大学院を終わっていましたので院生ではなかったためです。しかし，研究上の交流は盛んで，橋本君と私は東大経済学部で大内力先生のゼミ出身であり，ゼミの先輩後輩という関係もありましたし，同じような日本の産業史を研究対象にしているということもあって，彼は一応，私を先生として立ててくれましたし，その次につながってくる諸君の一番先頭に彼がいたということもありましたので，そこに，あえて名前を出させていただきま

した。

　その次に，田付茉莉子さんが出てまいります。田付茉莉子さんは，私が東大で大学院を担当した時の最初の院生でした。それから，あと工藤章，武田（晴人），阿部（武司），阿部君はいま会長ですね。沢井（実），橘川等々と，非常に優秀な院生が私のゼミに集まってくれたということがあります。

　私のゼミの特徴は，要するに産業史研究のトレーニングをする場だったと思いますが，それは教室でのトレーニングだけではなくて，社史執筆という現場でのトレーニングも受けられるという点では，院生にとっても非常にいい場所であったかなと思います。場所を貸していただけですが，ひょっとしたら，いい貸し手だったかもしれないなと思っています。

　そういうことで，産業史から経営史へというふうに，私の問題関心，あるいは研究対象も大きく移ってまいりました。産業史の方法としては，それまで高村直助氏の『日本紡績業史序説』上下2巻，立派な本があります。あれで，だいたい分析し尽くされているのですが，ただあれは対象が明治期なのですね。大正期以降の研究はされていません。

　あそこで高村君は，マルクスの資本論の資本の循環形式に則して，原料の調達過程とか製品の流通過程，それから技術，生産過程の分析をきちんとやっています。ただ，それらの各局面の分析を一体どういうふうに総括するかという視点はないのですね。そこは，企業間競争という観点で総括すべきではないかと私は考えております。そこにどういう手法を導入するかということですが，これは近代経済学の産業組織論が十分有効に使えるのではないかと思いまして，私はそれ以後，だいたいそういう手法で分析しております。

　それから，企業史，会社史の方法としては，先ほどから出てきているチャンドラー先生の『経営戦略と組織』というのは非常に立派な本で，あれは私も読んで，こういう手法でやるとうまく分析できるのではなかろうかと思いましたので，その方法を採用させていただくというかたちで研究を進めてまいりました。

　経営史学会に参加したのは1970（昭和45）年だったと思います。森川さんに誘われて入会しました。そして，間もなく私は東大に移りまして，経営史学会の事務局は長く東大にありましたので，事務局のいろいろな仕事をお手伝い

してというところから，結局，いつの間にか事務局長的な仕事をやることになりました。

その後，理事に選ばれて，森川会長の時代，ずっと総務担当常任理事を務め，1997（平成9）年，1999年と会長に選ばれました。そこで私がやったのが，研究組織委員会の立ち上げ，それによるパネルの導入です。また，36回の大会統一論題のオーガナイザーとして経営史教育，それから，その準備，前段階としてアンケート調査等々をいたしました。

それで，先ほど冒頭に申し上げた問題意識の第2点，20年間の私の行動の原点に何があったか。これは大学院重点化です。あれは東大法学部からスタートしたのですね。法学部長が，社研の所長のところに，こういう概算要求をやるので了承してくれ，と挨拶に来られた，その現場に私はまさにいたわけです。そして，それが実際に実現されて，いま全国に広がり，結局，大学院の定員が増えて，院生が増えて，供給と需要のアンバランスが生じているというのが現在の状況だと思います。

その現場に私は居合わせていまして，法学部からそういう提案が来た時，大賛成ではなかったのですが，それに対して反対はできませんでした。いろいろ交渉はしましたが，最終的にはそれを受け入れるということになりました。その点については，かなり責任があるなと考えております。

では，それでどうしたらいいかということになるのですが，一つは，担当している教育内容をしっかりしていかなければ駄目だと。学生に魅力ある教育をしない限り，その科目というのは，やがてつぶれていかざるを得ない運命にあるのではなかろうかと思いましたので，あえて大会で統一論題として経営史教育を取り上げていただいたわけです。そしてその準備段階として，これは久保（文克）さんにもっぱらやってもらったのですが，アンケート調査も実施させていただきました。これが一つです。

それからもう一つは，その後，東海学園大学に移りまして，新設の小規模大学だったのですが，そこで大学院の修士課程を創設しました。そして下川（浩一）先生に来てもらったり，もうお辞めになりましたが，小池和男さんにも来てもらったり，かなり高名な先生をお招きすることができました。学生の力と比べると，あまりにアンバランスが大きすぎて申し訳なかったのですが，とも

あれ，大学のためにはかなりの貢献もできたのかな，と思っております。

東海学園大学に移ってから14,5年がたちますが，その8年間で学部長と研究科長をやり，それから法人の理事もやりまして，ずいぶん苦労させられました。そういうことで大学の管理運営に協力したので，それなりに大学は私の存在を認めてくれたのだろうと思います。それで，私が辞める時に，ぜひ経営史担当者を採ってくれということをお願いして，教授会もいいだろうということになって，私が埼玉大学の大学院の時に指導した上岡（一史）さんという立派な方に来ていただきました。

上岡さんは，もう若手でもありませんが，社会人大学院の一つのモデルケースだと思います。仕事をしながら大学院で勉強して，埼玉大学の後，大東文化大学に行きまして，そこでトレーニングを受けて学位を取り，最終的には5人ぐらい候補者がいたのですが，その厳しい競争をくぐり抜けて，何とか採用することができました。

ただ，その前提として，やはりポストがなければ採用できませんので，そのポストを残すことに成功したというのは，私の学会にとっては最大の貢献ではないかなと考えている次第です。

学部の科目として日本経済史もつくってもらって，ただ，こちらはまだ専任を採るところまではいっておりません。

そういうことで，ここで私が申し上げたいのは，経営史という科目で飯を食っている以上，できるだけ後輩を採れるように，先生方には大学における存在感を高めていただく必要があるのではないかということです。

●宇田川　山崎先生，ありがとうございました。

最後の報告になりますが，第4報告として，再度，問題提起者の湯沢先生に登場していただきまして，「1990年代以降の経営史」というテーマで，ご自分で問題を提起して，まとめていただきたいと思います。

報告4「1990年代以降の経営史——国際的視点をふまえて」

湯沢　威（元学習院大学）

　皆さまもお疲れではないかと思いますが，最後に少し，新しい日本の経営史学会の動きと，これまでの話の中で必ずしも触れられていなかった外国との関係，あるいは外国を視野に入れて，日本の経営史学会というのはどういうポジショニングにあるのかというようなことも含めて，少しお話をしようと思います。

　冒頭にも申し上げましたように，経営史に限らずに，いま歴史研究そのものの存在意義が問われているのではないかなと思います。その背景には冷戦体制の崩壊以降，われわれが向かうべき経済の方向性，あるいは歴史の柱がなくなってしまった，というようなことがありました。

　ただ幸いなことに，経営史の分野では，先ほどから出ているチャンドラー・モデルを一つの柱にしながら研究をしてきました。これは日本だけではなく，国際的にもチャンドラーの研究の評価は非常に高くて，われわれもそれを軸に研究してきたと言えます。

　しかしながら，そのチャンドラーの理論で説明できる時代が，いまや終わってしまった，という現実があります。すなわち，大企業体制の位置づけや会社組織のあり方，さらには専門経営者の位置づけなどが大きく変わりました。したがって，ポスト・チャンドラーの議論がいまでは盛んに行われるようになり，その中で有力な研究の一つはラングロア（Richard Normand Langlois）たちの研究だと思います。

　チャンドラーの言う「ビジブルハンド」（visible hand）に対して，ラングロアたちは「バニシングハンド」（vanishing hand）というコンセプトを提起しています。ご承知のように，チャンドラーの言う「見える手」の時代に代わって，その先に，「消えゆく手」というわけです。「ビジブルハンド」から，スミスの言う「インビジブルハンド」（見えざる手）に戻るのではなく，「消えゆく手」の時代になっていくのですね。その先には何があるのかというのは，実は誰も見えていないわけです。そういう意味で，われわれは，この混沌とした時代に，新たな方向を模索しなければならない，という状況に置かれています。

私の責務は，主に1990年代以降の日本経営史学会の動きと，そこでどういう研究がなされてきたのかということと，いま申し上げた海外の動きをお話しするわけですが，私は日本の専門家ではありませんので，日本についてはいろいろアドバイスをいただきたいと思います。

　日本に関しては，高度成長期を引っ張ってきた日本の経済の強さは一体何だったのか，ということが関心の中心だったと思います。それはひと言で言えば，いわゆる「日本的経営」という言葉で説明されてきたわけですが，これの再検討が必要であると思います。国際的にも知られたジャパニーズ・マネジメント（Japanese management）の歴史的役割は何であったのか，その検証が必要ではないだろうか。

　またそれはバブルが崩壊してからどうなったのか。1990年代以降はアメリカ的な経営の影響を強く受けて，「日本的経営」の全否定とも言っていいほどの状況が生まれました。株主をはじめとする，いわゆるステイクホルダー（stakeholder）が会社経営の中心に躍り出て，専門経営者はどうなったのか。株式会社である限り，法律的には株主主権は当然でしょうが，会社の長期的な発展という点では，株主がどこまでステイクホルダーとして，実権を握るべきなのか。チャンドラーが強調していた専門経営者の役割は，終わってしまったのか，疑問があるわけです。

　ステイクホルダーを中心とした短期的な視野での経営方針によって，企業は多角化戦略よりも，「選択と集中」の戦略を重視し，長期的な安定的な雇用よりも臨時雇用をより多く雇用する方向に転じています。これでは従来の「日本的経営」の良い面までも壊してしまっていないのか。いずれにせよ，1990年代以降，アメリカ的経営の影響が色濃く表れていることは否定できません。

　しかし，アメリカ的な経営を全面的に受け入れて，うまくいくのかというと，実際にはうまくいっていないというのが現状です。「失われた10年」はすでに20年を超えています。それでは，ふたたび「日本的経営」に戻るのか。そこも実を言うと，よく見えていない。そのような意味で，私は「日本的経営」の再検討が必要ではないかと思っています。

　下川（浩一）先生はご著書『「失われた十年」は乗り越えられたか―日本的経営の再検証―』で，これまで日本的経営というものを過度に強調されてきた

きらいがあるのではないか，実は日本的経営というのは，日本特有のものではなくて，海外でも検出するものがいくらでもあって，日本的経営として一面的に強調されすぎたところがあるのではないか，と指摘されています。ご本人が出席されているので，この点のご意見を伺いたいところです。

それから橘川（武郎）さんは，日本経済の基軸を担ってきた日本的経営は，日本特有の企業システム，それ自体にやはり崩壊の芽が内在していたというような見方をされております。

まだまだ，おそらく戦後の日本経営史をどう捉えるか，特に高度成長期，バブル，失われた10年ないし20年というもの全体を通して日本経営史をどう見るか，再検討の時期に来ていると思います。

今日，私はお手元にお配りした資料に基づいて，若干補足をしてお話ししようと思います。

冒頭，由井先生のお話の中で，経営史学会の大会で，「課題と方法」というのはテーマになり得ないというお話もありましたが，外国の学会では結構そのようなテーマが取り上げられています。経営史あるいは経営史学会が果たすべき役割は何かということについての論文も結構あります。新しく就任した学会の会長は，その抱負を述べるにあたって，研究の方向と学会の将来について述べているケースが多々あります。

それを，ここでいちいち取り上げてお話しするわけにはいきませんが，その中では，何といっても，やはりチャンドラーの位置づけが非常に大きくて，これからそれをどのように批判的に発展させるか，あるいはチャンドラー・モデルに代わる新しいモデルをどうやってつくるのかということが，欧米の経営史の人たちの大きな問題関心でもございます。

資料の中で，2008（平成20）年にジェフリー・ジョーンズ（Geoffrey Jones）とジョナサン・ザイトリン（Jonathan Zeitlin）が編纂した *The Oxford Handbook of Business History* という本がございます。これは700ページほどの本で，今日は持って来ることはできなかったのですが，ご覧になった方も大勢おられると思います。

ジェフリー・ジョーンズとザイトリン，両名の名前でイントロダクションが書かれていますが，ここでもチャンドラーの三部作を中心に議論されていま

す。チャンドラーのフレームワークが適用できる時代は1850（嘉永3）年から1950（昭和25）年の時代，約100年だというような位置づけをしております。

ご承知のように，チャンドラーの議論は，取引コストを合理的に内部化するというところから大企業が生まれてくるというものですが，1950年代以降は，そのような大企業体制の存立基盤が揺らいできているということです。いまや，情報と交通手段等々を含めたネットワークが発達して，取引コストは安くなり，内部化するコストよりも市場での取引コストのほうが安くなってきている。たしかに大企業のアウトソーシングという現象が起きていますし，大企業は，生産よりも，マーケットとかネットワークの構築に企業活動の軸足を移していることは間違いありません。そういうことで，20世紀の後半からは，チャンドラー・モデルでは説明できない時代に入っているというような認識をしております。

そうした場合には，企業が市場とのつながりを強め，内部化よりも市場取引に大きなウェートを置くようになると，企業というものの範囲はどこまで考えたらよいのか，という問題も起こるでしょう。これは従来の大企業と下請けの関係とか，という系列支配とは異なった組織のあり方が問われます。しかも，現代ではそれがグローバルに企業のネットワークが張られているので，従来の企業の枠ではとらえられない事態が起こっているのではないかと思います。その場合に，企業のコアというのは一体何なのかというようなことも，あらためて議論しなければいけないのではないか，と思います。

この700ページにおよぶ分厚い本の中身について，いちいちご紹介することはできませんが，構成は三部作になっていて，一部は理論編，二部は企業形態といいますか，ビッグビジネスとか中小企業が含まれ，そして三部に企業と社会，政治，文化，教育などの項目が並んでいます。

いまとりあえず，インデックスを参照してみると，Japanという項目がだいたい2ページにわたって出てきます。UKだとどれぐらいあるかというと，Japanと同じぐらいです。USAは2ページしかありません。Germanyも，やはりJapanと同じぐらいのスペースとなっています。もちろん，経営史はアメリカが中心ですから，USAという国としては項目に登場しなくても多くのアメリカ企業が取り上げているので，対象外ですが，私が注目したいのは，Japan

がUKやGermanyと肩を並べて，取り上げられているということです。
　なぜ，そういうことになっているかというと，日本への関心度は日本の研究者との交流がその背後にはあるのではないかと思っています。ジェフリー・ジョーンズも日本にしょっちゅう来ており，われわれの親しい友人でもありますし，"Business History and History"という項目を執筆しているフランスを代表する経営史家のパトリック・フリーデンソン（Patrick Fridenson）もしばしば日本を訪れています。つまり，国際的に日本について関心を持ってもらうためには，国際交流がいかに大切であるか，ということです。その意味で，富士コンをはじめ経営史学会が進めてきた国際交流の足跡は大きいと思います。良い研究成果を英文で出すと同時に，国際交流で培った人間関係がいかに大事かということも付け加えておきたいと思います。
　あと，二つだけ申し上げたいのですが，一つは，冒頭で申し上げましたように，歴史研究をほかの関連領域の方々が，比較的安易に行って，それから理論体系を組み立ててしまうこと，これは非常に危険なことだということですね。
　これはジェフリー・ジョーンズが非常に強調しております。ジェフリー・ジョーンズは，やはり歴史家は基礎資料，アーキバル・ドキュメント（archival document）によってきちんと事実を認識し，それに基づいた議論をしなければならないということを書いています。
　それからもう一点だけ注意を申し上げたいのは，先ほど申し上げましたように日本的経営をどう捉えるか，特にバブル崩壊以降の日本的経営のあり方をどう捉えるか。チャンドラー・モデルの適用が，いまや非常に難しい時代状況の中で，新たなモデルをどうするかということと同時に，アジアの中における日本というものをどう捉えるか，ということです。
　この点に関してちょっと論争があります。ジェフリー・ジョーンズは歴史研究におけるモデル化は避けるべきである，というのに対し，日本経営史の研究者マーク・フルーイン（Mark Fruin）は，アジアのビジネスモデルというのをある程度考えなければいけない，と述べています。
　世界銀行のスティグリッツ（Joseph Eugene Stiglitz）がアジアン・モデルを打ち出して，それが発展途上国の発展モデルとして有用だというようなことを述べているということですが，フルーインは，こういう考え方は大事だが，日本

経営史の専門家として，日本をアジアン・モデルとして片付けてしまうというのは問題だ，と述べています。

例えば，彼の議論によると，明治維新から1980年代までの日本は，アジアン・モデルと言ってもいいかもしれない。政府規制，政府の役割が非常に大きく，また1951（昭和26）年から1983年の間は，やはり政府主導の経済政策が比較的有効に機能していた。ところが，それ以降の日本は，相対的に政府と企業は競争関係にあって，アジアン・モデルなんて，一言では片付けられない，と言っています。フルーインは，モデル化の必要性は強調するけれども，単純に一律に比較をしてはいけない，と強調しております。

最後に申し上げたいことは，ジェフリー・ジョーンズがほかのところで，経営史研究のあり方として，総合性と創造性と国際性ということを強調しています。その総合性とは何かというと，先ほどの *The Oxford Handbook of Business History*，700ページにのぼる大きな本ですが，こういう本を編纂することによって経営史研究の総合性を図る。

それから創造性という点では，彼は自ら最近一つの研究成果を出しています。ビューティ・インダストリー（beauty industry）という新しい研究分野です。これは長年の資生堂の研究をベースにしていますが，これを単なる資生堂のコスメティックな研究としてではなく，これを一つのビューティ経営史という方向性を提唱しています。彼は言い訳をしているのですが，最初はつまらない，クレイジーと思われるような研究分野だというようなものも，やっていくと，次第にそれが広がってきて，メインストリームになり得るんだと強調しています。そして，最近では，グリーン・アントルプルヌアシップ（green entrepreneurship）というのを立ち上げており，これはおそらく環境問題を軸にして，新しい経営史研究を始めようというのだろうと思います。これらは経営史のベンチャー化とでも言えるでしょうか。

あとは国際性。ジェフリー・ジョーンズは，非常に国際的な情報収集に熱心です。日本に来ても，日本の研究動向にも大変関心を持っています。ハーバードのネットワークを通して全世界から情報を集めようとしています。彼が編集責任者となっている *Business History Review* の編集方針にもそれが表れています。

こういうハーバードをベースにする経営史研究に対して，われわれは何がで

きるか。ジェフリー・ジョーンズに対抗するだけのものを，われわれはどうやって打ち出していくのか。おそらくは地道な，実証研究を積み重ねていくことが基本だと思いますが，それと同時に，それを英文で国際的に発表していくということの必要性はますます高まっているのではないかなと思います。

●**宇田川** 湯沢先生，ありがとうございました。

いま4先生から報告をいただきました。次に3先生から，どういうコメントでも結構ですのでいただきたいと思います。誠に申し訳ないのですが，5分か6分程度という枠の中でコメントをお願いいたします。

では最初に，明治大学の安部悦生先生，よろしくお願いいたします。

コメンテーター　安部悦生（明治大学）
久保文克（中央大学）
黒澤隆文（京都大学）

●**安部** 明治大学の安部でございます。

コメンテーターということですが，時折，コメントと言いつつミニ報告をされる方もいらっしゃいますが，私はそれはあまりよろしくないと常々思っています。しかし，先輩の湯沢さんだけならまだしも，経営史学会の重鎮とも言える3先生に対してあれこれとコメントするのは気が引けますし，しかも3先生それぞれ持ち味を活かしてご報告されたので，コメントというよりは，ミニ報告みたいなことで責を果たしたいと思います。

6月の関東部会では，従来とは異なった分析視角から，日本経営史学の思想史的特徴のような大きな話をさせていただきました。日本経営史学会は，初代会長の脇村義太郎先生が創られ，そういう経緯もあって，経営史学，経営史学会ではリベラリズムが基調だということになったと思います。

ところで，武田清子さんの『日本リベラリズムの稜線』（1987年）という本がありますが，自由主義者の河合栄治郎さんがそこで取り上げられています。河合さんと脇村さんは仲が悪かったという説もありますが，いろいろ交渉があったことが『日本経済新聞』の「私の履歴書」で紹介されています。脇村先生は労農派ということになっていますが，私は，脇村先生は基本的にリベラリストだと認識しており，その日本における経営史の思想史的特徴というの

は，なによりも先ずリベラリズムではないかと考えています。

　それと関連して労農派対講座派の争いで，3先生の今日のご報告から感じるところでは，なおこの問題は尾を引いていると思いました。労農派対講座派の争いに関して，私は経営史学会は講座派ではなく労農派系だと思っています。それは脇村先生が労農派だったということもあるのですが，これについて話すと長くなりますので，ごく手短かに要点だけ申し述べます。

　労農派対講座派論争の影響というのはいまでも残っています。これは佐藤優さんという「外務省のラスプーチン」と呼ばれた人が言っていることですが，彼は労農派だったことがあり，彼の理解によれば，労農派というのは「普遍性」を追究するが，講座派は「特殊性」を追究すると述べています。これは大学時代，わたしも同様に感じていました。講座派系の人は，特殊ドイツ，特殊イギリス，特殊日本，そういう用語が非常に好きで，労農系のほうは普遍性論に関心があると感じていました。労農派の考えには様々ありますが，私は基本的に労農派は普遍性論だと思っています。

　日本の経営史学でチャンドラーの評判がいい，あるいはその経営史に非常に関心が持たれている理由の一つは，私は，チャンドラーは結局，普遍性論者であるからだと思います。労農系あるいはその変種の宇野系と，チャンドラーは普遍性論という点で親和性があり，おそらくその結果，日本の経営史学会にも宇野系の人がたくさん入っています。山崎先生もそうですし，これは言うと語弊があるかもしれませんが，1970年代，工藤章さんと話していて，これは冗談半分ですが，経営史学会は宇野系に乗っ取られるんじゃないの，という話も伺いました。

　一つは思想的根拠，特に方法論的に，チャンドラーの普遍性論と労農系・宇野系は非常に親和性があり，宇野系の人，橋本寿朗さんなどは典型的宇野系の人でしたが，そうしたことからか，チャンドラー大好き人間でした。講座派系の人は，なかなかチャンドラーと親和性が少ないのではないか，特に特殊的な問題を意識すると，そうなるのではないかと考えられます。

　それについてはすでに関東部会でお話したことで，今日お話しするのは，今回のための準備会をやっていて，斉藤直さんが，最近の若手研究者は蛸壺化していて非常に問題があると指摘していました。この際だから，もっと方法論的

なものを議論してほしいと言われまして，斉藤さんは私よりずっと若手ですから，そういう若手の希望を受け止めて，今回，できるだけ手短かに，方法論についてどう考えているかということをお話ししたいと思います。

方法論とは何かというと難しいですが，フレームワークとか視点とか，あるいは分析方法論でいえば，ケーススタディ風の経営戦略分析，あるいはクリオメトリカルな方法（ロジット分析とかトービット分析とか，そういう手法の問題）とか，いろいろあります。

それから6月の部会の時に話題になりましたが，解釈論的研究か，あるいは価値判断を入れた政策論的研究かというヴェーバー（Max Weber）以来の問題（wert-frei）もありますし，種々あるのですが，斉藤直さんが提起したのは，前提・過程があって実証を論証して結論を導き出していく。その時，前提を変えたらどうなるかというようなことを，近経の人たちと盛んに議論をしているということでした。

それについては後でまた触れますが，私が経営史学会に入ったのは，1974（昭和49）か75年だと思います。1960年代，経営史学会立ち上げの時は，おそらく経済史と経営史はどう違うかということが中心的な議題になったと推測します。社会経済史学会から分家したわけですから，経済史と同じでは意味がないわけで，レーゾンデートルとして，経営史は経済史とどう違うのかということが，しきりに議論されたと思います。1970年代に私が入った時も，その種の議論はまだありました。

当時，経営史学会に入ったころ思っていたのは，客観的条件と主体的条件を比較考量した場合，当然，経営史の一番の特徴は主体的条件を重視することにあると。言い換えれば，経営史では客観的条件に規定される要素が相対的に少ないと考えていました。その意味では，少し視点を変えますと，昔，歴史方法論争というのがあったことを思い出しました。プレハーノフ（Plekhanov）の『歴史における個人の役割』という本がありましたが，当時それを連想した記憶があります。

簡単に言えば，与えられた条件に対して，すなわち環境に対する主体的条件，この場合では企業とか企業者，あるいは従業員とか人，そういう意味での主体的条件が，どうやって環境に適合していくか，あるいは逆に新しい環境をつく

り出していくかというようなことが中心的議論になります。人は遺伝，環境，意思で動きますから，とりわけ意思によって決定をしていくことが枢要なプロセスです。そこが経営史は経済史と違うというのが，おそらく当時の理解だったでしょうし，私もずっとそう思っています。

　もちろん，環境決定論100%という人はいないでしょうから，企業家の，あるいは企業の決定の幅が大きいとみるか，あるいはかなり環境に決定されてしまうと判断するかという違いです。そのへんの扱いが，異なるのだと思います。経営史におけるプレイヤーというのは企業，企業家ですが，逆の視点からみると，経済史におけるプレイヤーとは何なのだろうかと疑問が浮かびます。政府というのが一つかもしれませんし，経済史では制度全体，あるいはミクロのプレイヤーを前提として，比較的広い総合条件で環境をつくり上げていくというように理解するのか。経営史の場合のプレイヤーは非常に明快で，企業家あるいは企業がプレイヤーとして存在していますが，その決定の幅が大きいか小さいかが重要で，これは人によって見方が違うでしょうけれども，私はかなり大きいのだろうと思います。

　どのぐらい幅があるかということで，一つの事例として，イギリス鉄鋼業の題材を取り上げてみたいと思います。これは私の以前の研究で，最近はあまりやっていないのですが，イギリス経営史・経済史・産業論の分野で著名な研究者であったダンカン・バーン（Duncan Burn）という人をご存じでしょうか。彼の結論は，イギリスの企業家が失敗し，その結果，イギリス鉄鋼業が不振に陥ったというものです。さらには，イギリス経済の衰退は，その主たる原因として，企業家が失敗したことだ，と。言い換えれば企業家がもう少し上手くやれば，そんなに大失敗しなかったという説です。

　それに対して，皆さんご存じのラゾニック（William Lazonick）は異論を唱えています。鉄鋼業に関しては，彼の仲間のバーナード・エルバウム（Bernard Elbaum）が直接には分析していますが，分散的な産業構造があったのでイギリス鉄鋼業は衰退したのであり，企業家が失敗したというよりは，制度的・構造的な問題だと主張しています。一種の制度疲労でもあり，制度的な，あるいは環境的な条件を強調する考えです。

　しかし，私の考えでは，企業家が分散的な産業構造を変えるべく，垂直統合

をやっていけば，産業構造自体が変わるわけで，個々の企業家の，あるいは企業の意思決定は産業構造を変えることができます。したがって，それを実行しなかった企業家が失敗したと考えます。

マイケル・ポーター（Michael E. Porter）なども，彼の『競争戦略論』などを読みますと，企業家は環境条件を変えられると明解に書いてありますし，戦略論の射程としては，当然，産業構造も変えるという話になっています。1980年代だったでしょうか，ラゾニック＝エルバウムの説が出た時から，あれは間違っていると思っていました。

私は Business History の論文で書いたのですが，ダンカン・バーンのほうがずっと正しいと思います。イギリスのヴィクトリア期の企業家は失敗した，と。もっと巧みに経営すれば，あれほど衰退はしないという考えです。これはラゾニック＝エルバウムとは異なり，経営者の主体性を非常に幅広く考えています。また産業組織もある程度変革することができると思っていて，さらに，その「ある程度」の幅の大きさは，かなり大きいのだろうと思います。

それからもう一つ，方法論的な問題で言えば，先ほど述べた「前提を変えれば結論が変わる」という考え方に関して，これもイギリス鉄鋼業の事例ですが取り上げてみたいと思います。別の意味でも有名なドナルド・マクロスキー（性転換をしてドナルドからディアドラに名前を変えた研究者）が，有名な MIT のピーター・テミン（Peter Temin）を批判しました。

その批判のエッセンスは，以下のようなことです。テミンは，機械というのはそれがつくられた年齢を持っているので，固定資本と一括にしないで，各固定資本は投資された年度によってヴィンティッジがあるとして，いわゆるヴィンティッジ・モデルを使いました。そのヴィンティッジ・モデルは年度で計算しますから，その年度の機械設備はみな新しいという前提があります。マクロスキーは，それはおかしいと，そういうヴィンティッジ・モデルによっては資本年齢，生産性は計算できないと批判しています。

アメリカに行った時に，私はピーター・テミンに聞きました。マクロスキーがヴィンティッジ・モデルを批判しているけど，どう思うかと単刀直入に聞きました。彼の答えは，非常にシンプルで，前提を変えれば結論が変わるのは当然だと，いうものでした。概して，近代経済学の人は，前提が変われば結論も

変わるとあっさりと言ってのけます。テミンもマクロスキーも近代経済学系で計量経済史家と呼ばれています。

　ただ，その答えを聞いて，前提の置き方はどうでもいいのだというように感じました。こういう前提ならこうなるから，こう変えればこう変わりますよ，というので，ある意味，歴史的リアリティがありません。やはり前提の置き方は重要だと思います。

　例えば，通常，計量経済史をやる時には，一次同次の生産関数を前提にするんですね。それ以外の議論は聞いたことがない。一次同次（規模の収穫不変）の生産関数を前提にして，二次同次，三次同次とか，生産関数が乗数的に上がるようなモデルを前提にしてやった人は，知っている限りではいません。だから，一同次を前提にしますと言われても，リアルな解釈をするのには難しいところがある。

　現実的あるいは歴史的な前提，例えば産業構造とか，そうした現実的な前提条件に関しては，大方の研究者が納得できるような「妥当性」が必要だと思います。理論的な前提についても問題があるし，あるいは現実的な，歴史的な前提に対する議論，それが妥当かどうか，その前提の妥当性についての議論というのが非常に重要ではないかと思います。

　方法論的には，企業家の活動の幅をどう見るかですが，経営史というのは，やはりかなり広く見ないと議論は発展していかないだろうと思います。理論的あるいは現実的な前提の妥当性についての検証というのが非常に大事で，そこをあっさり，前提が違えば結論が変わりますよという話をされても困ると感じます。経営史の場合，経済史ももちろんそうでしょうけれども，前提の妥当性についての議論が必須であると思います。

　最後に，湯沢さんが，高度成長期だけではなく現代の日本経済の不振とかにも，経営史からのコミットが必要であるということを話されたので，これに関して少しお話ししたいと思います。最近，私はマリー・アンチョルドギー（Marie Anchordoguy）さんの『日本経済の再設計』（2011年）という本を翻訳しました。この本の結論に対して，私は100％賛成しているわけではないのですが，概ね妥当と思います。

　この本自体は，チャンドラーさんもある論文の中で非常に褒めていて，「チャ

ンドラー絶賛」という帯の惹句は誇張ではないのです。それから，経営学者の野中郁次郎さんにも，推薦文を書いてもらっています。簡単に言えば，英米の「市場資本主義」に対して，日本の「共同体資本主義」は問題を抱えていて，方向修正をある程度実行しなければ，日本経済の再設計は進展しないという主張の本です。これは湯沢さんに対する一つの回答にもなると思います。

　時間が長くなって恐縮ですが，企業家の主体性をどう見るか，「前提」の歴史的リアリティをどのように担保するか，という方法論的な問題を強調して，私のコメントを終わりたいと思います。

●**宇田川**　引き続きまして，中央大学の久保文克先生からコメントをお願いします。

●**久保**　中央大学の久保です。

　時間が押していますので，お手元の資料に基づいて急いでいきます。

　まず最初に，報告者の方への質問です。ただ，これは事前の打ち合わせ会をふまえてつくったもので，今日必ずしも強調されなかった先生もいらっしゃいますし，すでに山崎先生のようにお答えになられている方もいらっしゃるので，そのままにはならないのですが。

　まず由井先生は，大塚先生がゾンバルトの復活だと表現されたことをおっしゃいました。われわれは，先ほど来皆さんおっしゃっていますように，主体的条件に着目するのが経営史の特徴ですが，その経営者の立場に立つが故に，ついつい批判精神というのでしょうか，先ほどの森川先生のお話にも絡んでくるのですが，弱くなりがちなところがあるということ。これは自戒の念を込めてあるのですが，由井先生ご自身が社史をお書きになったり，研究をされたりする中で，経営者の立場に立ちつつも客観性を保持する上でのポイントみたいなものがあれば，お教え願いたいと思います。

　森川先生は，中川先生が言われた三つの学際的研究の中の社会学については，いまなおうまくいっていないということをおっしゃいました。広い意味ではそうだと思うのですが，例えば経営理念という面での研究は出てきていますし，国際比較をやっていく上でのバックグラウンドとして文化的背景というのは，やはり大事だと思うので，社会学そのままはなかったかも分からないけれども，われわれはそれを巧みに取り入れていったところはあったのではないか

と思います。

　山崎先生に対して，最初の点は，さきほど明確にお答えになっていましたので，それは省かせていただいて，山崎会長の下で研究組織委員会を立ち上げた時のメンバーとして，一点補足させていただきます。パネルを立ち上げた時のそもそもの理由は，主催校がマネジメントと共通論題の両方やるのは負担が大きすぎるだろうから，せめて共通論題の負担を軽減するためにも，パネルをやってその中で良いものは発展させて，統一論題にしていくという流れをつくろうということだったのですね。

　それにもかかわらず，パネルは毎年これだけ活性化しているのに，いまだかつて統一論題に発展したケースはないのではないかと思いますので，ぜひとも主催校の側としては苦しまれないで，こういう経緯が過去にあったということを確認いただいて，研究組織委員会のほうに振っていただくのが筋ではないかと思っております。

　湯沢先生に対しては，これは質問ではなくてコメントです。私はもっぱら台湾に行く機会が多いのですが，そこで思うのは，アメリカ帰りの戦略論，組織論をやっている人と，東大を中心とした日本帰りの経済史の人との二極化が台湾で起きていて，その両方をブリッジするような経営史的研究が全然育っていないのですね。

　ですから，これはわれわれの責任ですが，今後どんどん増えていく留学生，とりわけ博士課程の留学生を指導する時に，帰った暁には，その国で経営史学会をつくろうよといった教育面での配慮もすべきではないかと思います。

　また，斉藤直さんが打ち合わせ会で言っていましたが，経営史学会が向かうべき方向性がこのパネルの問題意識ですので，時間は限られていますが，この後，フロアの方々とディスカッションできればいいなと思っています。

　私自身は，実はもともと経済史を学部時代やった人間で，行き先がなくて，中央大学の山下幸夫先生に拾っていただいたのですが，その山下先生が私に言ってくださった言葉が象徴的でした。「経営史という学問は，非常に懐が広くて，とても開かれた学問だから，あなたが企業の立場に立って，その植民地の問題をやりたいのであれば，どうぞ来てください」と言ってくださったのですね。これは，先ほど由井先生をはじめ，先生方がおっしゃったところと通じ

る経営史の原点の一つだと思います。

　それと同時に，今日も出てきましたが，山下先生が何度も私に繰り返し言っていた三つの経営史の特徴がありまして，それがケース重視，国際比較，学際性です。これらについて，簡単にコメントして終わろうと思います。

　ケース重視については，先ほど山崎先生がおっしゃったアンケートを36回大会の時にやりました。学会でアンケートを採って，教育を統一論題にした学会もそうないのではないかと思うのですが，その時に面白い傾向として，理論離れと歴史離れの傾向が最近の学生には激しくて，どう食いつきをよくさせるかというので困っているという切実な意見が，多くの会員の方々の中にありました。

　その関連で言うと，前者については，かつては理論からケーススタディへという流れが常識でしたが，皆さんもご存じのように，まずケースをやって，それを総括するかたちで理論をやらないと絶対に学生はついてこられません。こうしたケースの重要性という点ではまさに経営史の出番でして，期せずして，この大会以降，宇田川勝先生，佐々木聡先生を中心にケーススタディ集がたくさん出てきたというのも，ある意味必然だったような気がします。

　また，これは米倉誠一郎先生の言葉ですが，想像と創造，イマジネーションとクリエーションの二つの冒険が経営史なんだと，彼はよくおっしゃいます。まさにそういったことを学生に語って，とりわけアントルプルヌール的なものを語ることによって，学生に夢と希望を与えて食いつきをよくさせると，そういった方法もあるのではないかと思います。

　次に国際化をめぐっては，先ほどのパネルの第1回目をアジア経営史でやらせていただいたのですが，その時に申し上げたことの中で，アジア研究の手法として経営史が築き上げてきた学際的な面とか，主体的条件に注目することは役立つだろう，と。

　また経営史の対象としてのアジアということも当然可能で，これは欧米・日本との比較も可能でしょうし，先ほど湯沢先生が言われたアジアの中の日本経営史というようなこともあります。そのへんは実践しようと思いまして，アジアにおける企業間競争という研究会を立ち上げて，出版に持っていこうと，目下企画しているところです。

あとは，途上国が発展していく中で，後発のデメリットをどう克服して，メリットをどう生かしていくのかをめぐって革新性が問われるのですが，ここにもまた経営史の蓄積があるわけですので，生かしていけるのではないか，と．

その一方で，これは橘川武郎先生の指摘ですけれども，経営史の脆弱性として三つある，と．人中心に偏りすぎて，マーケットサイドや技術面，労使関係，資金面といった経営史が弱かったのではないか．ちなみに労使関係については，お隣のパネルでもやっていますが，最近かなり活発になってきていると思います．労使関係も特にアジア経営史でも重要な側面ですので，その面でも貢献できるのではないかということです．

最後に，実は去年中央大学で組織学会の50周年大会を開催させていただいて，オーガナイザーの特権を生かして，二つの経営史のセッション（パネル）を平井さんと組ませていただきました．それがお手元のプログラムで，面白かったのは，非常に大きな会場でしたが，立ち見が大勢出るぐらい来ていただきまして，大部分は経営史の先生ではありませんでした．要は，戦略論，組織論プロパーの先生たちが，われわれがやってきた方法論なり，事例研究に対して非常に興味を持っていただいた．事実，組織学会に入っている方はご存じだと思うのですが，『組織科学』で今度，「組織と時間軸」が特集として組まれることになりました．

中川先生の時代は日本経営学会的な経営学だったと思うのですが，いまの経営学潮流でいうと組織学会だと個人的には思っていますので，その組織学会との交流をこれからますます活発にして，彼らに読んでいただけるような仕事をわれわれはしていかなければいけないかなと思っております．

●宇田川　最後になりますが，京都大学の黒澤隆文先生にコメントをいただきます．

●黒澤　京都大学の黒澤です．

ここでコメントする資格が私にあるのか，あまり自信がありません．私が経営史学会を知り入会するに至ったのは，1995（平成7）年，博士課程に在学していた際に，関西部会で報告の機会をいただいたからです．それ以来，大会や部会には参加しておりますが，しかし研究を始めてから比較的最近まで，ずっと自分は経済史家だと思っていまして，経営史の研究者という自覚はあまりあ

りませんでした。自分から積極的に経営史を意識するようになったのはせいぜいこの5, 6年ぐらいです。現在では学会誌の選考委員や編集委員をしておりますが, 正直に告白しますと, 『経営史学』に自分の論文を投稿したことはありませんし, もちろん学会賞にも縁がありません。

しかし, 富士コン関係のひょんな偶然もあり, コメントをお引き受けする気持ちになりました。私は旧シリーズの, 富士山麓での富士コンには一度も参加したことはなくその存在さえほとんど知らずにいたのですが, 現在は富士コン委員もしております。半年ほど前のことですが, 新シリーズ3回目の富士コンを主催しなければならないというので, 過去の招聘者の記録を確認しようとして, 初回からの招聘者とのコレスポンデンスとか谷口財団への報告書とか, 一次資料が入った箱をまるごと預かることになりました。ある事情で廃棄やむなしとなっていたところ, たまたま東日本大震災が起きてそれが延期になり, そこへ偶然私が問い合わせをして, 京都の私の研究室の部屋に届けられたという次第です。40年近く前の生々しい文書を手にとりながら, いま振り返るといろいろ面白いこともあるのでは, というような話題をどこかで出しましたところ, それではパネルで話をしてはということになり, ついついお引き受けした次第です。

またその時に, 問題提起者の湯沢先生からは, コメントでも第何報告になってしまっても構わないとのことでした。報告者の先生方には申し訳ないのですが, 第何番目かの報告, というよりは私の勝手な感想ということになってしまうかもしれません。その点はどうかご了承いただければと思います。

また湯沢先生からのリクエストには, 関西からの視点, あるいは外国研究者としての見方, あるいは若手の立場で, とありまして, またその「若手」には括弧でクエスチョンマークが入っておりました。ですので最後の資格は怪しいのですが, いまここに来られている方のうち, だいたい7割, 8割の方は私より年齢が上の先輩方のようですので, なんとかそこはクリアしているかなと思います。

私は, 自分が生まれる4年前にすでに経営史学会が創設されていたという世代です。ですので, 創設期の事情などは『経営史学の二十年─回顧と展望─』(1985年) や伝聞で知るのみですが, あらためてこれを読んでみると, 非常に

熱い時代であったこと，社経史や土地制度等の既存の学会とどう差別化するか，どのようにまさしく経営史学としてのアイデンティティをつくっていくのかということで，さかんに議論がされていたということに強く印象づけられ，またその結果，その後の経営史学会があるのだということを，あらためて感じました。

まずは，関西の視点でということですので，それに少しだけ触れます。東京に比べてということになるかもしれませんが，関西の場合には経営史学会の会員だが社会経済史学会の会員でもあるという会員の重複の程度が，より高いと思います。実際に合同での合評会もずっとやっておりますし，そういう意味では経営史プロパーの方と，その周辺の方，といっても他の歴史系学会との関係という範囲ですが，学会の枠を越えたコミュニケーションは東京に比べると盛んなのではないかなと思っております。

ただ，後で申し上げますが，研究者人口が減ってきている，あるいは増えていても人口ピラミッドで若手が少なくなってきているという現実があります。過度に進展してしまった分業と言えると思いますが，過去の大きな市場を前提として生まれた分業や組織単位を，市場の縮小の中で維持していくべきなのかどうか，深刻な運営上の問題としてあります。しかしそれはもちろん，経営史のレーゾンデートル，方法論ということとも関わっているので，簡単な解決策はなかなかないのですが。

経済史か経営史かという点では，ヨーロッパでも，Business Historyと銘打ったコンファレンスに行きますと，当然，そこではビジネス・ヒストリーの成果として報告がされるわけですが，いろいろ研究を聞いていると，かなりの部分が実体としては経済史でもあり，研究者に個人的に聞いてみても，いやいやもちろん両方やっているのだ，という答えが返ってくることが多いです。この点は日本の，それも関西と似ているなと実感しております。

ただ，そうすると当然ながらコアの経営史，ビジネス・ヒストリーはどこにあるのかという話になります。二つの単語のうちの一つは，ビジネス，それからもうひとつはヒストリーですから，「経営」と「歴史」の位置づけということになり，先ほどから何度か同じような趣旨のお話もありましたが，最終的にはミクロの経営と組織・個人，そこから見ていくのが経営史，ということには

なろうかと思います。

　それから歴史のほうですが，ヴェーバーの話も今回出ていましたが，ご承知のとおり，ヴェーバーは歴史の方法論についても書いていますね。彼は社会科学と歴史学の違いについて，認識根拠と実在根拠という言葉で対比させて，歴史学は社会科学と違って認識根拠として対象を分析するだけではなく，実在根拠もまた同時に分析する，と主張しています。そういう観点は，いまだに歴史分析の方法論の核になるのではないかなと考えております。

　ちなみに4月にセントルイスで，Business History Conference に出てきたのですが，そこでも方法論に関する大きなパネルがありました。だいたいこの倍ぐらい（150名前後）の方が参加していたと思います。非常に大きなホールで，"Methodology or Madness" というタイトルだったのですが，激しい，それこそ口から泡を飛ばしての大激論になって非常に面白かったです。隣接のフィールド，他のアプローチに対して，自らの方法というものを常に示し自問していかなければ，学問自体が衰退するという危機意識みたいなものを，北米の研究者が非常に強く持っていることを実感しました。

　これもたまたまですが，ハーバードが出している *Business History Review*，これもケンブリッジから新シリーズが出るというので，最初の部分を見ましたら，"Business History: Time for Debate" ということで，ジェフリー・ジョーンズとフリードマン（Walter A. Friedman）の共著の5, 6ページの新シリーズの趣意書が書かれていました。

　そこでは，ビジネス・ヒストリーは歴史学の単なる一分野ではないのだと，はっきり書いています。歴史学の一分野というよりむしろ学際性を持つ固有の分野なのだということを宣言しています。その上で，今日の社会の非常に多くの問題に，われわれは本当は潜在的には答えを示せるはずなのに，そういうところで経営史家の研究が引用されることが少ない，危機感を持って何とかしよう，というようなことが書かれています。

　それから3点目，外国研究者としての見方と，国際化の関係について触れます。さきほど触れたように富士コンにはいま関わっておりますので，『経営史学の二十年』を読みますと，富士コンなり国際交流に関して割かれたページが非常に多いことが印象的です。草創期の学会では，世界の中での日本という意

識が強くて，あるいはアメリカであれドイツであれ，外国の最先端の研究になんとか追いつこう，どん欲に学んでやっていこう，そういうことが非常に意識されて共有されていたことがわかります。私の世代には二次情報しかないのですが，それでもそういう時代の雰囲気があったのだなということがわかります。

しかし，輸入学問という言葉はマイナスのイメージになってしまうかもしれませんが，一生懸命，外国に追いついていこうとして，またあるいは富士コンのような日本の人文社会系の学会としては非常に先進的な試みを続けてきて，成果はまちがいなくあったわけですが，それから何十年もたってどうなったか，いまどうなっているかを考えると，それが順調に発展していまに至っているのか，疑問に感じています。国際化という点では，むしろ，少し不思議で奇妙な，もっと言えば深刻な状況ができているように思います。

昨日の総会では会員数が870人になったことが報告されていました。アメリカのBusiness History Conferenceの会員数・参加者数は何人ぐらいになるか分かりませんが，経営史の研究者人口としては，たぶん世界最大のマーケットです。ですが，言葉は日本語ですから外国からはアクセスしにくい。その日本の中で非常にたくさんの研究者がいて，蓄積もありますからどんどん専門化するかたちで研究が進められていく。日本の中だけで研究がいわば完結するようになって，国際的な連携からはだんだんむしろ離れてきたのではないかなと，私は感じております。

例えば，先にあげた北米のBusiness History Conferenceも，私自身，初めて参加したわけですが，聞いてみますと，日本人の参加者はここしばらく，ほとんどいないか，一人，二人来るだけ。一度報告してもそれきりその人は来ないというのが普通ということを聞きました。北米から触発されて誕生した研究分野で，国際化で最先端をいっていた筈の学会にしては，不思議な状態になっているなと感じました。

もちろん，歴史研究の場合，外国の学会に出たり報告したりということ自体，世界的にもあまり盛んでないというのは事実です。私が5年前から参加するようになったEBHA（The European Business History Association）の会員は250人前後ですが，国別（国籍でなく所属組織の所在国）の会員数を見ますと，そのうちイギリスが47人で一番多く，これは英語でやる学会ですから自然ですが，

それに続くのは，イタリア33，ドイツ22，スペイン18，オランダ16，フランス・ノルウェー15で，その次が日本の13です。これを見ますと，日本の対外関心は低いほうとはいえず，むしろ，ヨーロッパの内部でさえ，自国を出て，ヨーロッパ規模の学会の会員になりあるいはそこで報告をするというのは，はるかに多い経済史・経営史研究者の大集団のうち，ほんの数割にすぎないと言えます。ですので，日本の現状もある程度は致し方ないことなのかもしれません。

ですが，日本で自生的な研究史を生み出すほどの蓄積がありながら，ほとんど外に出ていかない，紹介されていないのは残念なことです。先ほど *The Oxford Handbook of Business History* の話がありましたが，20人近くの方が書いていて，日本人の著者は一人も入っていません。それから，イタリアのアンドレア・コリ（Andrea Colli）とフランコ・アマトーリ（Franco Amatori）が，学部生・大学院生向け程度の経営史の教科書を英語で出しており（*Business History: Complexities and Comparisons*, Routledge, 2011），そこに日本に関するチャプターが二つあるのですが，日本の経営史学会で通常報告されるような研究成果が取り入れられているかというと，そのようには思えません。ほとんどは日本語でしか報告されていないので当然といえば当然ですが，資産は持っているのに発信されていないとすれば，それはやはり課題であろうと考えています。

4番目の「若い世代を代表して」。クエスチョンマークが付いているところですが，その微妙なところにいる立場で感じるのは，私が指導を受けた先生方の世代に比べると，自分の世代では研究者人口が減っている，しかもさらに下を見るとさらに減ってきているということで，世代間のスキルの継承と言いますか，技能継承ができていない。過去の研究史をカバーしながら新しいことをやるということが，非常に難しくなってきている。

特に外国研究史の場合はこの傾向は激しくて，ドイツ，フランス，イタリア等，第二外国語が必要なところは本当に危機的な状況にあると思います。個人的には，唯一，何とか過去の研究を引き継ぐというレベルをぎりぎり維持しているのは，ドイツ研究のみで，それも今後は非常に怪しい。フランスやイギリスなどは，すでにそれができなくなる数まで研究者数が大きく割り込んでいるように見えます。

ところが，過去の大きな研究者マーケットの結果つくられた分業なり研究の

セグメントというようなものは，研究史を反映してそのまま残っています。そうするとどうしても若手の論文は，先行研究の方法を比較的忠実に倣った上で，「しかしいままで取り上げられていない事例を調べました」というかたちになりやすい。いわゆる蛸壺化ですね。問題意識を欠いた若手の論文が多いという評価というか嘆きが編集委員会で出ることが多いのですが，構造的な背景もあるように思います。

では，それではどうしたらいいのか，という話が要るかと思います。一つのステップとして，日本の中で外国史研究と日本史研究の間のコミュニケーションを意識的・組織的に密にするというのが，一つの方法だろうと思います。

それからもう一つは，国際化をうまく使うこと。国際化，特に国外での発表等については，お一人は私よりも若い方，もうお一方は国外でも大変著名な先生から，実は同じことを言われたことがあります。「国際化，国際化と言うけれどもそれに意味があるんですか」と。もちろん皮肉を込めてのお言葉です。二人目の方の言葉には続きがありまして，「そんなこと，できるんですか。無理でしょう。ただ行っても恥をかくだけですよ」というものです。

国際化自体が目的であるべきではないというのは間違いないですし，やろうとしてどこまでできるかは定かではありません。かえって評価を落とすという可能性もあるかもしれませんが，しかし個人的には，やはりとにかく出ていって，叩かれてもなんでも報告をして，それで初めて国外の研究の意味がわかるのであって，そうした経験を積んで初めて，マーケットの間にある障壁をそれなりに乗り越えられるし，また新しい問題意識や分析視角も生まれて来るのだと思います。そういう意味では，来年のEBHAとの合同大会など，新しい組織的な試みがきっかけになって，何か新しい動きが出てくれば，この学会が現在直面している問題や，あるいはこの学問が抱えている課題といったものも，克服されるチャンスがまだまだあるのではないかな，というふうに感じております。

いろいろ勝手なことを申し上げましたが，私のコメントとしては以上です。

●**宇田川**　黒澤先生，ありがとうございました。

本来なら，報告者の先生方に，もう一度，演壇に上がっていただくのですが，時間の関係もありまして，コメンテーターの三人の先生から質問とコメントが

ありましたので，各報告者の先生方は，自分はこれが必要だなと感じられたことについて，ご返答なり，また再コメントをお願いいたします。

では，まず由井先生からお願いします。

●**由井** では，まずポイントを二つだけ，いままで出たお話のコメンテーター方にお答えしたいと思います。

一つは湯沢先生，ちょっと誤解があったようですが，課題と方向というのを議論してはいけないと言っているのではありません。そういうふうなことから，まず裾野を広げているところから経営史学会がスタートしたということを強調したわけでございまして，課題と方向はもちろん大事です。

それで，私も率直に言いますと，課題も私はやはり問題意識だろうと思います。現在における問題関心というものを，やはり十分にくみ取って，われわれもアプローチしなければいけないと思います。

例えば，伝記においてもまったくそうでして，私は『豊田喜一郎伝』（2002年）もそうでしたし，今度の『安田善次郎伝』（2010年）でも書きましたが，一つは伝記の範囲ではありますが，政府，大蔵，日本銀行ができる時の日銀というものについても，すごく強い批判を込めたわけであります。

つまり『明治財政史』とか『明治大正財政史』とか『日本銀行百年史』とか，膨大にある文献でも，ほとんど安田善次郎に触れていない。ところが実際，安田善次郎は常勤理事だし，しかも三つの重要なポストをほとんどやっていて，事実上，発足当時の日銀は，すべてが安田善次郎の基本的な考え方を反映している。

その後の銀行救済も，日銀から救済されたと言っても，ほとんどすべてが安田善次郎が救済に当たっている。その場合には，バックとして松方正義や井上馨が，直接，皆，頼んでいるんですね。われわれは，政府，日銀についての批判というものが重要だと。現在もそうだと思っています。現在も，私どもは政府，日銀，通産について，一種の過度な信頼があったのではないか。率直に言うと，丸裸にしてみると，案外，政府，日銀や通産省でさえ，裸の王様のところがあるのではないかと思います。

これについて，私は一つだけ，ぜひ申し上げたいのは，マックロー（Thomas K. McCraw）さんが，20年ほど前に *America Versus Japan*（1986）という本を編集

した時，私はそれを痛切に感じたんです。やはり通産省 MITI の行政指導の実態に踏み込んで書いてあったのですね。つまり鉄工所の自主統制というのは，実は政府の鉄鋼業務課長が実際にそれを握っていてやっていると，通産に対するかなり鋭い批判が入っていたんです。

私は本当にそうだと思いました。われわれが書く時も，やはり批判的な観点がないといけない，と。やはり通産省の行政指導だって，もう少し踏み込んで批判的な内容をやるべきだ，と。そのように外国からの指摘で，われわれがそれを発表するようでは誠にまずいと思いました。

もう一つ，私がコメントしたい 2 番目の点は，いわゆる経営主体に対する態度です。森川先生からも，自分の立場を込めて，過去の社史についてのことがありましたが，私はまったくそれは大東先生と同じで，やはり資料にアクセスするには社史が一番いいんですね。その時に徹底的に資料を読んで，自分が率直に言いたいところは独立した論文で書けばいいわけですから。

それはだいたい常識的に，4，5 年たつと OK なものです。社史が出てから，ある時期が立てば，だいたい OK です。私も東レについては，10 年が過ぎてからは幾つかの論文を書くようにしましたし，その点はすごく重要なポイントだと思います。ですから，この点については，ほとんど森川先生と同じですが，政府刊行物については同時に批判的でなければいけないと思っています。

その点で，私は『安田善次郎伝』に，伝記の範囲ではありますが，そういう批判は込めているつもりです。それをもって，コメントに対する意見としたいと思います。

●宇田川　由井先生，ありがとうございました。

では森川先生，お願いします。

●森川　一点だけ申し上げます。久保さんが，経営理念の研究などというのは，やはり社会学的な研究の一端をなすもので，私たちは社会学的研究をやっているではないかと言われたのですが，それはそうです。経営理念，それから教育訓練制度とか，萬成博さんがされた経営者の出自の研究とか，そういうのは社会学者とわれわれと一緒にやれるわけです。

問題は，社会学研究というのは，そういう個別研究をたくさん重ねるだけでは駄目なので，それを総括して，それに説明を加えなければいけないわけで

す。そうすると国民性とか，サイモン（Herbert A. Simon）の理論とかマクレランド（David C. McClelland）の理論とか，意識の流れがどうだとか，難しいことをやらなければ，社会学的な研究と言えない。

しかし，あまりにも難解で私たちは50年ぐらい苦労したにもかかわらず発展させることができなかった。しかし，分かりやすくやろうとすると，総合雑誌の評論になってしまう。それで悩んで悩んで何もできなかったと思います。久保さんが言われたようなテーマはたくさんあるのではないですか，ということです。私が言いたいのは以上です。

●**宇田川**　どうもありがとうございました。

山崎先生，お願いします。

●**山崎**　久保さんが指摘された2番目ですよね。研究組織委員会の狙いで，パネルをつくるということにして，そのいいものを将来の統一論題に発展させていくという考え方だったけれども，それが実現されていないというのは，まったくそのとおりなので，やはり僕はそういうふうにしたほうがいいのではないかなと思います。

今回のこの大会でも，パネルが四つ並んでいるわけですね。自分が参加して言うのも変ですが，いずれも統一論題にしていいテーマだと思うので，これを二つぐらい統一論題に持っていってやるようなことを将来的には考えたほうがいいのではないかなということです。

それから，黒澤さんがおっしゃった点は，まったくそうなのかなというので，あらためて危機感を持たされました。それでどうするかということになるのですが，最後に二つおっしゃった点はまったく同感なので，ぜひそういう方向で皆さん考えていただければというふうに感じました。

●**宇田川**　どうもありがとうございました。

湯沢先生，お願いします。

●**湯沢**　ひと言だけ。安部さんのコメントで，経営史学が今後進むべき方向というようなことですが，これは非常に大きな問題です。私がこれまで幾つかの論文を見て，一つの流れは，やはりチャンドラーのフレームワークは，現在，もちろん全面否定ではなくて，かなり限界が見えてきた，と。

その先は何があるかという場合に，やはりシュンペーター（Joseph Alois

Schumpeter）の見直しというのが一つあるのではないか，ラングロアが述べています。シュンペーターを強調することによって，おそらくは企業者の役割や企業と社会のあり方を根本的に見直そうと言うのではないか，と思っています。今後の経営史の一つの方向性を考える上で参考になるのではないか，ということだけ，ひと言申し上げたいと思います。

●**宇田川**　ありがとうございました。

　本来なら，フロアから自由に発言を求めたり，コメントしていただきたいのですが，司会の不手際で非常に時間が押しています。そこで，問題提起者の湯沢先生とも相談しまして，勝手に2名の方を選ばせていただきました。

　若手の代表として，フェリス女学院の斉藤（直）さんから何かありましたら。

●**斉藤**　諸先生方を押しのけて話をさせていただくのは恐縮この上ないのですが，今日出た論点に対して，こういうことも考えたほうがいいのではないかということを3点ぐらいだけ，長くならないように，論点を上げるだけというふうにさせていただければと思います。

　一つは，ケースを重視するということ。これはいろいろな先生が言われまして，ケースを重視するということが経営史学の肝の一つであるという話だったのですが，これは功罪相半ばではないか。それによって非常に興味深い論点を提示するとか，重要な知見が得られるとか，あるいは講義において学生の関心を引くという意味で，非常にメリットがある一方で，それを重視するが故に個別実証的な，先ほど黒澤先生の言葉で蛸壺的なところに行ってしまうというようなことがありましたが，諸刃の剣というのがあると思います。

　ですから，ケース重視という掛け声の下にやっているのは，どんなインプリケーションがあるかも分からないような実証研究だけでやっているという問題が出てきている面もありますので，そういった功罪の両面というのをきちんと意識した上で，高い意識を持ってやっていかなければいけないのではないかな，と自戒の念も込めて考えています。それが1点目です。

　2点目として，これは経営学とか経営史が，経済学とか経済史という分野と比べて持っている特徴になるのだと思うのですが，革新的な行為であるといったような主体性に対する視点とか評価が必然的に強くなるわけですが，その結果としてもたらされてきた経済全体に対するインパクトというか，経済全体の

中での評価というところが,どのように評価できるのかという視点は,逆に弱くなる面があります。

　ある企業にとって合理的であるとか,ある企業にとって望ましいという行動は,結果的にマクロ経済で見ると,あまり望ましくないというような効果をもたらしてしまうところがありますし,これは大企業であれば,なおさらそうだと思うのですね。

　よく言われますのが,GMにとっていいことが,アメリカ経済にとって必ずしもいいわけではないという事例がよく出てきますが,そういったところをふまえて評価していくと,世間から話を聞いてもらえる議論というのも,より多くなっていくのではないかな,と感じております。これが2点目です。

　3点目に,国際化の必要性と黒澤先生がおっしゃいました。そのとおりで,自分もあまりそういう活動をしていないので,非常に反省するところが大きく,もちろん,そのために個人的に海外の国際学会に出ていくとか,横文字で論文を書いて投稿してアクセプトしてもらうというのも大事だと思うのですが,同じぐらい,この学会に海外から参加してもらうことも考えられないでしょうか。

　湯沢先生のご報告にありましたように, *The Oxford Handbook of Business History* で日本関係の作品が2ページにも及ぶというようなことで,日本に関心を持たれている外国人が非常に多いということは事実です。ですから,やはりこの学会にも海外からの参加者が出てきてくれるということも,今後のあるべき姿として当然考えるべきではないかと思います。

　そうすると,その人たちは代弁者になって日本の状況を外国に伝えてくれるという役割もあるわけですから,そのような方向性も何らか考えられないかな,と感じました。

●宇田川　どうもありがとうございました。突然,ご指名しまして申し訳ございませんでした。

　それでは長老を代表しまして,下川浩一先生,お願いします。

●下川　今日,このセッションのお話を聞いていて,私と一緒にいろいろ経営史学会で活動してきた諸先生の,ある面での総括をお聞きしたような気がしました。

私が経営史学会に参加したのは，発足してから 2，3 年後です。その当時は，アントルプルヌールシップ，いわゆるこの企業者史学というのが，やはり日本の経営史学会でもアメリカから帰った方の影響もあって非常に強かったんですが，私にはどうも違和感があって，個人の資質だけで経営の戦略や組織のよしあしが左右されるものだろうかと思っていたんですね。

　それからもう一つ，私はチャンドラーさんの名前は 1960（昭和 35）年から知っていました。知っていた理由は何かというと，当時，まだ事業部制という言葉はなかったのですが，分権制という言葉がありまして，その成立と展開という題で修士論文を書いたんです。その時の種本がドラッカー（Peter Ferdinand Drucker）の *Concept of the Corporation* でした。これは後に私が，下手な翻訳なのですが，最初に紹介したということになります。

　私自身が振り返ってみますと，この *Concept of the Corporation* というのは，ドラッカーにとっても，彼が経営学者になる本当のきっかけになった大変な本です。これは，最近，彼が書いた『私の履歴書』という自伝によると，GM から煙たがられて，労使とともに排斥した。

　それはともかくとして，とにかく，そんなことでチャンドラーさんの *Business History Review* に載った "Management Decentralization" という論文は，彼にとっても，企業者史学から脱却して，初めて経営組織というものに目を向けられた大変な労作だったと思っています。

　それを読んでいたものですから，*Strategy and Structure* という本は特急便で取り寄せて読みました。それをいろいろ紹介した論文を書いたので，経営史学会といろいろご縁ができたということです。

　それからもう一つ。私はドラッカーの本にいろいろ影響されて，自動車産業というのは，やはり一大産業であると同時に，その当時，ある意味では産業の一番中核的な産業だと思った。これを歴史的に研究すると，だいぶいろいろなことが分かってくるのではないかなと思ってやり始めました。それが私の自動車産業研究の始まりです。

　その中で，やはりいろいろな研究と調査を積み重ねて，今日まで至っているわけですが，その過程で，東大の藤本（隆宏）君をはじめ，いろいろ若い人たちと研究交流をしました。そして，もちろん彼らも一生懸命に，ある工場調査

とか，あるいはトヨタのどこどこ工場がどうであると調べて，新しいことを探り当てて模索しています。しかし，これはケース重視ということと重なるのですが，それのもつ普遍的な意味を掘り下げて考えようとしない傾向がある。

だから，「これだけを俺は調べたよ」「これは私しか知りませんよ」という話になってしまう危険性があるんです。ケースというものをどういうふうに扱っていくかということは，今日もって，まだ重要な課題になると思います。そのケースの持つ普遍性，そのケースが持っている今日的な意味，そういうものをしっかり取り上げていく必要があるのではないかなという気がしております。

それからもう一つ，先ほど言った藤本君は，組織学会，自動車の研究開発のシステムでは世界的な権威ですし，自動車のビジネス・アーキテクチャーの研究なんていうのは非常に優れたものではあるのですが，それを起こした時に，私の先輩である三戸公さんがすくっと立って，「あなたのやっていることは，結局，機能論だけではないか。機能論に，やはり何らかのきちんとした規範論を伴わなければ駄目ではないか」と言われた。

それを藤本君も非常に気にして，この間，僕といろいろ話をしたのですが，要するに，機能論だけでやっていては，どこかでつまずくこともあり得ると。ただし，規範論のための規範論はお説教になってしまうので，そこが難しいところだと思うのですね。しかし，内在的な規範論も内にきちんと含んだビジネス・ヒストリーの研究というものが，これから，ますます重視されるのではないかという気がしております。

そんなわけで，いうなれば，これからの経営史研究は，過去の産業考古学的な研究だけではなくて，それが今日的にどんな意味を持つのか，あるいは未来志向の経営史というものも，やはり考えられていい。かつての高度成長の時に，やはり高度成長はいいんだ，あるいは日本の経営の成功物語をわれわれはきちんと明らかにしてやっていけばいいんだというムードが，私も含めてあったことは事実です。

ただ，その中で，一体それはこのままでいいのだろうか。これで将来，森川さんのおっしゃった陰の側面として，やはり公害問題とかモラルハザードの問題とか，これはいまになって出てきた問題であって，その当時，まったく問題にさえされなかったのかどうかということですね。

例えば，コーポレート・ガバナンスの問題一つをとっても，やはり土光（敏夫）さんのような経営者がいる時は，コーポレート・ガバナンスという言葉を使わなくても，企業同士がうまくいっていました。株価はずっと長期的に上がったし，一時期の目先の利益だけを追うような，そういうことで配当をたくさん出そう，そういう競争に没頭すればいいという考え方の経営者は，あの当時はいなかった。

　それが，どうしてこういうことになったかといったようなことを振り返ってみるのも，大事なことだろう。ですから，コンプライアンスだとか，あるいはコーポレート・ガバナンスの問題というのも，ある面では，なぜこういうものを忘れてしまったのか。特に市場原理主義や，そういうものに振り回された日本の経営者が，現在まだそれから脱却しきれずにいるということを，どう考えるべきか。

　そんなことを言っていけば，それこそリーマンショックを起こしたアメリカだけではなく，世界的にそれが広がろうとしている。リーマンショックの後遺症は，まだこれからも残りますよ。これを収めるには，どうしたらいいのか。これは本当に気の遠くなるような話ですが，これだって視野に入れておかなければ，これからの事業経営は語れない。そういう意味でのいろいろな未来思考，あるいは現代思考の経営史というものも，その中から新しいテーマが次々に出てくるのだということを，一つ提言したいと思います。

●**宇田川**　下川先生，ありがとうございました。

　司会者が，年配者の私と，学会中堅の平井さんですので，締めの言葉を最後に平井さんから。

●**平井**　今回のパネルは，経営史学の歴史ということをやったと思います。われわれはいつか，大変失礼かもしれませんが，このことについて，もう少しやっておけば良かったなと，後悔するような時があるかもしれません。その日のためにも，ぜひ，こういう経営史学の歴史について，もう一度，深く考えてみるべき時期が来ているのではないかと思っております。

　では，あと3年後に経営史学会の50周年を迎えますので，こういうことで機運を高めて，できましたら50年史を発行していきたいと思います。

　本日はどうもありがとうございました。

主要人物・用語解説

【人物】

●井上忠勝（1924-2014）

　神戸大学教授。日本を代表するアメリカ経営史研究者。経営史学会を支えた関西部会の重鎮の1人。一般経営史を目指して個別経営史に取り組み，個別企業の経営史をケースとして接近した『アメリカ経営史』（神戸大学経営経済研究所，1961年）を経て，『アメリカ企業経営史研究』（同，1987年）では，ついにアメリカの個別企業経営史に一般経営史としての独自の意義を見出すに至る。

●大塚久雄（1907-96）

　主に東京大学で西洋経済史に関する研究・教育に従事し，多数の門下生を育てた。1930年代に軍国主義日本への批判を秘めつつ，イギリスにおける封建制から資本主義への移行を，自生的な下からの発展ととらえる独創的な史観（「大塚史学」）を示した。マルクスとヴェーバーから強い影響を受けて形成されたその思想は，戦後には西洋経済史の領域を超えて日本の社会科学に大きな影響を与えた。経営史に関しては戦前にすでにグラースの著作の紹介を行っており，また，『株式会社発生史論』（有斐閣，1938年）は会社史の分野で必読文献である。

●脇村義太郎（1900-97）

　東京大学教授。経営史学会初代会長。しばしば労農派マルクス主義者といわれたが，実際には方法論にとらわれず，日本も含む多数の諸国における産業の展開や富豪の実態に関する，信頼しうる資料に基づく実証研究を戦前から精力的に進め，日本における経営史研究のパイオニアとなった。主要著作は『脇村義太郎著作集』全5巻（日本経営史研究所，1975-76年，1981年）のほか有沢広巳との共著『カルテル・トラスト・コンツェルン』（御茶の水書房，1977年）に取りまとめられている。

●中川敬一郎（1920-2007）

　東京大学・青山学院大学教授。経営史学会第3代会長。経営史研究会の発会メンバーの1人。大塚久雄の指導下でイギリス経済史研究から出発したのち，脇村義太

郎の期待に応えて1958-60年にハーバード・ビジネス・スクールに留学し，アメリカで展開していた経営史学の日本への導入をリードした。グラース流の経営管理史，コールに代表される企業者史，および日本で戦前から展開していた社会経済史学，つまり経営学，社会学，経済学の各視点に立つ諸分野を総合した学際的研究として経営史を位置付けた。中川の研究はイギリスのほかアメリカと日本に及び，国際比較を重視した比較経営史であった。経営史学会の創立・運営の中心人物であり，富士コンファレンスの継続も中川なくしては不可能であった。

● 土屋喬雄（1896-1988）

　東京大学・明治大学教授。ドイツ留学後，資料に基づく実証的な日本経済史研究を行った。江戸期における有力諸藩の財政や織物業など農村工業の研究が著名であるが，特に農村工業をめぐり戦前の日本資本主義論争において労農派の論客として講座派の服部之総との間でマニュファクチャ論争を展開したことは有名である。経営史については明治期における企業家の経営理念の研究が重要であり，明治期のビジネス・リーダーの多くが士族であると論じた。また，『渋沢栄一伝記資料』や『日本金融史資料』などの編纂も行った。

● 山口和雄（1907-2000）

　北海道大学・東京大学・明治大学等の教授を歴任。師の土屋喬雄から実証的学風を受け継ぎ，近世・近代に関する日本経済史の領域で，『幕末貿易史』（中央公論社，1943年），『明治前期経済の分析』（東京大学出版会，1956年），『日本漁業史』（同，1957年），など多数の業績を残した。経営史研究には東大退官前後から本格的に取組み，山口を囲む共同研究『日本産業金融史研究』（製糸・紡績・織物の三部。東京大学出版会，1966-74年）や『両大戦間の横浜正金銀行』（日本経営史研究所，1988年），晩年にまとめられた『流通の経営史―貨幣・金融と運輸・貿易―』（同，1989年）などの著作がある。

● 宮本又次（1907-91）

　九州大学・大阪大学等の教授を歴任。経営史学会第2代会長。江戸期および明治期の大阪を中心とした経済史・経営史・商業史にまたがる多数の研究業績を残し，「宮本エコール」と呼ばれる多くの門下生を育てた。その中には経営史学会の第4代会長安岡重明も含まれる。なお，第7代会長宮本又郎は又次の子息である。経営史関連の主要著作としては『宮本又次著作集』全10巻（講談社，1977-78年）に収録されている作品のほか『鴻池善右衛門』（吉川弘文館，1958年），『五代友厚』（有斐閣，1981年），『小野組の研究』全4巻（新生社，1970年）などが重要である。

主要人物・用語解説　*311*

● **米川伸一（1931-99）**

　一橋大学教授。『イギリス地域史研究序説』（未来社，1972年）に集約されるイギリス経済史から出発し，経営史の分野に進んだ。*Business History Review* などの外国の査読付き雑誌に日本人の論文が掲載されることは稀であった1980年代から，世界に向けて研究成果を発信し，米川の経営史研究は外国でも著名になった。特にイギリス・アメリカ・日本・インドの綿紡績業の国際比較は新たな試みとして高く評価された。それは『紡績業の比較経営史研究』（有斐閣，1994年）等晩年の著書にまとめられている。経営史学会第8代会長湯沢威をはじめ国際感覚に富む多数の門下生を育てた。

● **三島康雄（1926-2011）**

　甲南大学教授。『経営史学の展開』（1961年，ミネルヴァ書房）で，経営史学の研究方法に一石を投じ，実証的手法による多くの経営史研究の著作を発表した。一次史料に基づく『北洋漁業の経営史的研究』（ミネルヴァ書房，1972年）を発表した後，財閥史研究に力を入れ，中でも『三菱財閥』（日本経済新聞社，1981年），『第二次大戦と三菱財閥』（同，1987年）など三菱財閥研究の礎を築いた。

● **堀江保蔵（1904-91）**

　京都大学教授。本庄栄次郎の後継者として，日本を中心とした経済史・経営史の研究・教育に従事。特に日本の近世・近代に関して英文も含む多数の著作を残した。経営史に関する主な業績として『外資輸入の回顧と展望』（有斐閣，1950年），『日本経営史における「家」の研究』（臨川書店，1984年）などが挙げられる。

● **角山（つのやま）榮（1921-）**

　和歌山大学教授。欧米諸国における最先端の研究を摂取・紹介しつつ，日本で大きな影響を持っていた大塚久雄の西洋経済史研究を批判した。『イギリス毛織物工業史論―初期資本主義の構造―』（ミネルヴァ書房，1960年），『茶の世界史―緑茶の文化と紅茶の社会―』（中公新書，1980年），『時計の社会史』（中公新書，1984年），編著『日本領事報告の研究』（同文館出版，1986年）など多数の著作がある。

● **作道洋太郎（1923-2005）**

　大阪大学教授。宮本又次の後継者として，近世・近代の日本に関する経済史・経営史の研究・教育に従事。『近世封建社会の貨幣金融構造』（塙書房，1971年）などの江戸時代の金融・貨幣史に関する研究，大阪を中心とした関西地方の経営史をまとめた『関西企業経営史の研究』（御茶の水書房，1997年），編著『住友財閥』（日

本経済新聞社，1982年）に代表される住友財閥に関する共同研究など日本経営史関連で多数の業績を残し，また多くの門下生を育てた。

● 五代友厚（1836-85）
　薩摩藩出身の士族。幕末・維新期には官僚として活躍。1869年に野に下り，以後，幕末・維新期に衰退の極に達していた大阪の経済界で大活躍した。多数の鉱山の経営を統括する弘成館や，藍の製造を行う朝陽館を創設し，また，多数の会社企業の設立を呼び掛けて実現し，さらに，今日の大阪証券取引所，大阪商工会議所，大阪市立大学経済学部・商学部につながる機関の設置を推進した。五代には政商的側面があり，それゆえ北海道開拓使官有物払下げ事件で失脚したが，大阪経済の復興に果たした役割は高く評価されよう。

● 渋沢栄一（1840-1931）
　現埼玉県深谷市の豪農の息子。幕末に徳川慶喜に仕え，彼の弟昭武に随行してフランスに滞在し，会社制度（「合本主義」）の重要性を知る。徳川幕府崩壊後帰国し，間もなく大蔵省に入り国立銀行制度の整備などに努めたが，予算編成をめぐる対立から上司の井上馨とともに1873年に辞職。以後，第一国立銀行（現みずほ銀行）の頭取を務めたほか，広い人脈を駆使して多数の会社企業や経済団体を設立し，それらの数は500ともいわれ，東京海上火災自動，東京瓦斯，王子製紙，東洋紡，日本銀行，帝国ホテル，東京商工会議所など現存するものも多数含まれている。

● 中上川（なかみがわ）彦次郎（1854-1901）
　現大分県中津市出身の士族で，福沢諭吉の甥。慶應義塾で学んだのち福沢の勧めで1874年から約3年間イギリスに留学。その間に知遇を得た井上馨の推薦で明治政府の官僚となったが，明治14年の政変で野に下り，その後山陽鉄道社長を経て，井上の推薦で1891年に三井銀行に入行。以後，三井銀行の不良債権の整理を進め，高等教育を受けた「学卒者」を積極的に採用し，鐘淵紡績や芝浦製作所などのメーカーを育てる等，三井の近代化を推進した。

● 谷口豊三郎（1901-94）
　父谷口房蔵が設立し経営していた大阪合同紡績に東大卒業後勤務していたが，1931年に同社を吸収した東洋紡に取締役として移籍し，社長・会長にまで昇進。父の遺志を継ぎ，29年に設立され自然科学研究の振興を目的とした㈶谷口工業奨励会の運営にあたっていたが，76年の谷口工業奨励会四十五周年記念財団への改組後，私財を投じて経営史を含む人文・社会科学にも助成を拡大。豊三郎没後の

1999年,同財団は資産をすべて使い切って解散した。

●ヒルシュマイヤー(Johannes Hirschmeier)(1921-83)
　日本の企業発展に関して早くから論じ,経営史研究会当時から由井常彦により紹介される。南山大学第3代学長。土屋喬雄・由井訳『日本における企業者精神の生成』(東洋経済新報社,1965年)や由井との共著『日本の経営発展―近代化と企業経営―』(同,1977年)は日本経営史研究に大きく貢献。経営史,日本文化論,大学・教育論等の学際的研究は,川崎勝・林順子・岡部桂史編『工業化と企業者精神』(日本経済評論社,2014年)に収録されている。

●ノーマン・スコット・B. グラース(Norman Scott B. Gras)(1884-1956)
　ハーバード・ビジネス・スクール初代経営史講座教授で,1920年代中ごろ以降ヘンリエッタ・M. ラーソンとともに経営史学の二大潮流である企業内部の組織・機能に即して考察する経営管理的な経営史を開拓。*Business History Review* を創刊し,16冊のケース・スタディを *Harvard Studies in Business History* (ハーバード経営史研究叢書)として監修。主著である *Business and Capitalism: An Introduction to Business History*, F. S. Crofts & Co., 1939(植村元覚訳『ビジネスと資本主義―経営史序説―』日本経済評論社,1980年)には,黎明期の経営史が垣間みえる。

●アレキサンダー・ガーシェンクロン(Alexander Gerschenkron)(1904-78)
　後進国の急速な工業化を論じた「後発効果論」で知られる経済史家,1948年からハーバード大学教授。ナチスの迫害を逃れてオーストリアを去り渡米したウクライナ生まれのユダヤ人という複雑な体験が学問形成につながる。急速な工業化,大企業による重工業中心の工業化,政府・銀行によるサポート,経営ナショナリズムを後発効果の条件とし,中川敬一郎によって早くから紹介された。主著は,*Economic Backwardness in Historical Perspective*, Belknap Press of Harvard University Press, 1962(絵所秀紀ほか訳『後発工業化の経済史―キャッチアップ型工業化論―』ミネルヴァ書房,2005年)。

●ヨーゼフ・A. シュンペーター(Joseph A. Schumpeter)(1883-1950)
　企業者の行う非連続的・均衡破壊的なイノベーション(革新)が経済を発展させるという理論を構築。1925年ボン大学教授,32年ハーバード大学教授に就任。48年同大学企業者史研究センター創設に際し,アーサー・H. コールらと主導的な役割を担う。当初は新結合と呼んでいた革新について,新製品,新製法(新流通方法を含む),新販売市場,新供給源,新組織の5つのレベルを指摘し,経営史研究に

おいて重要となる革新的企業者活動の基礎を提示した。

●マックス・ヴェーバー（Max Weber）(1864-1920)

ドイツを代表する社会学者。大塚久雄がマルクス経済学とヴェーバー社会学の複眼的視点を方法論に取り入れたことで，「大塚史学」というかたちで日本の経済史研究にも大きな影響を及ぼした。ヴェーバーの宗教社会学論集から援用した人間類型論を踏まえ，大塚の門下生である中川敬一郎は，経営史学の特徴である学際的研究の柱の一つである文化構造の解明にヴェーバーの社会学を活用しようと試みた。

●ブラックフォード（Mansel G. Blackford）(1944-)

アメリカ経営史の代表的研究者で，1985年からオハイオ州立大学歴史学部教授として経営史担当。研究対象は日英米の比較経営史に及び，フルブライト交換教授として2度日本で講義・研究を行う。Economic and Business History Society と Business History Conference 会長を歴任。カーとの共著，川辺信雄監訳『アメリカ経営史』（ミネルヴァ書房，1988年）や三島康雄監訳『ビッグ・ビジネスの比較経営史』（同文舘，1988年）ほか邦訳も多数。

●アーサー・H. コール（Arthur H. Cole）(1889-74)

経営史の二大潮流の一つである企業者史の代表的研究者。1933年からハーバード大学経営経済学教授，32-56年ライブラリアンとして図書館の充実に貢献，48年創設の企業者史研究センターの創立者であり58年まで理事。代表作である *Business Enterprise in its Social Setting*, Harvard University Press, 1959 はセンター草創期の研究成果の総決算であり，中川敬一郎によって『経営と社会―企業者史学序説―』（ダイヤモンド社，1965年）の表題で翻訳され，日本の経営史・企業者史研究に大きな影響を及ぼした。

●アルフレッド・D. チャンドラー（Alfred Dupont Chandler, Jr.）(1918-2007)

アメリカの歴史学者で，世界各国の経営史学や経営学に多大な影響を及ぼした。名門デュポン家出身で，1971年からハーバード・ビジネス・スクール教授。業績は多岐にわたるが，アメリカ大企業の誕生と成長，20世紀以降の英・独・米大企業の発展過程を分析し，経営多角化と事業部制組織，経営階層組織，近代大企業の経済的合理性，経営者企業，規模・範囲の経済性，組織能力など多くの学説・命題を発表した。代表的著書として，*Strategy and Structure*, MIT Press, 1962, *The Visible Hand*, Belknap Press, 1977, *Scale and Scope*, Harvard University Press, 1990 がある。

主要人物・用語解説　*315*

●ユルゲン・コッカ（Jürgen Kocka）（1941-）
　現代ドイツを代表する歴史家の1人。ビーレフェルト大学教授（1973-88年）を経て，ベルリン自由大学教授（-2009年）。ヴェーラー（H.-U. Wehler）とともに歴史研究への社会科学の導入を主張，戦後（西）ドイツの社会構造史学（「ビーレフェルト学派」）を牽引した。経営史の分野では1960-70年代に業績が集中。電機企業ジーメンスの企業管理に関する大著が代表で，その後も19-20世紀ドイツの労働者，ホワイトカラー，企業家などを分析。邦訳多数。

【用語】

●経営史研究会
　経営史学会の前身となる研究会。ハーバード大学留学後の中川敬一郎により社会経済史学会第29回大会報告「アメリカにおける経営史学の現状」に触発され，経営史研究の必要性に共感した玉山勇，藤津清治，三島康雄と中川を中心に，土屋喬雄，酒井正三郎，植村元覚，井上忠勝，鳥羽欽一郎，山下幸夫，由井常彦，宮本又次，佐藤明，岡本幸雄，安岡重明，大河内暁男16名の顔ぶれで，1960年10月薬業永田町会館にて発会。64年夏ごろまで関東・関西部会でそれぞれ約10回の研究会が開催され，全国研究集会も63年11月名古屋大学をはじめ開催された。

●富士コンファレンス
　1974年から現在まで開催されてきた経営史学会主催の経営史国際会議。第1回から28回（2006年）まで富士山麓の富士教育研修所において3泊4日にわたって開催されたため，この名がある。第1-26回は，「谷口財団」（正式名称は「谷口工業奨励会四十五周年記念財団」）から全面的な資金提供を得てほぼ毎年開催，各トピックについて海外の第一人者を招聘し，その成果である英文プロシーディングが第20回まではUniversity of Tokyo Press，第21-26回はOxford University Pressから公刊された。第29回（2008年）からは，従来の非公開，招聘方式を見直し，公開のかたちで，公募方式も一部導入して，2013年に第31回が開催された。

●経営ナショナリズム
　企業成長を目指した経営者の行動目的が，自身の報酬追求や昇進といった個人的な意識にあるのではなく，むしろ，その対極として強烈な国家への貢献意識を持ち，国益志向の観点から，外国企業との競争勝利による輸入防遏，国内産業の自立化を目指した経営を行うこと。先進国への急速なキャッチアップを図る途上国での企業経営者にみられる経営理念。明治前期に顕著に確認され，経営家族主義とともに日

本を代表する経営理念とされる。

● 企業家（entrepreneur）
　起業家ともいう。シュンペーターによれば，経済発展は経済体系内の諸活動における非連続的・均衡破壊的な変化から生まれる。この動態的な変化を引き起こす能動的な経済主体が企業家であり，この点で資本家と区別される。創業者である場合，企業所有者かつ経営者でもある可能性が高く，多面的要素をあわせ持つ。また事業創造の機能だけに着目するのであれば，トップ経営者以外にミドル経営者も企業家に含まれる場合がある。

● 企業者活動（entrepreneurship）
　企業家精神ともいう。企業家個人が，経済活動における非連続的・均衡破壊的な変革を生み出す際の内発的原動力である。その個人が創造の発想力以外に，思想を実践に転化する行動力や継続的な努力を厭わない意志の強さ，さらには不確実性に挑戦する一方でリスクを引き受ける胆力など，いずれかの点で秀でたものを備えていることになる。ベンチャー企業を興すパイオニア的創業者がこの精神を持った人物になる。

● 企業者史（entrepreneurial history）
　ハーバード大学企業者史研究センター（Research Center in Entrepreneurial History）を拠点に，コールやシュンペーターらによって開拓された，グラース以来の経営管理史と並ぶわが国経営史学の源流の一つ。与えられた社会的経済的環境の下で企業家がイノベーション（革新）を遂行していく際の具体的な歴史を検証することによって，さまざまな意思決定の自由を持つ経営者の主体的機能そのものを解明することに最大の意義を置く。先進国のみならず発展途上国における企業者活動にも留意していた。

● 学際的研究（interdisciplinary research）
　ハーバード大学留学から帰国した中川敬一郎が経営史学最大の特徴としたのが学際性であり，その学際的手法をいかに駆使し，学際的研究対象をどのように解明するかを経営史学の課題とした。具体的には，企業経営を決定する客観的・社会的要因である経済過程・文化構造・組織について，経済学・社会学・経営学を総動員する学際的研究によってこそ企業経営の歴史的実態は明らかになるとの中川の主張が，日本の経営史学の原点の一つとなった。

●戦略と組織（strategy and structure）

チャンドラーは *Strategy and Structure* で，デュポン，GM，スタンダードオイル，シアーズ・ローバックという 20 世紀以降のアメリカ大企業における経営多角化の戦略策定とそれを遂行するための管理組織の変遷を考察し，「組織は戦略に従う」という命題を提起。ただし，1990 年出版の再版「序文」によると，*Structure and Strategy* が本来のタイトルで，チャンドラー自身は現代企業の組織構造と戦略の関係，常に変化する外部環境と組織や戦略との複雑な相互関係を調べることを目的としていた。

●専門経営者（salaried manager）

社長などトップ経営者への就任時に大株主ではなかった経営者。俸給経営者とも呼ばれ，家族企業における所有経営者の対極に位置付けられる。日本では，創業者一族と血縁関係にない従業員が内部昇進によってトップ経営者になる場合が多い。所有機能を持たないで，経営機能に専門化しているという意味で，専門経営者と呼ばれる。自身の経営能力を背景に昇進した人たちであり，多くの従業員の中から選抜された昇進競争の勝利者ともいえる。

●経営者企業（managerial enterprise）

経営者階層制の成立を前提に，トップ経営者まで専門経営者が進出している企業のこと。日本では，株式の所有が分散し，際立った特定の大株主が存在せず，創業者一族と血縁関係にない従業員から昇進した専門経営者が社長などのトップ経営者に就任している場合が多い。所有と経営の分離を前提としている点で，株式支配と経営支配の両機能を創業者一族が世代を超えて兼ねている家族企業とは対照的である。

●経営者階層制（managerial hierarchy）

トップ経営者に権限が集中していた集権的組織が，企業の大規模化により中・下位まで権限が委譲された分権的組織へと変化すると，中位の事業部長，下位の現場責任者といった経営階層組織が生まれる。経営者企業を発展させるため，有能な専門経営者をより多く輩出する仕組みを階層組織は可能にする。日本では，人事評価における優秀者が上の階層に異動する内部昇進によって，経営能力の優れた経営者が階層組織を通じて連続的に輩出される。

●事業部制組織（divisional organization）

単一の財・サービスを供給する企業に典型的にみられる職能別組織においては，

原料調達・生産・販売といった企業の生命線ともいうべき職能はライン，それ以外の研究開発・経理・人事などの専門的職能はスタッフに分けられる。そうした企業が複数の財・サービスの市場へと多角化するに際し，それぞれの市場ごとに原料調達・生産・販売を行いうる事業部組織が形成される。そこでは，職能別組織の場合トップマネジメントに集中していた意思決定権限が事業部長に部分的に移譲される意味で分権的だが，最終的には経営委員会で全社的意思決定を行うことによって集権性とのバランスが図られる。

●三つ叉投資（three pronged investment）
　チャンドラーは Scale and Scope において，組織能力（organizational capability）の構築のために生産・販売・マネジメントの3分野にバランスのとれた投資が必要と指摘している。競争上の優位を獲得し一番手企業（first mover）となるには，三つ叉投資による組織能力の構築が不可避という。具体的には，製造（工場建設と労働者の雇用），販売（販売組織の設置と販売専門人員の雇用），マネジメント（マーケティング・経理などの専門的職能にあたるスタッフ部門の組織充実と人材雇用）への投資である。

●近代企業（modern business enterprise）
　チャンドラーが提起。社内に複数の異なった事業単位を持つとともに，専門経営者たちからなる階層的な経営組織によって管理運営されている大企業を意味する。19世紀半ばごろ，アメリカで大量生産機能以外に大量販売機能を統合・内部化した企業が出現した。やがて事業単位も複数化し，しかも大規模化した生産から販売までの両機能を効率的に管理・調整するために，スタッフ部門を抱えた階層的管理組織や複数の部門組織に対応した分権的事業部制組織が創出された。こうした組織はビッグ・ビジネスの原型となり，米国の主要産業のみならず，世界中の国々の主要産業でも誕生，成長することになった。

●財閥
　家族・同族の封鎖的支配下にあり，国もしくは広い地域に経済的影響を及ぼす多角的事業体で，以上の属性にコンツェルン（持株会社が株式の封鎖的所有を通じて傘下に複数の子会社・孫会社を支配する事業会社の複合体）を加える論者も多い。三井，三菱，住友，安田などが有名であるが，都道府県レベルで活動していた地方財閥を重視する見解もある。第二次世界大戦後，GHQによる経済改革の一環として，多くの財閥は解体され，家族の支配を離れた企業集団へと変化していった。

●地方財閥

　戦前の財閥のうち日本全体に経済的な影響力を持つ四大財閥のような大財閥に対し，各都道府県レベルの地方経済に影響力を持つ地方財閥が全国各地に存在した。阪神地区の川崎＝松方家（造船，銀行など），中京地区の伊藤家（百貨店，銀行など），九州筑豊地区の麻生家（炭鉱，セメントなど）などはその一例である。地方財閥の中には大財閥とは異なり，GHQ の財閥解体を免れ，今日でも複数の事業を展開しているものもある。

●コーポレート・ガバナンス（corporate governance）

　企業統治。経営資源の有効活用など企業の業績拡大・価値増大に向けて経営面での規律を高めるための仕組みであり，直接的には企業における規律管理を誰が担うかという主体の設定であって，近年，経営史学に限らず，経済学・経営学・法学など社会科学の広い領域で関心を集めている。経営史の分野では，取引企業間での株式の相互持ち合いで株主圧力を減殺したことによる日本企業の「経営者主権」と，機関投資家などの物言う大株主の出現による欧米企業の「株主主権」がしばしば対比されてきた。

●ハーバード・ビジネス・スクール（Harvard Business School）

　グラースを中心に 1920 年代中ごろ発足した経営史学を誕生させて以来，今日まで経営史の主要な研究拠点の一つ。伝統的な管理史的立場に立脚する経営史学は，ハイディやラーソンらによって継承されていき，60 年代以降にチャンドラーによって新たな水準に引き上げられた。同じハーバード大学に第二次世界大戦後に設置された企業者史研究センターから誕生した企業者史学とともに，58-60 年に同スクールに留学した中川敬一郎によってその成果が日本に伝えられ，わが国の経営史研究の礎が築かれた。

●企業者史研究センター（Research Center in Entrepreneurial History）

　1948 年ハーバード大学に創設された企業者活動（entrepreneurship）の歴史的・実証的研究の拠点であり，多彩な分野の研究者を総動員する学際的研究を目指し，経済史が長らく等閑視して来た人間的諸要素の再検討が企てられた。創立者のアーサー・H. コールはじめ，ヨーゼフ・A. シュンペーター，トマス・C. コクラン，リーランド・H. ジェンクス，フリッツ・L. レドリックらが主導的役割を果たした。

●ファミリー・ビジネス（family business）

　創業者とその一族によって構成され，企業所有（株主構造での大株主）と企業経

営（取締役会での多数派形成，または社長などトップ経営者への就任）の両機能が支配され，その支配が世代を超えて継承されている企業を示す。その対極にあるのが，株主が分散して特定家族による株式支配がない一方で，株式をほとんど所有しない従業員がトップ経営者に昇進し，彼らが取締役会で多数派を占め続ける経営者企業である。

●ケース・スタディ（case study）
　経営史学の特徴は，人間と同様に企業が独自の個性と意思を持つとする前提に立脚している点にある。それゆえある経営環境に対して，各企業が独自の行動をとった結果生じる企業間の業績の差異は，企業の主体性・独自性の反映と考えられる。そうした企業の具体的な活動を考察し記録するケース・スタディは経営史学の最もオーソドックスな分析手法であり，さらにそうしたケースの蓄積とそこから当然生じる多様性こそが経営史学の財産となる。

●イノベーション（innovation）
　技術革新に限らず，経営全般における創造的破壊を伴った革新的な変化を示す。シュンペーターの定義では，新製品（いままでになかった財・サービス），生産方式（新流通方式も含む），市場（顧客），資源（原材料），組織に関する革新があげられている。このほか，①現行の技術レベルとの対比からみた連続的革新と非連続的革新，②生産機能に注目したプロダクト（製品）革新とプロセス（工程）革新に分類される。

●市場（しじょう）
　ある財を供給者と需要者の間で取引するプロセスもしくはその場所を示す。参入・退出が自由で多数の需要者・供給者が競合的に存在する場は経済活動にとって好都合だが，一方で市場での取引には探索・信用調査・保険などの取引コストがかかるのが通常である。このコストを最小に抑えるために，企業は市場的取引の一部を自己の組織に内部化して管理下に置く内部組織を形成することがある。

●日本経営史研究所
　経営史・企業史の研究およびその成果の出版等を目的に，1968年に発足した産学協同による財団法人（2011年4月から一般財団法人として再発足）。主な事業内容としては，経営史に関する資料の調査・収集・公開，経営史に関する研究および成果の発表，会社史・団体史等の研究・編集の受託，経営史関係図書の編集・制作・出版，優秀会社史の選考，経営史に関する研究者の育成があげられる。

●国際比較

経営史学における国際比較の重要性は,アメリカ,イギリス,ドイツに関する Chandler, *Scale and Scope*(1990)の出版以来,国際的に認識されるようになったが,後発資本主義国であった戦前の日本では経済史や経済学の分野で各国経済の国際比較がすでに進められていた。その伝統を継承して戦後日本の経営史学は世界的にみても積極的に国際比較に取組み,富士コンファレンスを通じてその重要性を諸外国の代表的研究者に認識させた。上記のチャンドラーの業績もその所産とみてよい。

●比較経営史

グラース以来,経営史学は,一企業の分析よりも同じ産業に属する他企業との対比を重視してきた。特に成功例と失敗例との比較は現在でもスタンダードな手法である。ある一国の企業経営に関するこうした対比を比較経営史と呼ぶことも可能であるが,コールやガーシェンクロンからその示唆を得た中川敬一郎や,綿業の英・米・日・印4国の比較を世界で初めて試みた米川伸一は,同一業種の企業の国際比較を通じて,各国の企業経営の個性が解明できることを示し,比較経営史の内容をいっそう豊富なものにした。これは日本が世界に誇るべきすぐれた着想である。

●産業史

日本では戦前から現在まで,同一市場で競争する複数の企業が構成する産業に関する歴史的研究が盛んであるが,これは外国では容易に見出されない特長である。それが生じた原因としては,明治期以降,日本政府や業界団体が様々なデータを意識的に収集し,公開してきたことによって,一企業の枠を超えた産業全体の分析が行いやすい条件が形成されていた事情が挙げられよう。とりわけ1970-80年代にはマルクス経済学「宇野理論」の流れをくむ研究者によって産業史研究は大いに進み,経営史学の展開に相乗効果をもたらした。

●経済史

経営史学の創出にあたって,グラースは経済史を古代から現代までを考察の対象とする,個人の力を越えた体制の歴史であると捉えた。対象時期については正しいものの,内容面での規定は今日からみれば,かなり狭い。経済史学にはマクロ分析とともにミクロ分析が不可欠であり,最近では産業史のようなミクロ分析が政策史のようなマクロ分析よりもむしろ盛んであるように思われる。経営史は経済史とは異なった領域であることが強調されがちであるが,両者は厳密に区分できないことも多く,むしろ車の両輪のようにともに不可欠であると考えるのが妥当であろう。

あとがき

　2014（平成 26）年は経営史学会の創立 50 周年にあたる。本学会は創立時から 10 年刻みに出版活動を中心とする様々な企画を実現し，それらが学会の発展の大きな原動力となってきた。2012 年に本学会理事会は，50 周年という大きな切れ目もこれまでの慣行を踏襲して積極的に活用すべきであると判断し，同年秋，明治大学で開催された第 48 回全国大会の会員総会で，(1)本学会の特色である国際化を強く打ち出す第 50 回全国大会の開催，(2)創立 20 周年記念の際に出版された『経営史学の二十年』に続く，約 30 年間に関する研究史サーベイを取りまとめた『経営史学の五十年』の出版，(3)本学会に多大の貢献をされてきた顧問の方々からご自身の経営史研究，および経営史学会との関わりについて，主に門下生が聞き手となってお話をうかがい，それを文章化し編集した『経営史学の歩みを聴く』の出版，以上 3 件を創立 50 周年記念事業とすることを提案し，それらすべてが承認され，各事業は理事会の下に置かれた三つの小委員会によって進められることになった。

　以上のうち第 3 の柱となる本書については，阿部武司，久保文克，宇田理を委員とする小委員会が編集を担当することになったが，2014 年 4 月にはそれ以前から小委員会が協力を得ていた平井岳哉が正式にメンバーに加わった。インタビューに協力いただいた方々に関しては本文の記載を参照されたい。

　顧問の方々のお話の記録は実際には本書に収録した数倍の分量となるのが常であったが，出版の都合上，それらは大幅に削減せざるを得なかった。原稿の圧縮は原則としてインタビューアーに依頼したが，最終的には小委員会の責任で一層の圧縮と技術的な修正を施した場合が多かった。私どもとしても涙を飲んで削った個所が多々あったことを，とりわけ貴重なお話を賜った顧問の先生方に，この場を借りてお詫び申し上げる次第である。

　本書には，顧問の先生方に対する個別のインタビュー記録のあとに，2011

年に九州大学で実施された第47回全国大会の際のパネル・ディスカッション「我が国における経営史学の軌跡―学会創立50年を前にして―」の記録も収録した。スピーカーの4人の方々すべてが顧問として個別のインタビューに応じて下さったが，その折のお話との多少の重複はいとわず，充実したコメントとフロアーからの発言も含め，貴重な証言として本書におさめることにした。さらに，そのあとには読者の理解を深めるのに役立つと思われる人名25および用語28に関する簡単な説明を付した。

　本書からは，日本における経営史学が故中川敬一郎先生をはじめとする先学のご尽力の積み重ねにより発展の緒に就いたこと，そして，わが国の社会科学のなかでは経済学の一部を例外として，戦後ほとんど進展がみられなかった研究の国際化に関して，経営史学が傑出した成果をあげてきたことが容易に読み取れよう。本書が，経営史の専門家だけでなく，これから経営史を学びたいという若い方々に学問の楽しさを教えてくれることを期待して結びの挨拶としたい。

2014年4月21日

「経営史学の歩みを聴く」小委員長
阿部　武司

［付記］『経営史学』49巻1号所収の阿部武司「50周年記念事業『経営史学の歩みを聴く』をめぐって」，久保文克「経営史研究会から経営史学会へ―創立50周年を機に学会黎明期をふり返る―」，黒澤隆文「世界の経営史関連学会の創設・発展史と国際化―課題と戦略―」，宇田理「『経営史学の歩みを聴く』のプロジェクトから導き出されるもの」もあわせて参照されたい。

経営史学会創立50周年記念
経営史学の歩みを聴く

2014年9月30日　第1版第1刷発行	検印省略

編　者　経 営 史 学 会

発行者　前　野　　弘

発行所　株式会社　文　眞　堂
東京都新宿区早稲田鶴巻町533
電話　03(3202)8480
FAX　03(3203)2638
http://www.bunshin-do.co.jp/
〒162-0041　振替00120-2-96437

印刷・モリモト印刷　製本・イマヰ製本所
© 2014
定価はカバー裏に表示してあります
ISBN978-4-8309-4830-5　C3034